全国普通话培训测试丛书

普通话水平测试指导用书

PUTONGHUASHUIPINGCESHI
ZHIDAOYONGSHU

山西省语言文字培训测试中心 编写
国家语委普通话培训测试中心 审定

山西版

（修订）

山西出版传媒集团 山西人民出版社

图书在版编目（CIP）数据

普通话水平测试指导用书：山西版／山西省语言文字培训测试中心编．—修订本．—太原：山西人民出版社，2018.9（2019.3重印）
ISBN 978-7-203-10503-9

Ⅰ．①普…　Ⅱ．①山…　Ⅲ．①普通话—水平考试—自学参考资料　Ⅳ．①H102

中国版本图书馆CIP数据核字（2018）第189006号

普通话水平测试指导用书：山西版—修订本

编　　者： 山西省语言文字培训测试中心
责任编辑： 石凌虚
复　　审： 刘小玲
终　　审： 孔庆萍
装帧设计： 李　兵

出 版 者： 山西出版传媒集团·山西人民出版社
地　　址： 太原市建设南路21号
邮　　编： 030012
发行营销： 0351-4922220　4955996　4956039　4922127（传真）
天猫官网： https：//sxrmcbs.tmall.com　电话：0351-4922159
E - mail： sxskcb@163.com　发行部
sxskcb@126.com　总编室
网　　址： www.sxskcb.com

经 销 者： 山西出版传媒集团·山西人民出版社
承 印 厂： 山西出版传媒集团·山西人民印刷有限责任公司

开　　本： 787mm×1092mm　1/16
印　　张： 11.5
字　　数： 360千字
印　　数： 20 001—40 000册
版　　次： 2018年9月　第1版
印　　次： 2019年3月　第3次印刷
书　　号： ISBN 978-7-203-10503-9
定　　价： 18.00元

普通话水平测试指导用书·山西版

编　委　会

主任委员：李东福

副主任委员：刘惠民

编　　委：李东福　刘惠民　王为民

张福平　孙晋燕

编写人员（以姓氏音序排列）：

白　凡　乔全生　孙晋燕　吴建生

张福平　张　仁　张益梅

序

普通话既是现代汉民族的共同语,又逐渐发展成为我国的国家通用语言。“推广全国通用的普通话”,是《中华人民共和国宪法》规定的一项基本的语言政策,它关系到国家统一、民族团结和“三个文明”建设,对于建设工业化、现代化国家,对于建设信息化、学习型社会,对于加强民族团结、维护国家统一都具有重要意义。根据新时期的新要求,1986 年国家把推广普通话工作方针调整为“大力推行,积极普及,逐步提高”;1994 年国家教委、国家语委、广播电影电视部联合发布《关于开展普通话水平测试的决定》,正式启动了普通话水平测试,使它成为推广普通话的重要举措之一;2000 年颁布了《中华人民共和国国家通用语言文字法》,规定了普通话的使用范围,明确了推广普通话的重点领域,并对播音员、节目主持人和影视话剧演员、教师、国家机关工作人员等特定人群,提出了接受普通话水平测试并达到国家规定等级的要求,普通话水平测试有了法律依据。普通话水平测试是促进国家通用语言不断普及与提高的创造性手段,是对以汉语为母语的人群进行的标准语等级考试,是按照统一大纲、统一标准、统一要求进行的国家级口语测试。

山西省的普通话水平测试工作已经在教育和广播电视系统全面展开,并相继出台了《山西省普通话水平测试实施细则(试行)》《山西省普通话水平测试管理工作若干规定》《山西省普通话水平测试工作规程》等一系列文件,使测试工作走上了经常化、制度化、科学化的轨道,在促进普通话的普及与提高和规范语言的社会应用方面起到了积极的作用。2003 年 7 月,山西省第十届人民代表大会常务委员会第五次会议通过了《山西省实施〈中华人民共和国国家通用语言文字法〉办法》,这是我省历史上第一部关于语言文字的地方性法规。这部法规重申了普通话的使用范围和推广普通话的重点领域,还把大中专毕业生纳入必须接受测试的人员范围,明确了所有受测人群应该达到的普通话等级标准。今后我们将认真贯彻落实《中华人民共和国国家通用语言文字法》和我省的实施办法，把普通话水平测试工作扩展到其他领域，在国家机关工作人员和公共服务行业从业人员中进行普通话培训和水平测试。这就需要有一本针对我省方言的通俗浅显的指导培训和测试的教材。

山西省语言文字工作委员会办公室和山西省语言文字培训测试中心组织部分专家组成员，历时半年编写的《普通话水平测试指导用书·山西版》即将出版了，这是我省推广普通话工作的又一件好事喜事。这本教材严格遵循新大纲，吸纳了我省方言研究的新成果，浅显准确地解读了普通话语音系统。而重点放在怎样纠正方音、怎样朗读短文、怎样围绕话题说一段话等实用方面，为应试人员提供了许多有益的建议和方法，是一本切合实用的书。因而我乐于为之作序。

山西省人民政府副秘书长
山西省语言文字工作委员会副主任 **郭慧民**

2005年6月15日

修订说明

山西省的普通话水平测试工作自 1999 年全面启动以来，已经过了十几个年头。十几年来，山西省测试工作机构逐步建立，测试的各项规章制度逐步健全，测试员队伍不断壮大，测试规模持续扩大。随着《中华人民共和国国家通用语言文字法》和《山西省实施〈中华人民共和国国家通用语言文字法〉办法》的颁布，国家和山西省有关测试工作的各项管理规定的出台，标志着山西省的普通话水平测试工作已经步入了法制化、制度化、规范化的轨道。

2007 年，为进一步提高普通话水平测试工作效率，山西省开始进行计算机辅助普通话水平测试试点工作，至 2013 年底，全面启动了计算机辅助普通话水平测试工作。测试手段的更新，确保了测试结果更公平公正，但也陆续出现了一些新问题。为解决这些问题，国家和山西省出台了一系列的规定和办法，因此，山西省原有的《普通话水平测试指导用书·山西版》也需要与时俱进，以适应新的发展形势的需求。

2015 年，山西省语言文字培训测试中心组织部分测试站管理人员和优秀国家级普通话水平测试员多次召开教材修订研讨会，着手对现有教材进行修订。修订工作在严格遵循新大纲规定和尊重原有教材主旨的前提下，保留原有体例，内容上适当减少了理论知识的介绍，增加了训练的相关内容，同时对原有词表进行了部分删减，并添加了几个与普通话训练相关的词表，使其更具实用性和针对性，以满足各层次应试人的需求。

参加本书修订的人员主要由山西省语委专家、山西省语言文字培训测试中心相关人员及部分国家级普通话水平测试员担任。具体分工如下：贺桂兰修订第一章第一节和第二章；王亚妮、田娟娟修订第一章第二节；周利军修订第三章和第四章；李乐萍、刘育红修订朗读作品的注音提示；赵巧玲、郭玢修订词表及附录；张福平、孙晋燕对修订工作进行统筹、规划和初审；全书的统稿由张仁教授负责。

在此，对参加修订研讨会的管理人员和参与具体修订工作的各位老师一并表示诚挚感谢。

《普通话水平测试指导用书·山西版》出版以来，受到广大读者的关心和爱护，一些读者还来信来电指出不足，这里也一并致谢。希望大家对修订版继续提出宝贵意见，以便我们不断完善。

山西省语言文字培训测试中心

2018年5月

目　录

第一章　普通话和普通话水平测试

第一节　国家推广全国通用的普通话

一、普通话概述

普通话是指有明确规范的现代汉民族共同语，即现代的汉语标准语，也是我国各地区、各民族之间的通用语。1955 年 10 月，在北京召开的现代汉语规范问题学术会议上界定了普通话的结构要素：以北京语音为标准音，以北方方言为基础方言，以典范的现代白话文著作为语法规范的现代汉民族共同语。

“以北京语音为标准音”，这指的是普通话语音依据和规范。

任何一种共同语，只能以某一个方言点的语音作为标准，而不能以几个方言点拼凑成的语音作为标准；否则，人们将难以遵循和把握。以北京语音作为普通话的标准语音是历史的选择。金元以来的 800 多年中，北京一直是中国政治、经济、文化的中心，北京话作为“官话”，最早是官场的话，逐渐影响民间；“五四运动”时期，“国语运动”又在口语方面增强了北京话的普遍性和代表性，促使北京语音成为汉民族共同语的标准音；中华人民共和国成立后，话剧、电影等艺术形式和广播等宣传工具都采用了北京语音，使北京语音更加深入人心。而且北京语音系统简明易学，表达力强，所以，以北京语音为标准音，既是历史的必然，也是汉民族集体的选择。但以北京语音为标准音，并不意味着北京话的所有语音成分都是标准。北京话中的一些土音成分和异读、过多的轻声和儿化等，都不能进入普通话。例如北京土语“撒丫子、颠儿了、猫儿腻”就不是普通话。再如，北京人口语中常把三音节词语中间的字“吞掉”，把“北新桥”说成“北 n 桥”，“电视台”说成“电 r 台”，“半步桥”说成“半 m 桥”，“珠市口”说成“珠 r 口”等等，这些都是不规范的。说普通话时，应该把每一个音都发清楚。

“以北方方言为基础方言”，说明了普通话词汇的基础，也说明了词汇规范。

共同语的形成必须以某种方言为基础，充当基础的方言就是基础方言。普通话以北方方言为基础方言，说明北方方言有着极大的普遍性。汉民族中，说北方方言的人占全国人口的 79％以上，遍布长江中游以北的中原、东北、西北和西南长江上游等广大汉族聚居地区，还能在词汇、语法方面保持较大的一致性。北方方言不仅使用人口多、地域广，还有悠久的传播史，宋代话本、元代散曲杂剧、明清白话小说以及民间的讲唱文学大都用北方话创作，这些作品的广泛流传，使北方方言在全国的影响更大、更久、更深。所以，以北方方言作为普通话的基础方言是语言发展历史的必然结果，是民众世代传承的自然选择。但这并不意味着北方方言中的所有词语都是普通话的成分。北方话地区很广，各地区使用的词也有分歧。有些地方性很强的北方词语，只在较小地区通行，这就不应该吸收到普通话里来。例如普通话的“太阳”一词，在山东济南等地土语称为“老爷爷儿”，山西太原等地称为“阳婆”，陕西西安等地称为“日头（爷）”，就不能算是普通话。普通话在发展过程中，既要排除北方方言中的一些土语成分，也要有选择地吸收其他方言、古代汉语和外国语言中的词语，并不断创造新词新语，来丰富自己的词汇，增强自己的表现力。

“以典范的现代白话文著作为语法规范”，这是普通话语法规范的基本准则。

现代著名作家的优秀的白话文作品，就是典范的白话文著作，普通话要以这些著作中的通用的用例（不是特殊用例）作为语法规范。这里要特别注意“白话文”“现代”“典范”这三个关键词。“白话文”是核心词，指用大白话写的文章，是相对于“文言文”和“半文半白”的文章而言的，同时也排除用方言写成的文章；“现代”限定“白话文”，特指“五四”白话文运动以后的，是相对于“古代、近代”而言的，表示了汉语发展的新阶段和新状态，排除评话、话本等古代白话作品，也排除了《水浒传》《红楼梦》等近代白话著作；“典范”是相对于“一般”而言的，强调经得起推敲和历史检验，得到社会公认。只有那些久享盛誉的文学作品或学术论文，经过集体构思讨论、撰写修改而成的重要文件或论著才可以作为普通话的语法规范。

二、推广普通话的法律依据

“大力推广和积极普及普通话”是我国一项基本的语言政策，是社会主义物质文明、精神文明建设的重要组成部分，是语言文字工作的主要任务之一。1982 年通过的修订后的《中华人民共和国宪法》中就明确规定“国家推广全国通用的普通话”，把推广普通话列入国家的根本大法。1992 年，国家语言文字工作委员会（以下简称“国家语委”）把新时期推广普通话的工作方针调整为：“大力推行，积极普及，逐步提高”。2001 年 1 月 1 日开始实施的《中华人民共和国国家通用语言文字法》，进一步确立了普通话作为国家通用语言的法律地位。其中第二条规定：“本法所称的国家通用语言文字是普通话和规范汉字。”第三条规定：“国家推广普通话，推行规范汉字。”第四条规定：“公民有学习和使用国家通用语言文字的权利。国家为公民学习和使用国家通用语言文字提供条件。地方各级人民政府及其有关部门应当采取措施，推广普通话和推行规范汉字。”第十九条规定：“凡以普通话作为工作语言的岗位，其工作人员应当具备说普通话的能力。”“以普通话作为工作语言的播音员、节目主持人和影视话剧演员、教师、国家机关工作人员的普通话水平，应当分别达到国家规定的等级标准；对尚未达到国家规定的普通话等级标准的，分别情况进行培训。”第二十四条规定：“国务院语言文字工作部门颁布普通话水平测试等级标准。”这些法律条文对相关人员的普通话水平提出了要求，为推广普通话工作提供了强大坚实的法律保证。

三、推广普通话的基本举措

新的推广普通话工作方针和《中华人民共和国国家通用语言文字法》的颁行，在强化政府行为、增强普及力度、扩大普及范围、提高全民应用水平等方面，确定了更高的目标和要求。政府推广普通话工作的着力点由“大力提倡”转到“大力推行”;由以南方城市为重点,扩展至全国城市;由以学校、广播影视领域为重点扩展到党政机关和公共服务行业;工作任务和目标由“逐步普及”变为“积极普及,逐步提高”,在提高的指导下普及,在普及的基础上提高,相互促进,共同升级。实践证明,这个工作方针和《中华人民共和国国家通用语言文字法》的具体规定符合现实需要,对全国推广普通话工作具有重要的推动作用。

1996 年国家语言文字工作委员会提出了两步走的工作目标和任务:第一步,在 21 世纪初叶,普通话在全国范围内初步普及,使普通话成为各级各类学校的教学用语,党政机关主要的公务用语,广播电视主要的宣传用语,公共服务行业主要的服务用语,不同方言区人们口语交际中的方言隔阂基本消除;第二步,在 21 世纪中叶以前,普通话在全国范围内普及,就是在全国实现普通话为公共交际语言和校园语言。教育部、国家语委编制的《语言文字事业“十三五”发展规划》进一步明确为“到 2020 年,在全国范围内基本普及国家通用语言文字”。我们相信,再经过四五十年的不懈努力,我国国民的语言素养将得到大幅度提升,普通话和规范汉字的社会应用将更加适应社会主义经济、政治、文化建设的需要,形成与中等发达国家相适应的良好语言文字环境,为实现中华民族伟大复兴的“中国梦”奠基助力。

为了实现上述目标,教育部、国家语委采取了“目标管理、量化评估,普通话水平测试,开展以推广普通话宣传周为中心的宣传教育”三项基本措施,着力构建以城市为中心,逐步扩展到乡村,以学校为基础,以党政机关为龙头,以新闻媒体为榜样,以公共服务行业为窗口,带动全社会推广普通话和规范汉字的工作格局。推广和普及国家通用语言文字的工作逐步走上了法制化、规范化、科学化的轨道。

“目标管理、量化评估”是面向部门和地区普及普通话和规范汉字工作的科学管理方法。语言文字规范化示范校、规范汉字书写特色校的创建验收工作,在推进学校普通话和规范汉字的普及与提高方面发挥了重要作用;各类城市语言文字工作评估验收工作,有力地推动了城市推广普通话的进程。2017 年教育部、国家语委下发《关于进一步加强学校语言文字工作的意见》及附件《高等学校语言文字工作指导标准》《中小学语言文字工作指导标准》《幼儿园语言文字工作指导标准》和《关于开展普通话基本普及县域验收工作的通知》及附件《普通话基本普及县域验收指标》,吹响了实现“基本普及”目标的冲锋号。

“普通话水平测试”是推动以普通话为工作语言的人群学习和使用普通话的举措,是依据国家语委颁布的《普通话水平测试等级标准》和测试大纲,评价个人普通话规范程度和运用能力的一种语言考试。1994 年起,主要面向教师、师范院校学生和播音员、节目主持人的普通话水平测试陆续在全国开展。1999 年,为落实中央领导同志“推广普通话,公务员要带头”的指示,人事部、教育部、国家语委联合发出《关于开展国家公务员普通话培训的通知》,规定公务员在公务活动中应当使用普通话,1954 年 1 月 1 日以后出生的公务员要接受普通话培训,达到三级甲等以上的水平。目前,测试范围正逐步扩展到大、中专毕业生和公共服务行业与口语表达密切相关的从业人员。

宣传发动是推广普通话工作的第一项要务。经国务院批准,自 1998 年起,每年 9 月份第三周为“全国推广普通话宣传周”(简称“推普周”)。每年以“推普周”为中心,开展内容丰富、形式多样的活动,进行有关国家通用语言文字的法律法规和规范标准的宣传教育,不断动员社会各界和广大群众积极参与推广普通话工作,投身于语言文字规范化建设。

第二节 普通话水平测试

一、测试的目的和性质

普通话水平测试(PSC)是国家推广普通话的三项基本措施之一,是测查应试人的普通话规范程度和熟练程度,认定其普通话水平等级的口语考试。它是在教育部、国家语言文字工作委员会领导下,根据统一的大纲、标准和要求,在全国范围内开展的一项国家级标准参照性考试。为此,教育部和国家语委颁布了《普通话水平测试大纲》《普通话水平测试管理规定》《普通话水平测试规程》和《普通话水平测试等级标准》,对测试的性质、内容、方法、组织管理和等级标准都做了严格的规定,并制作了全国统一的普通话水平等级证书,为普通话水平测试制定了严格的规范。要求全国各地在测试过程中,坚持严密组织、严明纪律、严格管理、严肃监督、严防不正之风的考试原则,严格遵守统一标准、统一大纲、统一规程,颁发统一的等级证书,以确保测试质量,维护测试声誉。

二、测试的内容和项目

普通话水平测试的内容包括普通话语音、词汇和语法三个方面。测试范围则依据国家测试机构专为普通话水平测试编制的《普通话水平测试用普通话词语表》(包括《普通话水平测试用必读轻声词语表》和《普通话水平测试用儿化词语表》)《普通话水平测试用普通话和方言词语对照表》《普通话水平测试用普通话和方言语法差异对照表》,以及普通话水平测试用朗读作品和普通话水平测试用话题。

普通话水平测试的实际项目为五项,即读单音节字词,读多音节词语,区分词或语法是普通话还是方言的选择判断,朗读短文和命题说话,每一项内容必须在上述的规定范围内选择。根据山西省的实际情况并报请国家语委批准,目前山西省免测“选择判断”,实际测试项目共有四项。

三、测试方式和等级确定

普通话水平测试一律采用口语测试的方式进行。由于普通话有口语和书面语两种形式,所以,实际测试便采用了有文字凭借(读)和无文字凭借(说)两种方式。

山西省普通话水平测试经历了人工测试和计算机辅助测试两个阶段。人工测试阶段,由普通话水平测试员对受测人的语言面貌逐项评分,根据积分认定其普通话等级。计算机辅助测试阶段,通过计算机语音识别系统,对有文字凭借的前三项进行语音标准程度评测,无文字凭借的第四项由人工评测,根据两项积分之和认定其普通话等级。由于计算机辅助测试不能评定一级甲等成绩,目前,山西省除一级甲等的认定采用人工测试外,其余等级的认定均已采用计算机辅助测试的形式进行。

普通话水平划分为一级、二级、三级共三个级别,每个级别内划分为甲、乙两个等次,各个级等都有相应的标准和分值。

一级甲等为 97 分（含）以上。在朗读和自由交谈时，语音标准，词汇、语法正确无误，语调自然，表达流畅。

一级乙等为 92 分（含）以上、97 分以下。在朗读和自由交谈时，语音标准，词汇、语法正确无误，语调自然，表达流畅。偶然有字音、字调失误。

二级甲等为 87 分（含）以上、92 分以下。在朗读和自由交谈时，声韵调基本标准，语调自然，表达流畅。少数难点音（平翘舌音、前后鼻音韵尾、鼻边音、送气不送气等）有时出现失误。

二级乙等为 80 分（含）以上、87 分以下。在朗读和自由交谈时，个别调值不准，声韵母发音有不到位现象，难点音失误较多。方言语调不明显。有使用方言词、方言语法的现象。

三级甲等为 70 分（含）以上、80 分以下。在朗读和自由交谈时，声韵调失误较多，难点音超出常见范围，声调调值多不准，方言语调较明显，词汇、语法有失误。

三级乙等为 60 分（含）以上、70 分以下。在朗读和自由交谈时，声韵调失误多，方音特征突出，方言语调明显，词汇、语法失误较多，外地人听其谈话有听不懂的情况。

四、测试试卷的构成和评分

山西省的普通话水平测试试卷由四部分组成：读单音节字词 100 个，读多音节词语 47~50 个，朗读短文一篇，围绕一个题目说话。前三项有文字凭借，第四项无文字凭借。

第一项：读单音节字词（共 10 分，限时 3.5 分钟）。这部分列出 100 个字（不含轻声、儿化音节），要覆盖普通话所有声韵调。其中，每个声母出现不少于 3 次，每个韵母出现不少于两次，四个声调出现次数大致均衡。目的是测查应试人普通话声韵调发音的标准程度。应试人如有语音错误、语音缺陷或超时要扣去相应分值。

1.语音错误（将某音节的声母、韵母、声调，读作别的声母、韵母、声调，一个字只要出现任何一项，该字即算错误，包括漏读），每个字扣 0.1 分；

2.语音缺陷（某音节声母、韵母、声调发音不够标准，表现为：声母发音部位偏离；韵母发音动程不到位，圆唇度或开口度明显不够；声调调值明显偏高或偏低，平声略带曲折。一个字只要出现任何一项，该字即算缺陷），每个字扣 0.05 分；

3.超出规定时间 1 分钟以内，扣 0.5 分，超时 1 分钟或 1 分钟以上，扣 1 分。

第二项：读多音节词语（共 20 分，限时 2.5 分钟）。这部分最多列有 50 个词语，大部分是双音词，有少数多音词。除覆盖普通话所有声韵调以外，还包含轻声、儿化、连读变调等音变现象。声韵调的出现次数和第一项相同，必读轻声词不少于 3 个，儿化词不少于 4 个，连读变调的词不少于 7 个。这一项既测查应试人普通话声韵调发音的标准程度，还测查应试人轻声、儿化、连读变调等音变的标准程度。应试人如有语音错误、语音缺陷或超时要扣去相应分值。

1.语音错误（同第一项），每个音节扣 0.2 分；

2.语音缺陷（除第一项所列内容外，增加应当轻声、儿化、变调的音节音变不到位），每个音节扣 0.1 分；

3.超时扣分标准和第一项相同。

第三项：朗读短文（共30分，限时4分钟）。由应试人朗读指定的400字短文一篇或一段。目的是测查应试人用普通话朗读书面作品的水平。除第一、第二两项的测查内容外，重点测查应试人朗读的停连、语调和流畅程度。应试人如有语音错误、语音缺陷、语调偏误、停连不当、朗读不流畅或超时要扣去相应分值。

1.声韵调错误或缺陷，扣分标准与第一项相同；如漏读、增读，均按错误扣分；

2.声韵调的系统性语音缺陷（第一项所指的某种缺陷出现5次以上，呈系统性），视程度扣0.5~1分；

3.语调偏误（某些音节的调型、调值与普通话有明显差异，或将必读轻声词重读，或某句抑扬欠当，或语速过快、过慢，造成节律失常），视程度扣0.5~2分；

4.停连不当（割裂语义造成歧义，或出现字化、词化、短语化、句化现象），视程度扣0.5~2分；

5.朗读不流畅（包括回读），视程度扣0.5~2分；

6.超时扣1分。朗读速度过慢，经提示仍超过时限，按超时扣分。

第四项：围绕题目说话（共40分，限时3分钟）。由应试人从给定的两个话题中选择一个，围绕选定的话题说一段话，由应试人独白，不进行交流。这一项是测查应试人在没有文字凭借的情况下，说普通话的能力以及所达到的规范程度和自然流畅程度。

1.语音标准程度，满分25分，分六档评定。

一档：语音标准，偶有错误，但非系统性错误，扣0.5~2分。

二档：语音错误在10次以下，属于非系统性错误，有方音但不明显，扣2.5~4分。

三档：语音错误在10次以下，属于系统性错误，方音比较明显；或错误在10~15次之间，属于非系统性错误，有方音但不明显，扣5~6分。

四档：语音错误在10~15次之间，属于系统性错误，方音比较明显，扣7~8分。

五档：语音错误在15~30次之间，属于系统性错误，方音很明显，扣9~11分。

六档：语音错误在30~40次之间，属于系统性错误，方音很重，扣12~14分。

不入等：凡语音错误超出50次，基本是方音时，视为不入等。

当不同的应试人错误量基本相同时，属于音质（音色）性错误的，扣分从轻；属于超音质性错误的，扣分从重。口误形成的错误，扣分从轻；方音造成的错误，扣分从重。

2.词汇语法规范程度，满分10分，分三档评定。

一档：词汇、语法很规范，不扣分。

二档：偶有词汇、语法不规范情况（明显出现不符合规范标准的词语和句子，或出现明显的方言词和语法现象），扣1~2分。

三档：多次出现词汇、语法不规范情况，扣3~4分。

3.自然流畅程度，满分5分，分三档评定。

一档：自然流畅，不扣分。

二档：基本流畅，口语化程度较差，有背稿子现象，扣0.5~1分。略显背稿子，扣分从轻；明显背稿子，扣分从重。

三档：语言不连贯，语调生硬，扣2~3分。说话停滞，经提示，能继续，扣分从轻；若间隔时间长，扣分从重。

4.说话不足 3 分钟，扣缺时分。

缺时 1 分钟内（含），扣 1~3 分；

缺时 1 分钟以上，扣 4~6 分；

说话不满 30 秒（含），或不按测试要求完成规定的说话题目，测试员反复提示干预无效，本项成绩记为 0 分。

开展计算机辅助测试以来，国家普通话培训测试中心以《普通话水平测试大纲》为依据，出台了《计算机辅助普通话水平测试评分试行办法》，对围绕题目说话项的评分做了适当调整。

（一）语音标准程度第一档扣分由 0.5~2 分调整为 0~2 分，第二档扣分由 2.5~4 分调整为 3~4 分。

（二）新增加了离题、内容雷同、无效话语三个评分要素。

1.离题、内容雷同，视程度扣 4 分、5 分、6 分。

2.无效话语，累计占时酌情扣分：

（1）累计占时 1 分钟以内（含），扣 1 分、2 分、3 分；

（2）累计占时 1 分钟以上，扣 4 分、5 分、6 分；

（3）有效话语不满 30 秒（含），本测试项成绩计为 0 分。

这些评分要素兼具导向性，能够指导应试人在应考时避免此类问题出现。

五、测试对象和应达等级

根据教育部、国家语委的《普通话水平测试管理规定》及《山西省实施〈中华人民共和国国家通用语言文字法〉办法》的有关规定，目前山西省应接受测试的人员范围和对其普通话水平的等级要求是：

（一）国家机关工作人员，应达到三级甲等以上水平；

（二）学校或其他教育机构的教师应达到二级以上水平，其中语文教师和对外汉语教学的教师应达到二级甲等以上水平，普通话教师和语音教师应达到一级水平；

（三）广播电视播出机构的播音员、节目主持人应达到一级水平，其中省级电台、电视台的播音员和节目主持人应达到一级甲等水平；

（四）影视话剧演员应达到一级水平；

（五）公共服务行业从业人员应达到三级以上水平，其中播音员、话务员、解说员、导游员等特定岗位人员应达到二级以上水平；

（六）即将毕业的大中专院校学生应达到三级以上水平，其中师范类院校学生应达到二级以上水平，师范类中文专业学生应达到二级甲等以上水平；

（七）行业主管部门规定的其他应接受测试的人员，其等级要求由行业主管部门规定。

社会其他人员可自愿申请接受测试。

六、测试的报名和规程

（一）报名

山西省的测试工作原则上实行属地管理。目前，山西省 11 个市和大部分高等院校及省新闻出版广电局均已设立了普通话水平测试站。各市中小学教师、市属高职院校和中专学校师生及管理人员在各市测试站报名;已设站的高等院校师生和管理人员在本校报名;未设站的省属高职院校和省直中专学校师生及管理人员在省语委指定测试站报名;广电系统从业人员在广电系统测试站报名;其他系统从业人员以及自愿接受测试的社会人员在归口市测试站报名。

测试的报名分现场报名和网上报名两种方式。凡按规定应接受测试的人员,可到归口测试站现场报名,或通过网上报名系统在归口测试站报名。现场报名时,需携带有效证件(身份证、学生证、工作证等),填写《山西省普通话水平测试报名表》,按规定交纳费用,提供照片,领取准考证并参加培训。网上报名时,需按规定时间现场确认并完成相关报名程序。

(二)规程

普通话水平测试是口语考试。对考场、考务人员、应试人、试卷、测试程序等都有严格的规定。

1.考场　考场应设置考务办公室、候测室、备测室、测试室,考场布局合理、相对封闭。计算机辅助测试的测试室还应具备稳定的局域网。测试用服务器、测试用电脑应预装国家普通话水平智能测试系统软件。测试用服务器提前通过国家普通话水平测试信息管理系统下载应试人信息及试卷信息。

2.考务人员　考场应配备负责人、测试员和其他考务人员。人工测试由2~3名测试员担任主试人,计算机辅助测试由测试员担任监考人员并配备系统管理员。所有考务人员均须佩带相应工作证件,无证人员不得随意进出。

3.应试人　应试人须配合考务人员查验准考证和有效证件,听从考务人员引导完成测试流程。有下列情形之一者不得参加测试:准考证、有效证件与报名表中相关项目不一致者;使用他人准考证、有效证件者;使用伪造的准考证、有效证件者。

4.试卷　测试试卷由《国家普通话水平测试题库》提供。备测用的纸质试卷,由测试站专人负责发放和回收,不得泄露、外传,严禁应试人在试卷上做标记、复制或带走试卷。计算机辅助测试用电子试卷按国家《计算机信息系统国际互联网保密管理规定》的要求进行管理。

5.测试程序　应试人凭准考证和有效证件进入候测室,查验证件,抽取顺序号;进入备测室,预作10分钟准备;按顺序进入测试室,对号入座参加测试。一级甲等的测试成绩送交国家语委普通话培训测试中心复审,一级乙等(含)以下测试成绩由省语言文字培训测试中心复审。

6.等级证书　《普通话水平测试等级证书》由国家语言文字工作部门统一印制,一级甲等成绩的证书,需由国家测试机构加盖复审印章后方为有效。一级乙等(含)以下的证书,由省语委办审核加盖印章后颁发。等级证书可由单位统一领取,也可由应试人凭有效证件在指定时间、指定地点领取。

7.补测　应试人如果需要再次参加测试,须重新报名,两次测试的间隔时间不得少于3个月。

七、测试培训

测试培训是以提高应试人的普通话水平和应试能力为目的的测试前辅导。多年来，山西省的普通话水平测试工作一直坚持“先培训，后测试”“以测促训，以训保测”的原则，收到了良好的效果。学生的培训主要由各学校结合教学实际进行，其他人员的培训由各测试站具体负责，统一组织。省语言文字培训测试中心负责全省培训工作的规划、组织、管理、监督，编写印发相关教材，并进行业务指导。

培训一般安排在测试前1~3个月内，培训时间不得少于20课时，对基础差的应试人员应有针对性地反复培训。培训应统一使用省语言文字培训测试中心编写的教材及指定的辅助教材。培训内容主要包括以下几方面：

1.普通话水平测试基本内容：介绍普通话水平测试的内容、方法和规程。

2.普通话语音分析及训练：介绍普通话声母、韵母、声调、音变等基础知识，训练时要重点进行方音辨正。

3.朗读和说话的基本要求：介绍朗读和说话的具体要求和评分办法。

4.普通话水平测试相关问题：介绍测试工作流程、评分标准，指导如何进行测前准备、测试操作方法及应注意的问题等。

附 普通话水平测试样卷(人工拟卷)

一、读单音节字词(100个音节,共10分,限时3.5分钟)

军	佛	贰	册	坡	则	次	蛇	揉	字
遮	走	丝	杂	十	猜	味	腮	赖	摔
晒	类	考	肺	抽	捞	冒	售	安	迥
砍	趁	笑	王	坟	纲	哼	糖	扔	挤
瞎	穷	等	迷	俩	贴	牛	瞧	瞥	条
丢	治	勿	说	刷	像	肩	您	吹	边
贫	抢	顶	怒	突	冰	吃	木	敢	垛
花	抓	砖	犬	拽	火	亏	撞	硅	暖
论	广	春	霜	客	翁	筒	冤	冬	去
掘	许	瘸	擦	熏	额	悬	啄	狠	冲

二、读多音节词语(100个音节,共20分,限时2.5分钟)

皇后	规模	年头儿	潦草	人民	指导	脉搏
矿区	软件	方针	有点儿	姑娘	曾经	品质
烹调	发展	儿童	旅行	纳闷儿	排球	剧场
压缩	结合	女王	一会儿	最初	快乐	赠送
夸奖	准备	采访	绝缘	窟窿	熊猫	面条儿
黑板	恰当	率领	漂亮	违反	窃听	询问
宣传	挂号	汹涌	收成	爱情	紫外线	视网膜
似是而非						

三、朗读短文(400个音节,共30分,限时4分钟)

作品8号

四、命题说话(请在下列话题中任选一个,共40分,限时3分钟)

1.难忘的旅行

2.谈谈卫生与健康

第二章　普通话语音和山西方音辨正

第一节　普通话语音和山西方音概述

普通话以北京语音为标准音，指的是以北京话的语音系统为标准，包括北京话的声母、韵母、声调以及它们之间的配合关系、在语流中的变化等等，不包括北京话中的一些土音和特别的音变。为了真正学好普通话，我们从语音的基础知识入手，了解一下普通话语音系统。

一、语音的性质

语音是由人的发音器官发出的，能够表达一定意义的声音。语音具有物理属性、生理属性和社会属性。

语音同其他声音一样，是由物体振动产生的，当然具有一般声音所具备的四个要素：音高、音强、音长和音色。振动频率决定音高，频率越快，声音就越高，如同音阶的高低变化；振动幅度决定音强，幅度大声音洪亮，幅度越小声音越微弱；振动时间决定音长，振动的久暂和声音的长短同步；不同的振动体和不同的振动条件决定音色，形成每个音素区别于其他音素的特色或本质，所以，音色也叫音质，不是日常所指的人或乐器的音色。这些就是语音物理属性的表现。

发音器官及其活动决定了语音必然具有生理属性。人的发音器官由肺部和气管、喉头和声带、口腔和鼻腔三大部分构成。

气流是发音的原动力，它由肺输送，通过支气管、气管达到喉头，或促使声带振动，经由咽头、口腔、鼻腔等部位调制发声；或不振动声带，气流经过咽头、口腔、鼻腔时，被某部位阻碍发声；或声带振动，气流又被某部位阻碍成声。其中口腔是语音的“加工厂”或“制造厂”，口腔的唇、齿和舌都是参与加工或制造的发声器官。声带和口腔协同作用，决定了每个音素的音色，造就了千变万化的语音。元音、辅音、清音、浊音等就是语音生理属性的具体体现。

语音不同于一般声音，它在社会交际中代表一定的意义，用什么样的语音形式来表示什么样的意义，不是由个人决定的，而是社会约定俗成的。语音的社会属性还表现在语音的系统性上，各种语言和方言都有自己的语音系统。这是语音区别于其他声音的重要标志，是语音的本质属性。

二、语音的基本概念

音节是语音的基本结构单位。就汉语而言,是指人能够自然感到的最小的语音片段,我们说话时,界限分明的一个个音段就是音节。

音素是最小、最基本的语音单位,是音节的构成元素。音素分为元音和辅音两大类。声带振动发声,口腔、鼻腔做共鸣腔,对气流不造成任何阻碍的音是元音。共鸣腔稍有改变,就由一个元音变成了另一个元音。如果发元音时,气流同时从鼻腔流出,鼻腔也参与共鸣,就成为鼻化元音。元音都比较响亮,可以延长。普通话中使用的元音主要有 a、o、e、i、u、ü6 个,可以自成音节或作单韵母,也可以相互组合成复韵母 ao、ia、ua、ei、iou 等,还可以和鼻辅音组成鼻韵母 ian、uan、en 等。发音时,声带多数不震动,气流在口腔、鼻腔的某部位受到阻碍,气流克服阻碍发出的音是辅音,口腔、鼻腔既是发声体,又是共鸣腔。阻碍部位、解除阻碍方式和声带振动与否等差异形成了不同的辅音:声带不振动,声音不响亮而大多短促的,称为清辅音,同时振动声带的叫浊辅音;气流冲开阻塞的称为塞音,气流通过缝隙的称为擦音等。普通话中使用的辅音共 b、p、d、t、g、k 等 22 个,其中只能置于音节开头的 20 个,ng 只能放在音节末尾,n 能前能后。

按我国传统音韵学的观点,汉语音节由声母、韵母、声调三部分组成,每一部分都有区别意义的功能。

声母是汉语音节开头的部分。普通话音节的声母多数由辅音充当, 一般叫做辅音声母,如“把、破、买、风、大”等。辅音声母的受阻位置叫做发音部位,阻碍形式及消除阻碍方式叫做发音方法,按声带是否振动分清浊,按气流强弱分送气不送气,按气流从哪个腔体流出分鼻音口音。人们根据这些情况把辅音声母分成不同类别。除辅音声母以外,还有一部分以元音直接开头,称为零声母,如“安、爱、欧、饿、要”等。

韵母是汉语音节声母以后的部分。韵母由韵头、韵腹、韵尾三部分组成。韵头又叫介音,在一些音节中成为连接声母和韵母的中介,通常由 i、u、ü 三个元音充当。韵腹是音节的核心,由元音充任,音节中如果只有一个元音,这个元音就是韵腹;如果有两个或三个元音,其中开口度最大、发音最响亮的元音是韵腹。韵腹后面的部分是韵尾。韵尾可以由元音 i、u、o 充当,也可以由辅音 n、ng 充当。

按照韵母发音的起始口型,可以把韵母分为四类。i 和 i 作韵头的韵母为“齐齿呼”,u 和 u 作韵头的韵母为“合口呼”,ü 和 ü 作韵头的韵母为“撮口呼”,i、u、ü 不作韵头也不作单韵母的韵母为“开口呼”。开齐合撮简称为“四呼”。普通话的辅音声母并不能自由地和所有韵母相拼,声韵相拼必须依据一定的拼合规律,而“四呼”的分类恰好反映出同口呼韵母对不同类别声母是亲和还是排斥,对科学地说明汉语声韵母的配合关系非常方便而有效。

声调是贯穿在整个音节中的声音高低变化。普通话的声调有阴平、阳平、上声、去声四类,在 400 个常用音节中,有的四声俱全,有的却只有两三种声调,所以如果带声调计算,普通话常用音节约 1400 个。

三、山西方音概述

山西是华夏民族的重要发祥地之一。悠久的历史、内外封闭的地理环境、和北方各少数民族的长期杂居交融，使得山西方言十分复杂。山西境内方言可划分为晋方言和中原官话两部分。晋方言分布于山西省除南部以外的广大地区，包括并州片、吕梁片、上党片、五台片、大同片(云中片)、广灵片，还扩散到河北、河南、内蒙古、陕西等四个省临近山西的地区。山西南部临汾市的大部分地区和运城市所辖地区，统称汾河片，属北方方言的中原官话区。

与普通话相比，山西方音最突出的特点是：

1.有入声。这是晋方言的最主要的特点之一。入声是一种以辅音中的塞音作韵尾，调值很短促的音节。晋方言的入声字都以喉塞音[ʔ]作韵尾，如太原话中"八、跌、夺、不、笔、毒、局"等字的读音。北方其他方言中没有入声。

2.平声不分阴阳。这是晋方言中心地带并州片的特点。如以太原为代表的山西中部15个县市平声只有一个，普通话的"天—田、诗—时、梯—提"等字声调不同，但太原等地方言都读成了一个声调。

3.送气、不送气声母隶属的语词与普通话不同。普通话 b—p、d—t、g—k、j—q、zh—ch、z—c 两两对立，各有所属。山西话却把一些送气的读成不送气，不送气的读成送气。如平遥人把"婆、桃、虫、骑"等字分别念成 b、d、z、j 等不送气声母；临汾、运城一带却把"别、夺、集、直"等字读成 p、t、q、ch 等送气声母。

4.有系统的文白异读。"文读"相当于读书音，是当地人读书或与外地人交谈时的读音，与普通话相近；"白读"是当地人口头交际时的读音。如孝义话把"官、光"等字都说成相当于普通话的 uo 韵母，运城地区有的县把"狼、长"等字说成 uo 韵母。临汾把"帮、绑、汤、窗、糠、光"等字说成近似 uo 的韵母；太谷却把"汤、糠"等字说成一个圆唇的 ɑ 韵母，读书时就改为接近普通话的音。

5.单字调相同，连调不同；语法结构不同，连调行为也不同。单字调相同、连调不同的如平遥："东"与"铜"的单字调相同，都读13调值，但在"东虹"与"铜匠"两个词中，"东"与"铜"的声调便不一样，"东"仍读13调值，"铜"变成了31调值。语法结构不同、连调便不同的如忻州："泔"与"山"的单字调相同，但在"泔水"(偏正结构)中"泔"就由313调值变成了33调值，而"山水"中的"山"仍念313调值；"水"单念只有313一个调值，但在"泔水"里"水"变成了31调值，而在"山水"里"水"不变调。实际上，山西不少方言中存在这种系统的变调现象。

6.有复杂的变音现象。变音是指用改变一个词的声母、韵母或声调来表示另外一种词汇意义或语法意义的现象。它超出了文白异读的范围。在山西方言里通常指"儿变音"(包括儿变调、儿变韵或儿化同时变韵变调)、"子变音"(包括子变调、子变韵或子尾同时变韵变调)和其他形式的变音。

7.分音词大量存在。"分音词"是指把一个音节分成两个音节来说的词语。即说前一个音节的声母是本词的声母，后一个音节的韵母是本词的韵母。前一个音节的韵母为古入声韵，后一个音节的声母一律为边音 l，所以又有人称为"嵌 l 词"。如：头—的老(音，下同)、杆—圪榄、孔—窟窿、摆—不徕等。

8.词缀丰富，词的重叠形式多样。词缀有"圪""忽""入(日)"等，最典型的是前缀"圪"，如太原的"圪洞""圪缩""圪咚咚""圪凉半死"等。另外，山西方言中有大量的重叠形式，主要分布在名词、动词、形容词等主要实词中。

9.指示代词三分。山西方言中有些县市的指示代词有三分现象。有的近指为“这”,“中指”为“那”,远指为“兀(音如卧)”,原平、寿阳、阳城、石楼、中阳、临县、柳林、榆社、盂县、昔阳、岚县等地,指称地块都区分为“这块”“那块”“兀块”;有的近指为“这”,“中指”为“兀”,远指为“奈”,如万荣等地的“不是这人,也不是兀人,是奈人”。

山西方言除了以上语音和部分词汇在语音上的特点之外,在语法方面和普通话也有一些差异。此外,山西各地方言内部的差异也比较复杂,在后面的语音学习中再详细分析。

第二节 普通话声母和山西方音声母辨正

一、普通话声母的发音

普通话音节的声母有两类,一类是辅音作声母;另一类音节开头没有辅音,由韵母构成音节,如“爱、鹅、欧、衣、弯、拥”等。这些音节虽然看上去似乎“没有声母”,但是声母所占的“虚位子”仍然存在,所以称作“零声母”。在与方音进行比较的时候,它有着实际的意义。所以学习普通话声母时,不能忽略零声母。

普通话音节的辅音声母有 21 个:b、p、m、f,d、t、n、l,g、k、h,j、q、x,zh、ch、sh、r,z、c、s,可以根据辅音的发音部位和发音方法等对它们进行分类。

按照发音部位,普通话辅音声母一般分为以下七类:

1.双唇音:b、p、m。由上下唇合拢构成阻碍。

2.齿唇音:f。由上齿微触下唇构成阻碍。

3.舌尖前音:z、c、s。由舌尖平伸抵住或贴近上齿背构成阻碍。人们简称为平舌音。

4.舌尖中音:d、t、n、l。由舌尖贴住上齿龈构成阻碍。

5.舌尖后音:zh、ch、sh、r。由舌尖翘起抵住或贴近硬腭的最前端构成阻碍。人们简称为翘舌音。

6.舌面音:j、q、x。由舌面贴住或贴近硬腭前部构成阻碍。

7.舌根音:g、k、h。由舌根贴住或贴近软腭构成阻碍。

根据发音方法,普通话辅音声母可以分为以下四个主要类型:

1.塞音:b、p、d、t、g、k。发音时构成封闭阻碍,气流冲破阻碍,爆发成声。b—p、d—t、g—k 同部位两两成对,前者气流弱,冲破阻碍不冲出口腔,称作不送气音;后者气流较强,冲破阻碍又冲出口腔,称作送气音。

2.擦音:f、h、x、s、sh、r。发音时构成缝隙阻碍,气流从窄缝中挤出,摩擦成声。

3.塞擦音:j、q、zh、ch、z、c。发音时先构成封闭阻碍,气流冲开形成窄缝,再从窄缝中挤出,从气流冲开到挤出连续成声。塞擦音是塞音和擦音的无缝连接,以塞音开头,以擦音持续并结束,合成浑然一体的一个音素。j—q、zh—ch、z—c 同部位两两成对,以起始塞音的气流强弱,分为不送气音(前者)和送气音(后者)。

4.浊音：m、n、l、r。是普通话中仅有的声带振动的辅音。m、n，相应部位阻断口腔通道，气流从鼻腔流出发声，也称鼻音或浊鼻音；l在发音时气流从舌两边流出口腔，也叫边音；r和sh的发音部位、方法相同，发sh时声带同时振动就成了r，称为浊擦音。

按发音部位、发音方法分类，都覆盖了21个辅音声母。确定了每个声母的发音部位和方法，就掌握了每个声母的发音要领，可以用来指导人们准确发出辅音。《汉语拼音方案》声母表的排列方式，就体现了这两种分类的依据和结果，每个辅音声母都处在明确的坐标点上，每个坐标点都隐含着发音部位和发音方法的信息。

二、山西人学习普通话声母的重点和难点

山西方言区的人学习普通话声母应该从三个方面着手：一是要学会普通话每一个声母的准确发音；二是要了解方言声母和普通话声母的对应关系，把方言声母对应地改为普通话声母；三是要分辨清楚哪些字该读哪个声母。以下是山西人学习普通话声母时普遍会遇到的一些难点。

(一)分辨zh—z、ch—c、sh—s

普通话翘舌音声母zh、ch、sh和各自对应的平舌音声母z、c、s的发音方法相同，而发音部位不同。山西多数方言点这两类字的读音和普通话不一样。大体上有以下三种情况：

1.方言中只有翘舌音，没有平舌音。属于这一类型的方言较少，例如晋城市的城区、泽州、高平、陵川等地。

2.方言中只有平舌音，没有翘舌音。属于这一类型的方言较多，全省共有37个县市，包括中部方言区的12个县市(太原、阳曲、清徐、榆次、太谷、交城、文水、祁县、寿阳、榆社、灵石、盂县)，西部方言区的7个县市(离石、中阳、柳林、岚县、静乐、兴县、汾西)，北部方言区的10个县市(怀仁、应县、平鲁、五台、浑源、五寨、宁武、神池、灵丘、广灵)，南部方言区的2个县市(曲沃、闻喜)和东南部方言区的6个县市(长治、屯留、长子、沁县、武乡、襄垣)。

3.方言中有平舌音，也有翘舌音，但是平舌音和翘舌音各自所包括的字与普通话不同。除前两种情况的市县外，其余大部分县市都有这种情况。

分辨翘舌音和平舌音，首先要按照发音要领，反复对比练习，准确发出每个音。朗读下面的字。每组字“—”前是平舌音声母，后面的是翘舌音声母。

z—zh 资—之　杂—闸　则—哲　组—主　攥—撰　攒—占　遵—谆　宗—钟　奏—咒　藏—仗

c—ch 词—池　擦—插　册—彻　粗—初　参—搀　凑—臭　村—春　岑—晨　葱—充　窜—串

s—sh 思—师　洒—傻　涩—设　苏—书　搜—收　伞—闪　笋—顺　缩—说　赛—晒　桑—伤

发准了z、c、s和zh、ch、sh以后，主要的难点就在于分辨哪些字该读平舌音声母，哪些字该读翘舌音声母。在普通话3000多个常用字中，声母是平舌音和翘舌音的字有900多个，其中平舌音字少，约占30%；翘舌音字多，约占70%。而在山西众多方言中，翘舌音字更多地被念成平舌音，所以错误量很大。因此，分辨、记忆这些容易混淆的字，就成了关

键问题。全面彻底解决问题，需要认真阅读《普通话水平测试用词语表》（山西版）中 zh、ch、sh 和 z、c、s 对照辨音字部分，找出自己混读的字。也可以采用一些简便的辅助办法帮助分辨记忆。

（1）利用声韵母拼合规律

规律一：普通话 z、c、s 不能和 ua、uai、uang 三个韵母相拼。据此，就可以判断下面这些字的声母一定是翘舌音。

zh—抓、爪、拽、装、庄、桩、妆、状、壮、撞、幢

ch—揣、踹、窗、疮、床、闯、创、怆

sh—刷、耍、衰、摔、甩、帅、率、蟀、双、霜、爽

规律二：普通话 sh 不能和 ong 相拼。据此，就可以判断“送、松、宋、颂、诵、松、嵩、耸、讼、淞、竦、嵩、悚、怂”这些字的声母一定是平舌音。

（2）利用形声字声旁类推

如果一个字的声母是平舌音，那么，以这个字为声旁的一系列字一般来说也是平舌音。如果一个字的声母是翘舌音，那么，以这个字为声旁的一系列字一般来说也是翘舌音。例如：

子 z—孜、孳、仔、籽、字（z）

次 c—资、姿、咨（z）、瓷（c）

司 s—词、祠、伺（伺候）（c）、伺（伺机）、饲、嗣（s）

主 zh—拄、住、注、驻、柱、炷、蛀（zh）

辰 ch—振、震、赈（zh）、晨、宸、唇（ch）、娠、蜃（sh）

山 sh—舢、讪、汕、疝（sh）

利用声旁记忆平舌音和翘舌音字，要注意一些例外字。例如以“占”为声旁的字中，“钻”字例外，是平舌音声母；以“才”为声旁的字中，“豺”字例外，是翘舌音声母。对这些例外字，要单独记忆。

（3）利用“记少不记多”的办法，只记平舌音声母的字

普通话平翘舌音的字大约有 900 个，其中平舌音字只有 200 多个。例如同是跟韵母 ou 相拼，平舌音 c 声母对应的只有一个常用字“凑”，而翘舌音 ch 声母对应的字却很多，如“抽、臭、丑、愁、稠、仇、抽、酬、筹、瞅、绸、惆、畴、踌”等都是；再如平舌音声母 z、c、s 跟韵母 en 相拼的常用字只有“怎、岑、参（参差）、森”几个，而其对应的翘舌音跟 en 相拼的常用字有：zh—贞、侦、针、珍、真、斟、箴、诊、疹、枕、振、赈、阵、镇、震、圳、鸩，ch—嗔、抻、陈、沉、尘、臣、辰、晨、忱、谌、碜、衬、趁、称，sh—身、深、申、伸、呻、绅、神、沈、审、婶、甚、渗、慎、肾、葚、蜃等 40 多个字。记住了字数少的平舌音字，那么与它们相对应的就都是翘舌音字了。

（4）编口诀帮助记忆

“韵母 uang、uai、ua，翘舌不用怕。”概括了规律一。

“字音 song，翘不动。”概括了规律二。

“少者周中尚，壮者朱召昌，长者章主丈。”这个口诀中 15 个字的声母都是翘舌音，用这 15 个字作声旁的 100 多个字，声母都是翘舌音。

另外，还应当注意的是，普通话中翘舌音声母 r 声母并没有与之对应的平舌音声母。“染、嚷、绕、惹、人、扔、日、绒、肉、褥、软”等，太原、平遥等方言读[z]（国际音标，汉语拼音 s 的浊音）声母。普通话没有[z]这个声母，所以，这些地区方言中读[z]声母的一类字，都应该改读为 r 声母。

为了方便大家准确分辨易混声母，我们分别编选了一些易混词语，以方便大家练习。（后面的声母、韵母、声调等问题也同样办理。）

1.辨音练习

z–zh

自主 增长 罪状 赞助 总之 遵照 组织 杂志

奏章 载重 自传 诅咒 作证 在职 作者 宗旨

zh–z

种族 渣滓 指责 准则 振作 壮族 追踪 正宗

壮哉 制作 主宰 沼泽 种子 正在 知足 职责

c–ch

财产 促成 操场 操持 彩绸 粗茶 磁场 错处

采茶 辞呈 残喘 擦车 餐车 仓储 裁处 痤疮

s–sh

飒爽 散失 桑葚 私塾 损伤 扫射 随身 岁首

四声 素食 随时 宿舍 松鼠 私事 桑树 缩水

sh–s

输送 失色 山色 神似 收缩 上诉 疏松 哨所

绳索 申诉 深思 生死 守岁 时速 失散 上司

2.对比练习

栽花—摘花 赞助—站住 暂时—战时

自理—智力 杂草—铡草 资源—支援

增光—争光 曾祖—蒸煮 早稻—找到

造就—照旧 参赞—参战 宝藏—保障

杂技—札记 宗旨—终止 租子—珠子

自愿—志愿 纵情—重情 祖父—主妇

3.分辨易混声母练习

照射 正直 致使 真正 垂直 章程 舒畅 寿辰

创伤 铲除 惆怅 书桌 纯真 诊治 沾染 昌盛

妊娠 神圣 车站 茁壮 纱窗 挣扎 踟蹰 斟酌

侦查 实施 深圳 申述 战胜 郑重 驰骋 注视

直率 展翅 智齿 炽热 称职 着实 山川 戳穿

早晨 出租 挫折 材质 珍藏 春色 至此 仲裁

注册 榨菜 中餐 诊所 住宿 插嘴 斥责 拆散

赏赐 侍从 尊称 资深 凑数 侧身 苏州 素质

算账　磋商　超速　沉思　赛车　著作　扫除　酸楚

收藏　政策　遵照　思潮　搜查　赛场　随处　手足

(二)分辨 f 和 h

祁县、平遥、离石、中阳等地方言中没有 f 声母,普通话读 f 声母的字,在这些地方都读 h 声母,韵母相应使用合口呼韵母。例如“发、夫、非、饭、冯”等字,分别读成近似“花、呼、灰、换、红”的音。

f 和 h 都是擦音,发音方法相同,但发音部位不同。f 是齿唇擦音,h 是舌根擦音。分辨 f、h 声母的字,可以用形声字声旁类推的办法。例如“方”的声母是 f,那么以“方”为声旁的“芳、坊、防、房、妨、肪、访、纺、仿、放”等字都是 f 声母。同样,“皇”的声母是 h,以“皇”为声旁的“惶、煌、凰、蝗、徨”等字都是 h 声母。

1.辨音练习

f—h

绯红　返还　汾河　复活　符号　妨害　风寒　丰厚

繁华　返航　饭盒　防护　发挥　发货　防洪　废话

h—f

混纺　回复　后方　划分　荒废　合法　哈佛　耗费

合肥　豪放　海风　焕发　护肤　花费　横幅　恢复

2.对比练习

理化—理发　废话—会话　航空—防空

饭碗—换碗　公费—工会　互利—富丽

飞机—灰鸡　传呼—船夫　凡是—环视

(三)分辨 n 和 l

运城、临猗、侯马等地,n 声母和 l 声母的一些字读音相同。一般来说,韵母是 a、o、e、u 或以 a、o、e、u 起头的字,普通话读 n 声母,而方言读 l 声母,例如“拿”读“拉”、“耐”读“赖”、“南”读“兰”、“恼”读“老”、“农”读“龙”、“能”读“棱”、“怒”读“路”等。

n、l 都是舌尖中音,都是浊音,只是气流的路径不同。n 是鼻音,发音时气流要从鼻腔出来;l 是边音,气流从舌头两边出来。对比 n 和 l 的发音,可以发现,l 的发音部位实际上比 n 稍微靠后一点。分辨 n 和 l 声母的字,可以采用形声字声旁类推和“记少不记多”相结合的办法。

普通话里 l 声母的字多,n 声母的字少,就可以只记 n 声母的字,剩下的字放心读 l 声母。容易混淆的 n 声母常用字声旁代表字只有“那、乃、奈、恼、南、内、农、奴、诺、糯”10 个,记住了这些字,以它们为声旁或与它们同声旁的“哪、娜、挪、奶、氖、艿、捺、萘、恼、瑙、垴、楠、喃、纳、呐、钠、衲、浓、脓、哝、侬、努、怒、孥、驽、弩、喏、懦”等字,就都可以放心读 n 声母。

1.辨音练习

n—l

努力　耐力　年龄　暖流　鸟类　能力　闹铃　嫩柳

浓烈　逆流　哪里　内敛　奶酪　内陆　农历　脑力

l—n

辽宁　留念　岭南　冷暖　老牛　来年　理念　遛鸟

老年　烂泥　落难　羚牛　龙女　罹难　凌虐　连年

2.对比练习

留念—留恋　年年—连年　浓重—隆重

泥巴—篱笆　男裤—蓝裤　女客—旅客

凝视—零食　腊月—那月　河南—荷兰

(四)读准零声母音节

普通话的零声母音节开头没有辅音,都是以元音开头的,但在山西某些方言中常常把元音 a、o、e、i 开头的音节读成以辅音 n 或[ŋ](ng 的国际音标)开头的音节。如“恩爱”(ēn'ài)发成了(nēnnài),“硬”(yìng)发成(nìng)等,在零声母音节前加 n;把“案”(àn)、“藕”(ǒu)发成(ŋàn)(ŋǒu),在零声母音节前加[ŋ]。所以在练习零声母音节时,应加以注意去掉前面的辅音,同时在发零声母音节的第一个元音时适度用力,以保持音节的独立性。

辨音练习:

翱翔　安稳　和蔼　矮小　鳄鱼　恩情　恩爱　安逸

烟雾　偶尔　安慰　压迫　海鸥　银行　医药　演绎

卧车　沃土　误会　委员　野营　巍峨　忘我　扬言

第三节　普通话韵母和山西方音韵母辨正

一、普通话韵母的发音

韵母是汉语音节声母以后的部分。普通话韵母有 39 个,分为单韵母、复韵母、鼻韵母三类。

单韵母　由一个元音构成的韵母叫单韵母。普通话单韵母有 10 个:a、o、e、ê、i、u、ü、-i(前)、-i(后)、er。前 9 个共同的发音要领是:声带振动,从发音开始到发音结束,口形和舌位形成的共鸣腔形状保持不变。每个音的腔体形状决定了它独特的音色。前 7 个单韵母应该保持的共鸣腔形状简要描述如下:

a,舌面前低不圆唇;ê,舌面前半低不圆唇;e,舌面前半高不圆唇;i,舌面前高不圆唇;o,舌面后半高圆唇;u,舌面后高圆唇;ü,舌面前高圆唇。

这 7 个都是舌面音,舌头保持舌面隆起的自然状态,随口的开合而高低,所以,舌面高低兼指开口度小大,一般分为低(开)、半低(半开)、中、半高(半合)、高(合)五度;舌头还自主前后移动,一般分为前、央、后三线。五度三线就构成了元音舌位示意图,从理论上说,其中任何一个点位就是一个元音音素,圆唇音标注在前后线右侧,不圆唇音标注在前后线左侧。这 7 个单韵母中,ê 只用于标记少数民族语言和外语,其他 6 个还能组合成复韵母。

-i(前)、-i(后)是两个舌尖元音,-i(前)发“资”的尾音,只和 z、c、s 相拼,-i(后)发

“知”的尾音，只和 zh、ch、sh、r 相拼。

er 是一个特殊韵母，发音要领是：舌头自然平放，将舌尖轻轻卷起。它不和声母相拼，只标注“二、而、尔、耳”等字或附在音节后简写作 r 表示“儿化”。由于 er 的特殊性，九年义务教育小学语文教科书把它放在复韵母里。这种变通的处理，让小学生容易理解一些。

复韵母　由两个或三个元音构成的韵母叫复韵母。普通话复韵母有 13 个：ai、ei、ao、ou、ia、ie、ua、uo、üe、iao、iou、uai、uei。复韵母的发音要领是：从一个元音向另一个或两个元音疾速滑动，整个韵母发音包含了起点、中点、终点音及其间的过渡音，绝不是两三个元音的相加。ai、ei、ao、ou 前面响亮的音素是韵腹，后面的音素是韵尾；ia、ie、ua、uo、üe 后面响亮的音素是韵腹，前面的音素是韵头；iao、iou、uai、uei 中间响亮的音素是韵腹，前面的音素是韵头，后面的音素是韵尾。

鼻韵母　由元音带鼻音 n 或 ng 做韵尾构成的韵母叫鼻韵母。普通话鼻韵母有 16 个：an、ian、uan、üan、en、in、uen、ün、ang、iang、uang、eng、ing、ong、ueng、iong。以 -n 为韵尾的韵母叫前鼻音韵母，-ng 为韵尾的韵母叫后鼻音韵母。

复韵母、鼻韵母的发音时，有一种现象值得注意，其中 a、e 等元音会起变化，比较 ai—ao、an—ang、en—eng 各组，你会发现，由于相邻音素影响，前面的 a、e 舌位在前，后面的靠后，它们应该是不同的元音。不过因为听感上差别不明显，可以用相同的拼音字母标记，使注音和拼写简易方便。

二、山西人学习普通话韵母的重点与难点

山西方言中韵母的读音比较复杂，主要从以下几个方面进行分辨与训练。

(一)分辨前鼻音韵母和后鼻音韵母

普通话前鼻音韵母和后鼻音韵母分得很清楚。例如“三、山、新、身”的韵母是前鼻音，“桑、商、星、生”的韵母是后鼻音。在山西方言里这两类字的读音除临汾和洪洞的城关念法与普通话相近外，绝大部分地方都相混。例如“三、山”一类字和“桑、商”一类字同音。同音的情况有两种。一是这两类字都读后鼻音韵母，如祁县、平遥、长治等地；二是这两类字都读鼻化元音韵母，听起来与前鼻音韵母相似，如忻州、定襄、五台等地。尤其是前鼻音字念不准的情况，更是山西普遍存在的问题，是山西人学习普通话语音的一大难点。解决这一难点，需要把前后鼻音发准，并把前鼻音字和后鼻音字分清楚。

首先，要学会发准 -n 和 -ng 这两个鼻辅音。-n 与 -ng 的主要区别在阻碍部位，发 -n 时舌头往前伸，舌尖抵住上齿龈；发 -ng 时舌头往后缩，舌根抵住软腭。由于舌头接触上腭的前后部位不同，所以开口度大小也略有不同。发 -n 时口的开度小，发 -ng 时口的开度较大。发准 -n 和 -ng 后，再和前面的元音结合，就能逐渐发准前后鼻韵母。

普通话中读前鼻音韵母和后鼻音韵母的字都很多，要分清哪些字是前鼻音，哪些字是后鼻音，应当认真阅读《普通话水平测试用词语表》(山西版)中前后鼻音对照辨音字部分，找出自己的易混字，反复进行分辨练习。也可以采用简易办法辅助分辨记忆。

(1)利用声韵母拼合规律：

规律一：普通话 d、t、n、l 四个声母一般不和 en 相拼，和 en 相拼的常用字只有一个“嫩”字。据此，就可以断定“灯、登、蹬、噔、等、戥、邓、凳、瞪、澄，疼、誊、腾、藤，能，棱、冷、

愣”肯定是 eng 韵母。

规律二：普通话 d、t、n 三个声母一般不和 in 相拼，和 in 相拼的字只有一个“您”字。据此，就可以断定“丁、盯、叮、仃、疔、钉、顶、鼎、定、订、锭，听、厅、廷、停、亭、霆、蜓、婷、挺、艇，宁、拧、咛、狞、凝、佞”肯定是 ing 韵母。

(2)也可以利用代表字类推的办法来分辨。例如：申—伸、绅、呻、神、审、婶，生—牲、甥、笙、胜，今—衿、矜、妗、衾、琴、芩、吟，京—惊、鲸。

前后鼻音对照辨音练习

an

斑斓　翻番　淡然　懒散　参赞　潸然　产蛋　反感

橄榄　坦然　展览　漫谈　汗衫　勘探　难看　感叹

en

本分　认真　深沉　深圳　振奋　根本　愤恨　本人

人参　沉闷　门诊　粉尘　根深　恩人　婶婶　陈真

in

拼音　民心　近亲　殷勤　金银　贫民　濒临　临近

亲民　音频　紧紧　引进　心劲　信心　民心　近邻

un

伦敦　馄饨　温顺　论文　滚轮　春笋　昆仑　困顿

ün

军训　均匀　逡巡　菌群　芸芸　寻寻　群困　云群

ang　iang　uang

苍茫　昂扬　江洋　螳螂　两江　行当　创伤　狂妄

亮相　响亮　厂房　装潢　向阳　商场　强项　长江

eng

风声　更正　征程　蒸腾　冷风　猛增　恒生　逞能

省城　风筝　承蒙　增生　登城　风能　愣怔　吭声

ing

蜻蜓　平定　姓名　病情　影评　冰凌　行星　经营

明镜　丁零　倾听　命令　情景　灵性　硬性　清明

混合练习

耕耘　神情　困境　更新　分明　藏身　风韵　青春

沉静　墙根　生存　光临　尊称　文凭　忠贞　巡警

凌晨　农村　身影　精神　春风　雄浑　军装　恒温

论证　平分　银杏　灵魂　民航　将军　信仰　病菌

(二)分辨 ian–ie、üan–üe

普通话里，前鼻韵母 ian、üan，在山西中部的太原、清徐、榆次、太谷、寿阳，山西北部的大同、天镇、山阴、怀仁、左云、阳高、浑源、朔州、平鲁、应县、神池、岢岚，山西东南部的晋城、陵川等地方言中没有 an、üan 这两个鼻韵母。有的地方把这两类字都读成不带鼻音的韵母，听起来很像 ie、üe；有的地方把这两类字都读成 ie、üe 的鼻化韵母，实际发音介于两类韵母之间。例如："面"念成"灭"，"舔"念成"铁"，"宣"念成"靴"等。

ie 与 ian、üe 与 üan 的主要区别在于有无鼻辅音及开口度的大小。ian、üan 以鼻辅音 -n 结尾，发音时一定要发出完整的前鼻音韵尾，结束时舌尖抵住上齿龈，主要元音是 a，发音时口腔开度较大；而 ie、üe 是复韵母，发音时气流全部从口腔流出，不带鼻音，以元音 e 结尾，口腔开度较小。以上方言区的人们在发 ian、üan 这两个前鼻音时，应该在发完 ie üe 后，紧接着把舌尖上抬紧紧地抵住上齿龈，软腭下垂，让气流从鼻腔里流出，就能发完整的 ian、üan。

辨音练习

憋—边　　瞥—篇　　灭—面　　跌—掂　　铁—舔

聂—念　　劣—练　　接—尖　　茄—前　　写—显

对比练习

别致—编制　　磨灭—磨面　　跌倒—颠倒

阶段—间断　　茄子—钳子　　蔑视—面试

混合练习

瞥见	界限	猎犬	铁拳	缺点	学年	雪原	绝缘
鉴别	天蝎	劝解	原野	签约	坚决	圆月	欠缺
连线	天线	厌倦	健全	全面	宣言	悬念	全员
全权	源泉	绵延	天边	减免	脸面	渐远	年间

分辨这两类字，可以采用记少不记多的办法。普通话 ian、üan 韵母的字较多，ie、üe 韵母的字较少，我们就可以只记 ie、üe 韵母的字，其余容易混淆的字放心读 ian、üan。另外，有些字也可以用代表字类推的方法记忆，例如：列—咧、洌、烈、裂、趔，厥—噘、橛、撅、蹶、镢、獗、蕨，等等。

（三）分辨 ang、iang、uang 和 eng、ing、ong（ueng）

山西南部的吉县、新绛、万荣、夏县、曲沃、侯马、绛县、闻喜、稷山等地方言中，没有 ang 韵母，把 ang 韵母字全部念成 eng 韵母，因此这些地区的方言也没有 iang、uang 韵母，把这两个韵母的字分别念成了和 ing、ong（ueng）相近的韵母。例如："姓张"念成了"姓曾"、"优良"念成了"幽灵"、"庄园"念成了"中原"等。

山西东南部的武乡等地恰恰相反，那里的方言中没有 eng 韵母，把 eng 韵母字全部念成了 ang 韵母，因此也没有 ing 韵母和 ong（ueng）韵母，把 ing 韵母和 ong（ueng）韵母分别念成了 iang 韵母和 uang 韵母。例如："生成"念成了"商场"（类似）、"经常"念成了"疆场"、"没空"念成了"煤矿"等。

这两类韵母在发音上的区别主要是开口度的大小。ang、iang、uang 的主要元音是 a，发音时开口度大；eng、ing、ong（ueng）的主要元音是 e、i、o，发音时开口度较小。方言区的人在发音上的主要问题是：发 ang、iang、uang 时开口度不够大，听起来有点像 eng、ing、ong（ueng）；发 eng、ing、ong（ueng）时开口度又不够小，听起来有点像 ang、iang、uang。所以，发音时一定要注意两类韵母在开口度上的区别，前一类韵母开口度要尽量大一些，后一类韵母开口度要略微小一些。这一类字比较多，需要充分利用《普通话水平测试用词语表》(山西版)相关部分进行练习和记忆。

辨音练习

长风—乘风　　航行—横行　　商贩—生饭

旁证—膨胀　　刚正—更正　　常识—诚实

反响—反省　　枪声—轻声　　强行—情形

抢人—请人　　新绛—心境　　良将—灵境

反光—反攻　　黄色—红色　　装药—中药

老汪—老翁　　木筐—目空　　小床—小虫

混合练习

港商　苍茫　榜样　唱腔　上将　猖狂　伤亡　堂皇

长城　帐篷　方程　纲领　放映　畅通　航空　防洪

冷静　灯笼　能量　疯狂　灯光　经营　平衡　轻松

营养　兴旺　总统　公正　动静　农场　恐慌　容量

第四节　普通话声调和山西方音声调辨正

一、声调的性质和作用

声调也叫字调，是贯穿于汉语音节的音高变化，它表现为几种高低、升降、曲直、长短的变化类型。同普通话声母、韵母一样，声调也具有区别意义的作用。例如："妈"和"马"、"市场"和"时常"、"鲜明"和"县名"等，它们的声母、韵母都相同，只由于声调不同，就表示不一样的意义。音节有声调是汉语区别于其他语言最显著的特点之一。

声调是音高变化，决定于频率高低变化，由声带的松紧来控制。如果声带由松到紧，发出的声音就是由低到高的升调；如果声带由紧到松，发出的声音就是由高到低的降调；声带保持一定的松紧度，声音就是保持一定高度的平调；声带由松到紧再由紧到松，或者相反，声音就是低-高-低或高-低-高的曲折调。

方言区之间的人们交流时突出的障碍之一就是声调不同，一个人普通话的方言味浓不浓，重点在于声调。所以说，能否正确掌握和熟练运用普通话声调，直接影响说话人的普通话语音面貌，也是衡量一个人普通话水平高低的重要标志。

二、普通话声调的调值和调类

调值是指声调的实际读法，即音高变化的形式。不同的调值，表达不同的意义。例如"mā、má、mǎ、mà"四个音节，可以表示"妈、麻、马、骂"四个不同的意思。考察所有音节一共有几种音高变化，可以归纳出不同的调值类别，这些类别叫作调类。普通话有高平、中升、降升、高降四种音高变化形式，构成了四个调类。沿用音韵学名称，分别叫做阴平、阳平、上声、去声。在语文教学中，常称作一声、二声、三声、四声。

阴平调值为 55　　鲜花　咖啡　丰收　灯光　精心

阳平调值为 35	新闻	森林	飘扬	征程	加强
上声调值为 214	导演	领导	总理	鼓掌	舞蹈
去声调值为 51	电视	大厦	示范	岁月	庆贺

记录声调，一般用五度标记法（见下图）。

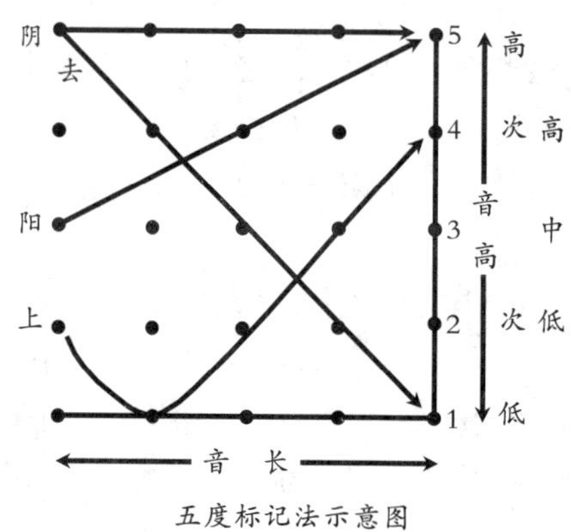

五度标记法示意图

《汉语拼音方案》规定的“ˉ ˊ ˇ ˋ”四个声调符号，就是五度标记法的简化形式。为了书写和印刷的方便，常常用数字来表示调值，并不画出每个声调的调型图。

如：天 55 长 35 地 51 久 214

三、山西人学习普通话声调的重点和难点

普通话声调的阴平、阳平、上声、去声四个调类是从中古代的声调演变而来的。中古代有“平、上、去、入”四声，发展到现代，在普通话和各地方言里的演变情况是不一样的。在普通话里的变化，人们归纳为“平分阴阳，浊上归去，入派三声”（元·周德清《中原音韵》）。平声分作阴平、阳平两类，入声消失，古入声字分别派入阴平、阳平、上声和去声；而在晋方言里，很多地方平声仍分阴阳，仍保留着入声。山西还有的地区不分阴平、上声，有的地区保留了阴去、阳去的区别等，这些都是和普通话不一样的。因此，山西人学习普通话时，首先要搞清楚自己的方言与普通话在调类上的相同和不同之处，找出它们的对应规律，然后再进行调值的比较，把高低升降读准确。

（一）入声改读，各归其类

山西省除晋南外，晋中、晋东南、晋西、晋北的多数方言点都保留了入声。山西方言的入声，一般读音短促，带有明显的喉塞音[ʔ]，并有独立的韵母。

古入声字中，今常用的有 500 多个，普通话分别归入阴、阳、上、去四个声调。其中归入去声的字最多，约占 57%；其次归入阳平，约占 30%；其余少数字归入阴平和上声，分别占 7%和 6%。

分辨记忆古入声字的普通话读音，是山西人学习普通话声调的一大难点，应当充分重视。利用以下几条规律，可以分辨一些常用字的读音。

1.普通话读鼻音韵母和 zi、ci、si、er 音节的字，肯定不是入声字。如“安、天、欢、宣、恩、今、昏、勋、帮、江、慌、灯、英、轰、星、拥、资、词、思、而”等，在分辨入声字读音之前，可以先把这类字排除出去。

2.普通话中m、n、l、r声母和零声母的古入声字，今多数读去声。如“麦、纳、腊、立、陆、掠、骆、热、药、握、玉、月、厄”等。应注意“摸、膜、捏、捋、辱、额、屋、挖、约”等例外字，要单独记忆。

3.分阴入、阳入的地方，方言读阳入的字，普通话一般读阳平。如“拔、仆、乏、伏、达、谍夺、合、滑、活、及、闸、勺、舌、石、杂、俗”等。应注意“缚、剧、秩、属、蜀、术、述”等例外字，要单独记忆。

现在大多数人在小学期间学习了汉语拼音，“一声平，二声扬，三声拐弯，四声降”这样的训练使得人们在用普通话交流中出现入声的现象已经越来越少了。

（二）区分阴平和阳平

古汉语中的平声调在普通话中演化为阴平和阳平两类，但在山西的有些方言中，仍然保留着阴平、阳平不分的现象。如太原、清徐、榆次等地方言中“天”和“田”、“方”和“房”同音，“青天”和“晴天”不分。这些地方的人要把阴平字和阳平字区分开来，首先掌握这两种声调的正确调值：两种的区别主要表现在音高形式上，阴平的特点是音高保持高且平直，声带持续紧张；阳平的特点则是音高由中音向高音滑动，声带由松到紧。我们可以用以下的方法帮助辨字。

1.方言读平声的字，如果普通话声母是b、d、g、j、z、zh几个不送气音，一般读阴平。如“巴、班、帮、包、呆、耽、当、刀、该、甘、钢、饥、家、坚、栽、脏、钻、尊、渣、斋、张、遮、真、周、抓、追”等。

2.方言读平声的字，如果普通话声母是m、n、l、r，一般读阳平。如“麻、忙、梅、迷、谋、拿、南、能、娘、牛、农、来、兰、廊、劳、雷、良、聊、龙、楼、驴、罗、然、人、仁、荣、儒”等。

（三）区分阴平和上声

忻州、定襄、原平等地，阴平和上声字单念时调值相同。在这些方言里，“波”和“跛”、“标”和“表”、“千”和“浅”、“钢”和“港”、“中”和“肿”等字，单念时分别同音。

利用变调规律可以分辨部分阴平字和上声字。例如忻州话中，阴平和上声的单字调一样，都读曲折调，调值313。但是阴平和阴平相连时，前字变成中平调，调值33，后字变成低降调，调值31；上声和阴平相连时，前字变成高降调，调值42，后字不变。利用这一条规律，就可以判断前字是阴平还是上声。

其余的多数字还要靠单字记忆和多读多练、培养语感的方法解决。

除了以上山西方言中容易出现的声调问题外，最常见最普遍的则是调值读得不到位，如阴平调值不够高，阳平调值升不上去，上声调值不完全，去声降不下去等。所以要认真学习和掌握声调中调值的发音，以使自己声调的发音和普通话的标准读音一致起来。

声调练习

播音　江山　单一　公安　星空　工商　端庄　疏通
发言　中国　偏旁　资源　编辑　金鱼　轻浮　昆明
美好　永远　感想　雨伞　主导　北海　选举　广场
祝愿　议论　政策　报告　对话　降落　借鉴　纪念
光明磊落　心明眼亮　巍峨耸立　飞檐走壁　花红柳绿
顺理成章　四海为家　寿比南山　木已成舟　刻骨铭心

高瞻远瞩　　千军万马　　心潮澎湃　　生龙活虎　　日新月异

第五节　普通话的语流音变

在语流中，由于音节和音节相连，某些音节的读音会发生一些变化，这些变化人们称为“语流音变”。普通话的语流音变主要包括变调、轻声、儿化和语气词“啊”的音变等。

一、变调

在语流中，由于受到前后音节的影响，某个音节的调值发生了明显的变化，和单念时很不同，这种现象就叫连读变调，简称变调。

普通话中的变调主要有以下三种。

（一）上声的变调。上声音节在单念或在词语、句子末尾时读原调，214 调值不变。

上声和上声相连，前一个上声由 214 变为 35，与阳平调值相同。

保险　打扫　反省　改选　简短　景点　冷水　取暖

首长　水鸟　洗碗　小草　永远　友好　掌管　指导

上声在阴平、阳平、去声之前，调值由 214 变为 21，也叫半上。

减轻　美工　北京　展开　影星　掌声　打击　讲师

普及　旅途　启程　朗读　改革　警察　谴责　补习

理论　想象　土地　举例　股票　写作　法律　许愿

三个上声相连时，有两种情况：如果前两个组成双音节词，那么前两个音节与阳平相同，第三个音节仍读上声，例如“展览馆、领导组、演讲者、洗澡水、苦水井”等；如果后两个组成双音节词，那么第二个音节与阳平相同，第一个音节和第三个音节仍读上声，例如“老厂长、小组长、好领导、有本领、领奖赏、找粉笔”等。第二种情况的这一类词，如果并不特别强调第一个音节，也可以把第一、第二个音节都读得跟阳平一样。

（二）“一”的本调是阴平，调值是 55。单念、用作序数或在句子末尾时，读原调。例如：一、二、三，第一，统一，不管三七二十一等。在阴平、阳平、上声前面时，调值由 55 变为 51，与去声调值相同；在去声前面时，调值由 55 变为 35，与阳平调值相同。

一般　一生　一天　一心

一年　一旁　一条　一直

一本　一秒　一碗　一准

一面　一世　一再　一致

（三）“不”的本调是去声，调值是 51。单念或在阴平、阳平、上声前面时，读原调，例如：不安、不服、不管。

在去声前面时，调值由 51 变为 35，与阳平调值相同。

不对　不够　不过　不看　不去　不信　不要　不正

“一”和“不”都是古入声字，在山西多数方言里，这两个字仍然读入声。这两个字在普通话口语中使用频率很高，因此，一定要熟记它们的单字调和变调规律，并且多加练习，养成准确、自然的读音习惯。

二、轻声

在语流中，有些音节跟在别的音节后面时，会失去原来的调子，读成一种轻而短的音，这个轻而短的音，就叫轻声。

轻声没有固定音高，一般随前一个音节的声调的调值变化。阴平、阳平、上声、去声后面的轻声，听起来一般都是轻而短的，但仔细分辨就会发现它们在音高上有细微的差别。阴平和去声后面的轻声，是又轻又短的低调，例如“桌子、说了、凳子、去了”；阳平后面的轻声，是又轻又短的中调，例如“房子、来了”；上声后面的轻声，是又轻又短的高调，例如“毯子、好了”。对于方言区的人来说，读准轻声前面那个音节的声调后，只要把后面的音节读得轻短一些就行了。

轻声在普通话中起着很重要的作用。它不但能够在语流中调节语音节奏，在听觉上给人一种美感；更重要的是，有的轻声音节可以起到区别词义和词性的作用。例如“老子 lǎozǐ”指道家创始人老聃，“老子 lǎozi”则指父亲；“东西 dōngxī”指东面和西面，“东西 dōngxi”泛指各种抽象的或具体的事物；“大自然”中的“自然 zìrán”是名词，指整个有机界和无机界，“他神态不自然”中的“自然 zìran”是形容词，表示不局促、不呆板。普通话中轻声词很多，如果该读轻声而不读，不但听感生硬，而且有时会影响语意的表达。

普通话常见的有规律的轻声音节：

1.名词、代词后缀：子、儿、头、们。如：桌子、房子、女儿、环儿、石头、看头、我们、你们。

2.助词：的、地、得；着、了、过。如：我的、小的、轻快地、慢慢地、跑得快、好得很、说着、开着、走了、完了、来过、吃过。

3.语气词：吧、吗、呢、呀。如：去吗、香吗、去呢、来呢、花呀、叶呀、走吧、好吧。

4.一些名词重叠式的第二个音节。如：娃娃、星星、宝宝、妈妈、爸爸、哥哥、舅舅、爷爷。应当注意的是，“年年”“人人”等表示“每……”时，不读轻声。

5.动词重叠式的第二个音节。如：说说、听听、尝尝、聊聊、洗洗、想想、看看、试试。应当注意的是，上声的单音动词重叠，第一个音节的声调要变得和阳平一样。如：洗洗、想想、走走、甩甩。

6.双音节词中，一部分词习惯上第二个音节读轻声。如：萝卜、葡萄、喇叭、玻璃、哆嗦、月亮、柴火、耳朵、眼睛、兄弟、衣服、时候、钥匙、黄瓜、清楚等。

北京话里有大量的轻声词，我们不必全部掌握，只要记忆《普通话水平测试用必读轻声词语表》（见附录 1）就可以了。同时要注意培养语感，读得多了，也就习惯成自然了。

三、儿化

“儿”常常跟在别的音节后面读轻声，充当名词词尾，如：画儿、鸟儿、罐儿、背心儿、岔道儿等。天长日久就产生了变化：“er”音节失去了自己的独立性，只保留了一个轻微的卷舌动作，附在了前一个音节的韵母后面。这样，在词语中，词尾“儿”音节没有了，前一个音节的韵母却带上了一个轻短微弱的卷舌音。这种语音现象就叫“儿化”，后面带有卷舌音的韵母叫“儿化韵”。

普通话韵母有36个韵母可以儿化，由于儿化直接影响了韵尾，甚至影响了韵腹，“儿化韵”数目就减少到23个。普通话的儿化韵母的实际发音和部分例词，在《普通话水平测试用儿化词语表》（见附录2）中有全面详细的表述，这里不再重复。

儿化在普通话中主要有两方面的作用。

1.有些词儿化以后带有“小”的意思或带有亲切、喜爱的感情色彩。例如：火星，太阳系中围绕太阳旋转的一颗行星；火星儿，很小的火点儿。宝贝，珍奇的东西；宝贝儿，对小孩子的爱称。

2.有些词儿化以后改变了词义或词性。例如：面，粮食磨成的粉；面儿，粉末，如“辣椒面儿”。盖，由上而下地遮掩，如“盖被子”，动词；盖儿，器物上有遮蔽作用的东西，如“茶壶盖儿”，名词。

普通话中有一些词儿化后并不改变词性或词的意思，也不附加什么色彩，仅仅是一种习惯的用法。例如“床单儿、手套儿、走调儿、咬字儿”等。掌握这一类词，除了必要的记忆之外，还要在多读多练中培养语感，逐步达到自然、熟练的程度。

四、语气词“啊”的音变

普通话语流中，语气词“啊”总是附在句末，受前一音节尾音的影响，会发生如下变化。

1.前一音节尾音是 a、o（不包括 ao、iao）、e、ê、i、ü 时，“啊”读作“呀”。例如：

不要怕啊（pà ya）！好难上的坡啊（pō ya）！

原来是天上的啊（de ya）！好大的雪啊（xuě ya）！

这山真奇啊（qí ya）！这么大的雨啊（yǔ ya）！

2.前一音节尾音是 u、ao、iao 时，“啊”读作“哇”。例如：

要爱惜书啊（shū wa）！快点走啊（zǒu wa）！

别迟到啊（dào wa）！你为什么笑啊（xiào wa）？

3.前一音节尾音是-i（前）时，“啊”读作 a 或[za]。例如：

他还是个孩子啊（zi[za]）！写的什么字啊（zì[za]）？

原来如此啊（cǐ[za]）！你真自私啊（sī[za]）！

4.前一音节尾音是-i（后）时，“啊”读作 a 或 ra。例如：

人各有志啊（zhì ra）！快点吃啊（chī ra）！

都是老师啊（shī ra）！刚刚开始啊（shǐ ra）！

5.前一音节尾音是 n 时，“啊”读作“哪”。例如：

加油干啊（gàn na）！真抱歉啊（qiàn na）！

水真深啊（shēn na）！美名传啊（chuán na）！

6.前一音节尾音是 ng 时，“啊”读作 nga。例如：

唱啊（chàng nga）唱，嘤嘤有韵……

天真冷啊（lěng nga）！

夜多么静啊（jìng nga）！那时都穷啊（qióng nga）！

附 普通话水平测试用词语表(山西版)

编 制 说 明

1.本表依据《普通话水平测试实施纲要》中《普通话水平测试用普通话词语表》编制,包括了表一和表二的部分词语并有所增补,酌收在多年测试实践中发现的受山西方言影响较大和易错的词条。增补的词语选自《现代汉语词典》(修订本),只用于练习和培训。

2. 本表条目按照汉语拼音方案字母表顺序排列。原表收入表一的词语,按原序排在注音之后;原表收入表二的词语,按原序排在/号之后;增补的词语排在//号之后,酌收不以某字起头却含有某字的词语。

3.本表词语首字以后的字一般不注音,遇到容易读错的多音多义字、异读词、生僻字才注音。注音时,词语整体再现一次,词语中不注音的字,用~号代替。注音只注本调,不标变调。一字多音的,以实际读音归部。

4.普通话测试要求必读轻声的词语,只在词后加·号,一般不再注音;可读轻声也可读本调的,注音上标调号,注音前加·号。普通话测试用轻声词语,另用专表列出。

5.本表条目中的儿化音节,只在基本形式后面加 r,不标语音上的实际变化。普通话测试用儿化词语,另用专表列出。

6.本表对易混同形词作了简要的说明,或说明语体,或说明主要语义的特征,放在词语后的(　)中。

7.这样编排,为的是便于快速查找,难免有不够科学之处,还望见谅。

A

阿 ā　阿　阿姨
呵 ā　呵(叹词,意同“啊”)
挨 āi　挨 // 挨个儿　挨近
哀 āi　/哀　哀愁　哀伤　哀怨　哀乐~yuè
挨 ái　挨 // 挨打　挨饿　挨日子
皑 ái　/皑皑
癌 ái　/癌 // 癌变
矮 ǎi　矮/矮小
艾 ài　/艾
爱 ài　爱　爱好~hào　爱情　爱人·/爱慕~mù
碍 ài　/碍　碍事
安 ān　安　安全　安慰　安心　安置　安装/安插　安顿　安分~fèn　安居乐业~~lè~　安宁~níng　安生　安闲　安详　安逸~yì
氨 ān　氨　氨基酸
庵 ān　/庵
岸 àn　岸
按 àn　按　按照/按摩　按捺~nà　按钮~niǔ　按说
案 àn　案　案件/案情　案头　案子·
暗 àn　暗　暗示　暗中~zhōng/暗藏~cáng　暗淡　暗自
黯 àn　/黯　黯然
昂 áng　/昂　昂然　昂首　昂扬
盎 àng　/盎然
凹 āo　凹/凹陷
熬 āo　熬 // 熬白菜
熬 áo　熬 // 熬煎　熬夜
遨 áo　/遨游
螯 áo　/螯(螃蟹等节肢动物的第一对脚)
翱 áo　/翱翔~xiáng
袄 ǎo　/袄
拗 ǎo　// 拗断
拗 ào　/拗 // 拗口
傲 ào　/傲　傲然
奥 ào　奥秘~mì　奥运会/奥　奥妙
澳 ào　/澳
懊 ào　/懊悔　懊丧~sàng

B

八 bā　八/八仙桌　八字
巴 bā　巴/巴掌·
扒 bā　扒 // 扒车　扒皮
芭 bā　/芭蕉~jiāo　芭蕾舞~lěi~
疤 bā　/疤　疤痕
拔 bá　拔/拔除　拔节
跋 bá　/跋涉
把 bǎ　把/把柄　把持　把门儿　把手·把子·
靶 bǎ　/靶　靶场~chǎng
把 bà　把儿/把子·
坝 bà　/坝
爸 bà　爸　爸爸·
耙 bà　/耙(碎土、平地)
罢 bà　罢　罢工/罢官　罢免
霸 bà　/霸　霸权　霸占
掰 bāi　/掰
白 bái　白/白桦~huà　白净·　白薯~shǔ　白皙~xī　白眼　白银　白昼
百 bǎi　百　百年　百姓/百分比~fēn~　百家争鸣
柏 bǎi　/柏　柏油
摆 bǎi　摆/摆弄~nòng　摆设
败 bài　败/败坏　败仗
拜 bài　拜/拜访　拜年
扳 bān　/扳 // 扳子·
班 bān　班/班车　班主任　班子·
般 bān　般 // 般配
颁 bān　颁布/颁发
斑 bān　/斑　斑驳　斑点　斑斓~lán　斑纹
搬 bān　搬　搬运/搬迁　搬用
板 bǎn　板　板凳/板子·
版 bǎn　版/版本　版面　版权
办 bàn　办　办公室~~shì/办学
半 bàn　半　半导体　半径　半天/半成品　半截　半圆
扮 bàn　扮演/扮
伴 bàn　伴　伴随　伴奏/伴侣~lǚ
拌 bàn　/拌 // 拌嘴
绊 bàn　/绊 // 绊脚石

瓣 bàn　瓣
邦 bāng　/邦
帮 bāng　帮　帮忙　帮助/帮办　帮手·　帮凶
梆 bāng　/梆　梆子·
绑 bǎng　/绑　绑架
榜 bǎng　榜样/榜
膀 bǎng　/膀　膀子·
蚌 bàng　/蚌 // 鹬蚌相争 yù~xiāng~
棒 bàng　棒/棒槌·　棒子·
傍 bàng　傍晚/傍
磅 bàng　/磅
包 bāo　包　包袱·　包干儿　包装/包庇~bì　包涵·　包罗万象　包扎~zā　包子·
苞 bāo　/苞
孢 bāo　孢子~zǐ
胞 bāo　/胞
炮 bāo　炮 // 炮羊肉(在旺火上炒)
剥 bāo　剥 // 剥皮
褒 bāo　/褒贬
雹 báo　/雹　冰雹
薄 báo　薄(语,常单用)
饱 bǎo　饱　饱和~hé/饱含
宝 bǎo　宝　宝石/宝剑　宝藏~zàng　宝座
保 bǎo　保　保持　保存　保守　保险　保障/保护色~~sè　保全　保温　保养　保证金　保重~zhòng
堡 bǎo　/堡　堡垒
报 bào　报　报酬~·chóu　报复~·fù/报导　报社　报信　报应~·yìng
刨 bào　/刨 // 刨花　刨子·
抱 bào　抱/抱不平　抱负　抱歉　抱怨~·yuàn
豹 bào　/豹　豹子·
鲍 bào　/鲍鱼
暴 bào　暴露~lù/暴　暴风雪　暴君　暴行~xíng　暴躁　暴涨~zhǎng
爆 bào　爆炸/爆　爆裂　爆破　爆竹
杯 bēi　杯/杯子·
卑 bēi　/卑　卑鄙　卑劣
背 bēi　背 // 背带
悲 bēi　悲惨/悲　悲愤　悲观　悲凉　悲伤　悲壮
碑 bēi　/碑　碑文
北 běi　北　北方/北半球　北边~·biān　北极星
背 bèi　背/背包　背道而驰　背风　背脊~jǐ　背面　背心　背影
贝 bèi　贝/贝壳~ké
备 bèi　备/备课　备战
钡 bèi　/钡
倍 bèi　倍/倍数　倍增
被 bèi　被　被子·/被单　被褥
辈 bèi　辈 // 辈分·
臂 bei　// 胳臂 gē~
奔 bēn　奔/奔波　奔驰　奔赴　奔腾
本 běn　本　本领　本身　本事~shì　本事·(本领)本质/本分~fèn　本行~háng　本钱~·qián　本源　本子·
苯 běn　苯(有机化合物)
奔 bèn　奔 // 奔头儿~tour
笨 bèn　笨/笨重　笨拙~zhuō
崩 bēng　崩溃/崩
绷 bēng　/绷　绷带
绷 běng　/绷 // 绷脸
蚌 bèng　// 蚌埠(地名,在安徽)
绷 bèng　/绷(裂开)
蹦 bèng　蹦
泵 bèng　/泵
迸 bèng　/迸　迸发~fā
逼 bī　逼　/逼近　逼迫~pò　逼真
鼻 bí　鼻　鼻子·/鼻尖　鼻梁　鼻涕~·tì　鼻音
匕 bǐ　/匕首
比 bǐ　比　比较~jiào　比赛　比重/比方·　比分~fēn　比例尺　比率~lǜ　比拟~nǐ　比值
彼 bǐ　彼　彼此/彼岸
笔 bǐ　笔　笔者/笔触　笔迹~jì　笔尖　笔名　笔直
鄙 bǐ　/鄙　鄙视　鄙夷
币 bì　/币　币制
必 bì　必　必定　必然性　必须/必需品
毕 bì　毕竟　毕业/毕　毕生
闭 bì　闭/闭塞~sè
庇 bì　/庇护
陛 bì　/陛下

髲 bì /髲
敝 bì /敝 // 敝人
婢 bì /婢女
痹 bì /痹
辟 bì /辟 // 辟邪
弊 bì /弊 弊病
碧 bì /碧 碧波
蔽 bì /蔽
壁 bì 壁/壁垒
避 bì 避 避免/避雷针 避风 避难~nàn
臂 bì 臂/臂膀~bǎng
璧 bì /璧 // 璧还~huán
边 biān 边 边疆 边界 边境 边缘/边陲~chuí 边沿
编 biān 编 编写/编造 编者 编撰~zhuàn 编纂~zuǎn
鞭 biān 鞭 鞭子·/鞭策 鞭炮~pào
贬 biǎn /贬 贬值
扁 biǎn 扁/扁担·
匾 biǎn /匾 // 匾额
变 biàn 变 变更~gēng 变量~liàng 变迁 变形/变幻 变数~shù 变相~xiàng 变压器 变质 变种~zhǒng
便 biàn 便 便于
遍 biàn 遍/遍及
辨 biàn 辨 辨别 辨认/辨证(辨析、考证)
辩 biàn 辩证法/辩 辩驳 辩护人 辩解 辩论
辫 biàn /辫 辫子·
标 biāo 标 标本 标志(标识) 标准化 /标榜 标兵 标尺 标的~dì 标签 标新立异
膘 biāo /膘(肥肉)
表 biǎo 表 表层 表明 表述 表象 表演 表彰~zhāng/表决 表露~lù 表率~shuài
憋 biē /憋 // 憋闷·
鳖 biē /鳖(俗称"王八")
瘪 biē // 瘪三
别 bié 别 别人~·rén/别出心裁 别名 别墅~shù 别致~·zhì
瘪 biě /瘪 // 干瘪
别 biè 别/别扭·

宾 bīn 宾/宾馆 宾主
滨 bīn /滨 // 滨海
濒 bīn /濒临 濒于
摈 bìn /摈弃
鬓 bìn /鬓 // 鬓角
冰 bīng 冰 冰川/冰雹 冰点 冰晶 冰冷 冰凉
兵 bīng 兵/兵团 兵营 兵站 兵种~zhǒng
并 Bīng // 并(山西太原的别称)
丙 bǐng 丙
柄 bǐng 柄
饼 bǐng 饼/饼子·
屏 bǐng 屏/屏息
禀 bǐng /禀 // 禀性
并 bìng 并 并且/并肩 并进 并行~xíng 并重~zhòng
病 bìng 病 病变 病情 病人/病床 病菌~jūn 病史 病因 病原体 病灶 病症
摒 bìng /摒弃
剥 bō 剥削~xuē/剥蚀
拨 bō 拨/拨款 拨弄~nong
波 bō 波 波长/波段 波峰 波澜~lán 波纹 波折~zhé
玻 bō 玻璃~·lí
钵 bō /钵 // 钵盂~yú
菠 bō /菠菜 菠萝
播 bō 播种~zhǒng(撒布种子) 播种~zhòng/播 播放
薄 bó 薄(文,多用于复音词) 薄弱
柏 Bó // 柏林(地名,在德国)
伯 bó 伯/伯乐~lè
驳 bó /驳 驳斥
帛 bó /帛 // 布帛
泊 bó /泊(停,停留)
铂 bó /铂(通称"白金")
脖 bó 脖子·/脖 脖颈儿~gěngr
博 bó 博士/博 博得~dé 博物馆
搏 bó 搏斗/搏
箔 bó /箔 // 锡箔
膊 bó /膊 // 赤膊
跛 bǒ /跛 // 跛脚
簸 bǒ // 簸动 簸箩~luo

薄 bò　薄 // 薄荷·~he
簸 bò　/簸箕·
堡 bǔ　// 堡子~zi
卜 bǔ　/卜 // 占卜 zhān~
补 bǔ　补　补偿　补贴/补丁·　补给~jǐ　补助　补足
捕 bǔ　捕　捕食　捕捉
哺 bǔ　/哺乳　哺育
不 bù　不　不便~biàn　不曾~céng　不当~dàng　不禁~jīn　不论　不幸　不足/不啻~chì(不止、不只、如同)　不动声色　不胫而走~jìng~~　不可思议　不可一世　不适　不速之客　不懈~xiè　不由得·　不约而同　不在乎·　不只~zhǐ
布 bù　布　布置/布景　布匹~pǐ
步 bù　步　步骤　步子·/步履　步行~xíng
部 bù　部　部分·　部署/部件
埠 bù　/埠(码头) // 本埠　商埠
簿 bù　/簿 // 簿子·

C

擦 cā　擦/擦拭
猜 cāi　猜/猜测　猜想
才 cái　才　才能/才干　才智
材 cái　材　材料
财 cái　财　财产　财政/财经　财会~kuài　财权　财主·
裁 cái　/裁　裁定　裁缝·　裁减　裁决　裁军
采 cǎi　采　采访/采掘　采写　采摘
彩 cǎi　彩　彩色/彩电　彩塑~sù
睬 cǎi　/睬
踩 cǎi　踩 // 踩水(一种游泳方法)
菜 cài　菜/菜场　菜蔬　菜肴~yáo　菜园
蔡 cài　蔡
参 cān　参　参谋~móu　参数~shù　参与~yù(参预)/参见　参军　参赛　参议院　参阅　参政
餐 cān　/餐　餐厅　餐桌
残 cán　残/残存　残破　残缺　残忍　残杀
蚕 cán　蚕/蚕食　蚕丝
惭 cán　/惭愧
惨 cǎn　/惨　惨死　惨重~zhòng
灿 càn　灿烂
仓 cāng　仓/仓促
苍 cāng　苍蝇·/苍　苍翠　苍穹~qióng　苍天
沧 cāng　/沧桑
舱 cāng　舱
藏 cáng　/藏身
操 cāo　操　操纵/操持　操练　操心
曹 cáo　曹
嘈 cáo　/嘈杂
槽 cáo　槽
草 cǎo　草　草原/草场　草丛　草拟~nǐ　草坪　草率~shuài　草鞋
册 cè　册
厕 cè　/厕所
侧 cè　侧　侧面　侧重/侧身
测 cè　测　测定　测量~liáng　测验/测算
策 cè　策略/策　策划
参 cēn　// 参差~cī
层 céng　层　层次/层出不穷　层面
曾 céng　曾　曾经
蹭 cèng　/蹭 // 蹭破一点儿皮
叉 chā　叉/叉腰 // 叉车　叉子·
杈 chā　/杈(一种农具)
差 chā　差　差别/差错
插 chā　插/插曲~qǔ　插手　插秧　插嘴
茬 chá　/茬 // 茬口~·kǒu　茬子·
茶 chá　茶　茶馆儿　茶叶/茶点　茶几~jī　茶水　茶园
查 chá　查/查处~chǔ　查禁~jìn　查问　查询　查阅　查找
察 chá　察/察觉~jué
叉 chǎ　叉 // 叉着腿
叉 chà　// 劈叉 pǐ~
杈 chà　/杈 // 树杈
差 chà　差　差点儿 // 差劲
岔 chà　/岔 // 岔道儿
刹 chà　/刹　刹那
诧 chà　/诧异
差 chāi　差/差事· // 差遣
拆 chāi　拆/拆除　拆迁　拆卸
柴 chái　柴/柴火·

掺 chān 掺 // 掺兑
搀 chān /搀
馋 chán /馋
禅 chán /禅 禅宗
缠 chán 缠/缠绵 缠绕
蝉 chán /蝉 // 蝉联 蝉蜕~tuì
潺 chán /潺潺
蟾 chán /蟾蜍~chú
单 chán // 单于(匈奴君主的称号)
产 chǎn 产 产量 产品 产生 产业 产值/产权
铲 chǎn /铲 铲除
阐 chǎn 阐明 阐述/阐释
忏 chàn /忏悔
颤 chàn /颤
昌 chāng /昌
猖 chāng /猖獗~jué
娼 chāng /娼妓
长 cháng 长 长城 长处~·chù/长臂猿 长颈鹿 长年 长夜 长足
场 cháng 场 // 场院
肠 cháng 肠/肠子·
尝 cháng 尝 尝试/尝新
常 cháng 常 常年 常识~shí 常数~shù /常人 常住
偿 cháng /偿 偿还~huán
场 chǎng 场 场面 场所/场景 场子·
厂 chǎng 厂房/厂子·
敞 chǎng /敞 敞开
怅 chàng /怅惘~wǎng
畅 chàng /畅 畅所欲言 畅谈
倡 chàng /倡 倡导
唱 chàng 唱/唱词 唱片~piàn 唱腔
抄 chāo 抄/抄写
钞 chāo /钞 钞票
超 chāo 超 超越/超产 超常 超导体 超前 超然 超人 超声
剿 chāo /剿 // 剿袭(〈书〉同“抄袭”)
巢 cháo 巢/巢穴
朝 cháo 朝 朝廷/朝阳(向着太阳) 朝野 朝政
嘲 cháo /嘲讽 嘲弄~nòng
潮 cháo 潮 潮湿/潮水 潮汐~xī
吵 chǎo 吵/吵嘴
炒 chǎo 炒
车 chē 车 车间 车厢 车站 车子·/车床 车身
扯 chě 扯/扯皮
彻 chè 彻底/彻
撤 chè 撤/撤回 撤职
澈 chè /澈 清澈
抻 chēn /抻
臣 chén 臣/臣民
尘 chén 尘/尘埃~āi
辰 chén /辰 // 星辰
沉 chén 沉 沉淀 沉积 沉重~zhòng 沉着~zhuó/沉降~jiàng 沉静 沉沦 沉闷~mèn 沉没~mò 沉吟
陈 chén 陈/陈迹 陈列 陈设
晨 chén /晨 晨曦~xī
衬 chèn /衬 衬衫
称 chèn 称/称职 // 称心
趁 chèn 趁/趁势 趁早
称 chēng 称 称呼· 称赞/称颂
撑 chēng 撑/撑腰
成 chéng 成 成虫 成分~fèn 成绩~jì 成熟~shú 成为~wéi 成员 成长 /成材 成风 成见 成亲~qīn 成行~xíng
丞 chéng /丞 丞相~xiàng
呈 chéng 呈 呈现
诚 chéng 诚 诚恳~kěn 诚实/诚心 诚挚~zhì
承 chéng 承 承担 承认 承受/承建
城 chéng 城 城市 城镇
乘 chéng 乘/乘积 乘凉 乘坐
盛 chéng 盛 // 盛饭
程 chéng 程 程式
惩 chéng /惩 惩处~chǔ 惩戒 惩治
澄 chéng /澄清
橙 chéng /橙 // 橙子
逞 chěng /逞 // 逞能
秤 chèng 秤 // 秤锤 秤杆~gǎn
称 chèng // 称(同“秤”)
吃 chī 吃 吃饭 吃惊/吃香
嗤 chī /嗤 // 嗤之以鼻
痴 chī /痴 痴呆
池 chí /池子·
驰 chí /驰骋~chěng 驰名

迟 chí　/迟缓　迟早
持 chí　持/持之以恒　持重
尺 chǐ　尺　尺度~dù/尺寸~·cùn　尺子·
齿 chǐ　齿/齿轮　齿龈~yín
耻 chǐ　/耻辱
斥 chì　/斥　斥责
赤 chì　赤/赤诚　赤手空拳　赤字
炽 chì　/炽烈　炽热
翅 chì　翅　翅膀~bǎng
冲 chōng　冲　冲破/冲锋　冲积　冲天　冲撞
充 chōng　充　充当~dāng　充分~fèn　充实　充足/充斥　充电　充沛~pèi　充塞~sè　充血~xuè　充裕~yù
舂 chōng　/舂 // 舂米
憧 chōng　/憧憬~jǐng
虫 chóng　虫/虫子·
重 chóng　重　重新/重叠　重逢　重申　重行~xíng　重演
崇 chóng　/崇敬　崇尚
宠 chǒng　/宠　宠爱　宠儿
冲 chòng　冲 // 冲床　冲劲儿~jìnr
抽 chōu　抽　抽象/抽搐~chù　抽调~diào　抽空~kòng　抽签　抽穗　抽屉~·tì
仇 chóu　仇恨/仇　仇视
惆 chóu　/惆怅
绸 chóu　/绸　绸缎　绸子·
稠 chóu　/稠　稠密
愁 chóu　愁/愁苦
筹 chóu　/筹　筹措　筹建
踌 chóu　/踌躇~chú
丑 chǒu　/丑　丑恶~è
臭 chòu　臭/臭氧
出 chū　出　出产　出来~·lái　出去~·qù　出色~sè　出售　出现　出血~xiě/出差~chāi　出场~chǎng　出境　出类拔萃　出没~mò　出品　出任~rèn　出院　出征　出众　出租
初 chū　初　初中/初春　初等　初恋　初学
除 chú　除　除了·/除尘　除夕
厨 chú　厨房/厨　厨师
锄 chú　/锄　锄头·
雏 chú　/雏　雏形
橱 chú　/橱　橱窗
处 chǔ　处　处分~fèn　处境　处理/处方　处决　处女　处世　处死　处置
储 chǔ　储存　储量~liàng/储　储藏~cáng
楚 chǔ　楚
处 chù　处/处所
畜 chù　畜/畜生·
触 chù　触/触电　触角~jiǎo　触觉~jué　触摸　触目惊心
矗 chù　/矗立
揣 chuāi　/揣 // 揣手儿
揣 chuǎi　/揣测　揣摩
踹 chuài　/踹 // 踹门
啜 Chuài　// 啜（姓）
川 chuān　川/川流不息
穿 chuān　穿　穿着~zhuó/穿插　穿刺　穿山甲　穿梭　穿行~xíng　穿越
传 chuán　传　传播　传教士~jiào~　传授/传承　传令　传神　传诵
船 chuán　船　船舶~bó/船舱　船舷~xián　船员　船闸
喘 chuǎn　喘
串 chuàn　串　串联
创 chuāng　创　创伤/创口
疮 chuāng　/疮　疮疤
窗 chuāng　窗　窗户·　窗子·/窗帘
床 chuáng　床/床铺
幢 chuáng　幢 // 人影幢幢
闯 chuǎng　闯
创 chuàng　创　创新/创见　创业
吹 chuī　吹/吹拂　吹捧　吹奏
炊 chuī　/炊烟
垂 chuí　垂直/垂死
捶 chuí　/捶 // 捶胸顿足
锤 chuí　锤/锤炼　锤子·
春 chūn　春　春节　春天/春分~fēn　春风　春色~sè
纯 chún　纯　纯粹~cuì　纯洁/纯净　纯真　纯正~zhèng
唇 chún　唇
淳 chún　/淳朴
醇 chún　/醇 // 醇香
蠢 chǔn　/蠢　蠢事
戳 chuō　/戳　戳穿

啜 chuò　/啜泣~qì
绰 chuò　/绰号
差 cī　//参差 cēn~
词 cí　词　词典　词组
祠 cí　/祠　祠堂
瓷 cí　/瓷　瓷砖
辞 cí　辞　辞职/辞典
慈 cí　/慈　慈善　慈祥
磁 cí　磁　磁场~chǎng　磁铁/磁性
雌 cí　/雌蕊　雌性
此 cǐ　此/此间
次 cì　次　次数~shù　次序/次品
刺 cì　刺　刺激~·jī/刺杀　刺猬·　刺眼
赐 cì　赐/赐予~yǔ
匆 cōng　/匆忙
葱 cōng　/葱
聪 cōng　聪明~·míng/聪慧
从 cóng　从　从此　从前　从事　从中~zhōng/从军　从属　从新　从业
丛 cóng　丛/丛林　丛生　丛书
凑 còu　凑/凑合·　凑近
粗 cū　粗　粗糙~cāo/粗笨　粗犷~guǎng　粗略　粗俗　粗心　粗野　粗壮
促 cù　促　促成　促进　促使
醋 cù　/醋
簇 cù　簇/簇拥
蹿 cuān　/蹿 // 蹿个儿(身材在较短的时间里明显长高)
攒 cuán　/攒 // 攒动
窜 cuàn　窜 // 窜逃
篡 cuàn　/篡改
崔 Cuī　/崔(姓)
催 cuī　催/催促　催化　催化剂　催眠
摧 cuī　摧残　摧毁/摧
璀 cuǐ　/璀璨~càn
脆 cuì　/脆　脆弱
萃 cuì　/萃取 // 出类拔萃
啐 cuì　/啐 // 啐了一口唾沫
淬 cuì　/淬火
翠 cuì　翠　翠绿
村 cūn　村　村庄　村子·/村民　村寨　村镇
皴 cūn　/皴 // 皴裂
存 cún　存/存心　存折~zhé
寸 cùn　寸
搓 cuō　/搓
磋 cuō　/磋商
撮 cuō　/撮 // 撮合　撮口呼
挫 cuò　挫折/挫　挫伤
措 cuò　措施
锉 cuò　/锉
错 cuò　错　错误~·wù/错觉~jué　错综复杂

D

耷 dā　/耷拉·(下垂)
搭 dā　搭/搭讪~·shàn
答 dā　答应· // 答碴儿~chár　答理~li
答 dá　答/答辩 // 答卷　答数~shù　答谢
打 dá　打(量词)
打 dǎ　打　打扮·　打量·　打破　打算·　打听·/打岔　打点·　打盹儿　打发·　打交道~~·dào　打猎　打印　打颤~zhàn　打字
达 dá　达　达到
大 dà　大　大伯~bó　大伙儿　大娘　大气　大人~·rén　大厦~shà　大婶儿　大厅　大爷~yé(指不好好劳动、傲慢任性的男子)　大爷·(伯父或尊称年长的男子)　大自然/大殿　大度~dù　大方~fāng(指专家学者、内行人)　大方·(不吝啬、不俗气)　大相径庭~xiāng~~　大选　大雪
呆 dāi　呆/呆板　呆滞
待 dāi　待(停留,也作“呆”)
歹 dǎi　/歹徒
逮 dǎi　/逮(捉)
大 dài　大夫·(医生) // 大黄(一种药材)
待 dài　待/待命　待业
逮 dài　逮捕/逮
代 dài　代　代理人　代谢/代词　代数~shù
玳 dài　/玳瑁~mào(一种爬行动物)
带 dài　带　带领/带电　带劲~jìn　带子·
贷 dài　贷款/贷
怠 dài　/怠工　怠慢
袋 dài　袋/袋子·
戴 dài　戴

丹 dān　/丹　丹顶鹤
担 dān　担　担任~rèn　担心/担当~dāng
单 dān　单　单纯/单薄~bó　单产　单词　单身　单元　单子·
耽 dān　耽误·/耽搁·
胆 dǎn　胆/胆固醇　胆略　胆怯　胆小鬼　胆汁　胆子·
掸 dǎn　/掸 // 掸子·
担 dàn　担　担子·
石 dàn　石(容量单位)
旦 dàn　/旦　旦角儿~juér
但 dàn　但　但是
诞 dàn　诞生/诞辰
淡 dàn　淡　淡水/淡薄~bó　淡漠
弹 dàn　弹/弹片~piàn
蛋 dàn　蛋　蛋白质
氮 dàn　氮/氮肥
当 dāng　当　当场　当初　当即　当时(马上,立刻)当选　当中~zhōng　当差~chāi　当量~liàng　当面　当日(当 dāng 时,当初)　当心
裆 dāng　/裆
挡 dǎng　挡 // 挡箭牌
党 dǎng　党　党性　党员/党籍~jí　党章
当 dàng　当　当成　当年　当时　当天　当做/当铺　当日　当晚　当夜　当真
荡 dàng　荡/荡漾
档 dàng　档案/档　档次
刀 dāo　刀/刀子·
导 dǎo　导　导弹~dàn　导演　导致/导师
岛 dǎo　岛　岛屿~yǔ
捣 dǎo　/捣　捣毁
倒 dǎo　倒　倒霉
祷 dǎo　/祷告
蹈 dǎo　/蹈 // 赴汤蹈火
倒 dào　倒/倒数~shǔ(逆着次序数 shǔ)　倒数~shù　倒影　倒置　倒转~zhuǎn(倒过来、反过来)　倒转~zhuàn(倒着转 zhuàn 动)
到 dào　到　到处
盗 dào　盗窃/盗　盗贼
悼 dào　/悼念
道 dào　道　道教/道歉　道士·　道谢
稻 dào　稻/稻草　稻子·
得 dé　得/得逞　得当~dàng　得分~fēn　得心应手~~yìng~　得罪
德 dé　德　德育
得 de　// 得(助词)
的 de　// 的(助词)
地 de　// 地(助词)
得 děi　得(需要,必要)
灯 dēng　灯　灯泡儿/灯笼·
登 dēng　登/登场~cháng(谷物收割后运到场 cháng 上)　登场~chǎng　登门　登山　登载~zǎi
蹬 dēng　蹬
等 děng　等/等号~hào　等式
澄 dèng　/澄 // 澄沙馅儿
邓 Dèng　邓(姓)
凳 dèng　/凳　凳子·
瞪 dèng　瞪/瞪眼
低 dī　低　低温/低层　低潮　低沉　低空~kōng　低廉　低劣　低压~yā
堤 dī　堤坝
提 dī　/提防·
滴 dī　滴/滴灌
的 dí　的确 // 的当(恰当,非常合适)
敌 dí　敌　敌人/敌寇　敌情　敌视
涤 dí　/涤纶~lún
笛 dí　/笛　笛子·
嫡 dí　/嫡 // 嫡传
诋 dǐ　/诋毁
抵 dǐ　抵　抵制/抵触　抵御
底 dǐ　底　底层　底下~·xià/底片　底细~·xì　底子·
的 dì　目的
地 dì　地　地层　地点　地方~fāng(和"中央相对,本地)　地方·(位置)　地壳~qiào　地势　地下(地面之下)　地下(地面上)~·xià　地震　地租/地产　地磁　地道~dào(地面下的交通坑道)　地道·(正宗的)　地核~hé　地幔~màn　地平线　地址
弟 dì　弟弟·　弟兄·　弟子
帝 dì　帝/帝制
递 dì　递/递减　递增
第 dì　第

谛 dì /谛听
蒂 dì /蒂 // 并蒂莲
缔 dì /缔 缔结~jié 缔约 // 缔造
掂 diān /掂 // 掂量~·liáng
滇 Diān 滇(云南的别称)
颠 diān /颠 颠簸~bǒ 颠倒~dǎo
巅 diān /巅
典 diǎn 典型/典 典范 典籍~jí 典雅
点 diǎn 点 点燃/点名 点心· 点缀
碘 diǎn 碘
电 diàn 电 电场 电磁波 电荷~hè 电量~liàng 电能 电视 电线 电压~yā 电源 电子/电解~jiě 电文 电信 电讯 电影院
佃 diàn /佃
店 diàn 店/店铺 店堂 店员
垫 diàn 垫/垫圈~quān
淀 diàn 淀粉
惦 diàn /惦念
奠 diàn 奠定/奠
殿 diàn /殿 殿堂
刁 diāo /刁 刁难~nàn
叼 diāo /叼 // 叼花儿
貂 diāo /貂
碉 diāo /碉堡~bǎo
雕 diāo 雕塑~sù/雕琢
吊 diào 吊/吊环
钓 diào /钓 钓竿
调 diào 调 调拨 调查/调度~dù 调换 调遣 调运 调子·
掉 diào 掉
爹 diē 爹
跌 diē 跌/跌落
迭 dié 迭 // 迭起
叠 dié 叠 // 叠床架屋 叠韵
碟 dié /碟
蝶 dié /蝶
丁 dīng 丁
叮 dīng /叮 叮咛~níng 叮嘱
盯 dīng 盯
钉 dīng 钉(名物义)/钉子·
顶 dǐng 顶 顶点/顶峰
鼎 dǐng /鼎 鼎盛~shèng
钉 dìng 钉(动作义)
订 dìng 订/订婚 订阅 订正
定 dìng 定 定型/定点 定论 定名 定神 定员 定罪
锭 dìng /锭 纱锭
丢 diū 丢/丢脸 丢人 丢失
东 dōng 东 东西~xī(东边和西边) 东西·/东边~·biān 东道主 东风 东家· 东经 东正教
冬 dōng 冬/冬眠 冬至
董 dǒng /董 董事会
懂 dǒng 懂 懂得~·dé/懂事
动 dòng 动 动词 动静· 动量 动能 动人 动员/动画片~~piàn 动身 动弹· 动心 动辄~zhé
冻 dòng 冻/冻疮 冻结~jié
栋 dòng /栋 // 栋梁
洞 dòng 洞/洞察 洞穴
都 dōu 都(副词)
兜 dōu 兜 // 兜风 兜子·
斗 dǒu 斗/斗笠~lì
抖 dǒu 抖/抖擞~sǒu
陡 dǒu 陡/陡坡
斗 dòu 斗 斗争/斗志
豆 dòu 豆 豆腐·/豆芽儿 豆子·
逗 dòu 逗/逗乐儿
痘 dòu /痘 // 痘疤
窦 dòu /窦
读 dòu // 句读(语句中的停顿)
都 dū 都 都市/都城
督 dū /督 督促 督军
嘟 dū /嘟囔·
毒 dú 毒 毒素/毒草 毒品 毒蛇
独 dú 独 独占 独自/独裁 独唱 独创 独身 独奏
读 dú 读 读书 读者/读数~shù 读音
犊 dú /犊 // 犊子
肚 dǔ 肚子·(用作食品的动物的胃)
笃 dǔ /笃信
堵 dǔ 堵/堵截 堵塞~sè
赌 dǔ /赌 赌博
睹 dǔ /睹
肚 dù 肚子·
杜 dù /杜鹃~juān 杜绝
妒 dù /妒忌

度 dù　度/度量~liàng
渡 dù　/渡船
镀 dù　/镀
端 duān　端　端正/端午　端庄
短 duǎn　短　短暂/短处~·chù　短促　短缺　短线
段 duàn　段/段落
断 duàn　断　断定/断层　断绝　断送　断言
缎 duàn　/缎　缎子·
煅 duàn　/煅 // 煅烧
锻 duàn　锻炼/锻
堆 duī　堆　堆积/堆砌
队 duì　队　队伍·/队列
对 duì　对　对称~chèn　对付·　对应~yìng/对策　对等　对接　对联　对门　对数~shù　对头·　对峙~zhì
兑 duì　/兑　兑现
吨 dūn　吨
敦 dūn　/敦促
墩 dūn　/墩
蹲 dūn　蹲 // 蹲点
囤 dùn　/囤
炖 dùn　/炖
钝 dùn　/钝
盾 dùn　/盾
顿 dùn　顿　顿时
多 duō　多　多边形　多么~me　多少~·shǎo　多数~shù/多情　多谢　多嘴
度 duó　度/揣度 chuǎi~(估量、推测)
夺 duó　夺　夺取/夺目
踱 duó　/踱 // 踱来踱去
朵 duǒ　朵(量词)
垛 duǒ　/垛 // 垛口(城墙上呈凹凸形的短墙)
躲 duǒ　躲/躲藏　躲闪
垛 duò　/垛
剁 duò　/剁
舵 duò　/舵
堕 duò　/堕　堕落
惰 duò　/惰性
跺 duò　/跺

E

阿 ē　阿 // 阿谀~yú
俄 é　俄/俄罗斯族
鹅 é　/鹅卵石
蛾 é　/蛾子·
额 é　额/额定　额角~jiǎo
恶 ě　// 恶心
厄 è　/厄运
扼 è　/扼　扼杀
恶 è　恶劣/恶臭~chòu　恶棍　恶魔　恶人　恶性　恶作剧
饿 è　饿
鄂 è　/鄂(湖北的别称,姓)
萼 è　/萼片~piàn
遏 è　/遏止　遏制
愕 è　/愕然
腭 è　/腭
恩 ēn　恩/恩赐~cì　恩情　恩人
儿 ér　儿　儿子·/儿孙
而 ér　而　而且/而今
尔 ěr　尔/尔后
耳 ěr　耳　耳朵·/耳光　耳环
饵 ěr　饵　料/饵
二 èr　二/二胡

F

发 fā　发　发掘　发明　发生　发现　发扬　发音　发展/发愁　发还~huán　发酵　发散~sàn　发誓　发送　发问　发泄　发言人　发源
乏 fá　/乏　乏味
伐 fá　/伐　伐木
罚 fá　罚　罚款/罚金
阀 fá　/阀
筏 fá　/筏
法 fǎ　法　法定　法官　法人　法西斯　法学　法则　法制/法典　法权　法术
发 fà　发/发型
帆 fān　/帆　帆船
番 fān　番/番茄
藩 fān　/藩镇
翻 fān　翻　翻身/翻滚　翻腾~·téng　翻阅
凡 fán　凡　凡是/凡人

烦 fán　/烦　烦闷~mèn　烦躁
繁 fán　繁　繁荣　繁重/繁盛~shèng　繁琐　繁星　繁衍　繁杂
反 fǎn　反　反馈~kuì　反面　反应~yìng　反正~·zhèng　反之/反驳　反刍~chú　反倒~dào　反思　反问　反省~xǐng
返 fǎn　返/返还~huán　返青
犯 fàn　犯　犯罪/犯人
饭 fàn　饭　饭店/饭馆儿　饭厅　饭桌
泛 fàn　泛/泛滥
范 fàn　范畴~chóu
贩 fàn　/贩　贩运　贩子·
梵 fàn　/梵文
方 fāng　方　方便　方程　方法论　方式　方针/方略　方兴未艾~xīng~~　方圆　方桌
芳 fāng　/芳香
防 fáng　防　防止/防护林　防守　防线　防汛
妨 fáng　妨碍
房 fáng　房　房间　房子·/房租
仿 fǎng　仿佛~fú/仿　仿照　仿制
访 fǎng　访　访问
纺 fǎng　/纺　纺织品
放 fàng　放　放松　放心/放电　放任　放射线　放声　放肆　放行~xíng　放学　放置　放纵
飞 fēi　飞　飞行　飞跃/飞驰　飞碟　飞溅　飞禽　飞速　飞腾　飞天　飞涨~zhǎng
妃 fēi　/妃 // 妃嫔~pín　妃子
非 fēi　非　非常/非得~děi　非难~nàn
绯 fēi　/绯红
肥 féi　肥/肥水　肥沃~wò　肥皂
匪 fěi　/匪帮
诽 fěi　/诽谤~bàng
翡 fěi　/翡翠
吠 fèi　/吠
肺 fèi　/肺病　肺结核　肺炎
废 fèi　废除/废品　废水　废物~wù(无用的物品)　废物·(骂人的话)　废渣
沸 fèi　沸腾/沸点　沸水
费 fèi　费　费用~·yòng/费解　费劲~jìn

分 fēn　分　分成　分明　分散~sàn　分支　分子/分寸　分担~dān　分娩~miǎn　分蘖~niè　分数~shù
芬 fēn　/芬芳
纷 fēn　/纷纭~yún　纷争
氛 fēn　气氛/氛围
酚 fēn　/酚(有机化合物的一类)
坟 fén　/坟
焚 fén　/焚　焚毁　焚烧
粉 fěn　粉　粉末　粉碎/粉尘　粉刺　粉饰
分 fèn　分　分量~·liàng　分子~zǐ/分外
份 fèn　份　份儿　份子·
奋 fèn　奋斗/奋不顾身　奋战
粪 fèn　粪/粪便
愤 fèn　愤怒/愤　愤恨　愤慨
丰 fēng　丰　丰收/丰产　丰年　丰盛　丰硕　丰腴~yú
风 fēng　风　风俗　风险/风驰电掣~~~chè　风度~dù　风帆　风靡~mǐ　风水~·shuǐ　风行~xíng　风韵　风筝·　风姿
枫 fēng　/枫 // 枫树　枫叶
封 fēng　封建　封锁/封面
疯 fēng　疯狂/疯　疯子·
峰 fēng　峰/峰峦
烽 fēng　/烽　烽火
锋 fēng　锋/锋芒~máng
蜂 fēng　蜂/蜂巢
冯 Féng　冯(姓)
逢 féng　/逢 // 逢场作戏　逢迎
缝 féng　缝/缝纫~rèn
讽 fěng　讽刺/讽
缝 fèng　缝/缝隙~xì
凤 fèng　/凤　凤凰~·huáng
奉 fèng　奉　奉献/奉行~xíng
佛 fó　佛/佛典　佛经　佛寺　佛学
否 fǒu　否　否定　否认　否则/否决
夫 fū　夫　夫人~·rén/夫子
肤 fū　/肤浅　肤色~sè
孵 fū　孵化/孵
敷 fū　/敷　敷衍
佛 fú　仿佛
弗 fú　/弗

伏 fú　伏/伏贴
芙 fú　/芙蓉~róng
扶 fú　扶/扶持　扶贫　扶桑　扶手　扶植
拂 fú　/拂
服 fú　服　服从　服装/服侍~·shì
氟 fú　/氟(气体元素)
俘 fú　俘虏/俘
浮 fú　浮/浮现　浮云　浮肿
符 fú　符号　符合/符
幅 fú　幅　幅度
辐 fú　辐射/辐
福 fú　福/福气·　福音
甫 fǔ　/甫
抚 fǔ　抚摸/抚　抚摩
斧 fǔ　/斧头~·tóu　斧子·
府 fǔ　府
俯 fǔ　/俯　俯冲　俯瞰~kàn　俯首
辅 fǔ　辅助/辅
腐 fǔ　腐　腐蚀
服 fù　服(量词,用于中药)
父 fù　父亲~·qīn
付 fù　付　付出
负 fù　负　负担~dān　负责/负电　负荷~hè　负伤　负载~zài　负债
妇 fù　妇
附 fù　附　附近　附着~zhuó/附和~hè　附件　附属　附庸~yōng
赴 fù　赴 // 赴汤蹈火　赴约
复 fù　复　复辟~bì　复杂　复制　复查　复发~fā　复述　复苏　复兴~xīng　复眼　复员
副 fù　副　副业/副本　副词　副食　副作用
赋 fù　赋　赋予~yǔ/赋税
富 fù　富　富裕~yù　富饶　富庶　富翁　富足
腹 fù　腹　腹膜　腹泻
缚 fù　/缚
覆 fù　/覆　覆灭

G

胳 gā　// 胳肢窝
夹 gā　// 夹肢窝~zhi~
咖 gā　// 咖喱~lí
该 gāi　该
改 gǎi　改　改变　改进　改善　改正　改组/改行~háng　改写　改选　改制　改装
钙 gài　钙
盖 gài　盖/盖子·
概 gài　概率~lǜ　概念/概　概论　概述
干 gān　干　干净~·jìng　干燥/干瘪~biě　干涸~hé　干粮~·liáng
甘 gān　甘心/甘　甘露~lù　甘薯~shǔ　甘愿　甘蔗·
杆 gān　杆(细长的圆柱体,如电杆、旗杆)/杆子·　桅杆
肝 gān　肝　肝脏
坩 gān　/坩埚~guō
柑 gān　/柑　柑橘
竿 gān　/竿　竹竿
杆 gǎn　杆(器物像杆的细长部分,如笔杆、秤杆)/杆菌~jūn　杆子·
秆 gǎn　/秆(某些草本植物的茎)
赶 gǎn　赶　赶紧/赶场
敢 gǎn　敢
感 gǎn　感　感激~·jī　感觉　感慨　感染　感受　感谢　感应~yìng/感触　感人
橄 gǎn　/橄榄~lǎn
擀 gǎn　/擀
干 gàn　干/干劲~jìn　干事·　干线
赣 Gàn　/赣(江西的别称)
刚 gāng　刚　刚才/刚健　刚劲~jìng
肛 gāng　/肛门
纲 gāng　纲　纲领
钢 gāng　钢　钢琴　钢铁
缸 gāng　/缸
岗 gǎng　岗位/岗
港 gǎng　港/港湾
杠 gàng　/杠　杠杆　杠子·
高 gāo　高　高产　高速　高兴　高压~yā　高原　高涨~zhǎng　高中~zhōng/高层　高超　高档　高粱·　高能　高深　高耸　高血压~xuèyā
羔 gāo　/羔
膏 gāo　/膏　膏药·
篙 gāo　/篙(撑船的竹竿或木杆)

糕 gāo　/糕　糕点
搞 gǎo　搞//搞鬼
镐 gǎo　/镐
稿 gǎo　稿/稿件　稿纸　稿子·
膏 gào　/膏(动作义)
告 gào　告　告别　告诉·/告辞　告诫　告示~·shì　告状
胳 gē　胳膊
戈 gē　/戈壁
疙 gē　疙瘩·
哥 gē　哥哥·/哥们儿
鸽 gē　鸽子·
搁 gē　搁/搁置
割 gē　割/割断　割裂
歌 gē　歌　歌曲~qǔ　歌声　歌颂/歌词　歌手　歌星
革 gé　革命　革新/革　革除
阁 gé　/阁
格 gé　格/格式~·shì　格言　格子·
隔 gé　隔/隔阂~hé　隔绝　隔膜
膈 gé　膈
葛 gé　//葛布
蛤 gé　//蛤蚧~jiè　蛤蜊~·lí
葛 Gě　/葛(姓)
合 gě　//合(容量单位)
膈 gè　膈应~·yīng(讨厌、腻味)
个 gè　个　个别　个人　个性/个子·
各 gè　各　各自/各别
给 gěi　给　给以
根 gēn　根　根本　根源/根除　根深蒂固　根治　根子·
跟 gēn　跟　跟前~·qián　跟随/跟头·　跟踪
更 gēng　更　更新/更正
庚 gēng　/庚//庚帖~tiě
耕 gēng　耕　耕作/耕耘~yún　耕种
羹 gēng　/羹
埂 gěng　/埂
耿 gěng　/耿//耿介　耿直
哽 gěng　/哽咽~yè
梗 gěng　/梗//梗塞~sè
更 gèng　更
工 gōng　工　工程师　工夫·　工人~·rén　工业　工作/工匠　工龄　工钱~·qián　工事　工艺品　工种

弓 gōng　弓/弓子·
公 gōng　公　公公·　公民　公平~·píng　公认　公式　公司　公园　公正　/公差~chāi　公道~·dào　公家~·jiā　公婆　公仆~pú　公约　公职　公众　公转~zhuàn　公子
功 gōng　功　功夫·　功率~lǜ　功能/功臣　功绩~jì　功劳~·láo　功名　功勋　功用
攻 gōng　攻　攻击/攻关　攻破　攻势　攻陷　攻占
供 gōng　供　供给~jǐ　供应~yìng/供销　供需　供养
宫 gōng　宫　宫廷/宫殿
恭 gōng　/恭敬　恭维~·wéi
躬 gōng　/躬//躬亲　躬行~xíng
龚 Gōng　/龚(姓)
红 gōng　//女红
巩 gǒng　巩固
汞 gǒng　汞
拱 gǒng　拱/拱手
供 gòng　供/供奉　供养//供认
共 gòng　共　共产党　共鸣/共存　共和~hé　共生　共事　共振
贡 gòng　贡献/贡
勾 gōu　勾结/勾　勾勒~lè　勾引
沟 gōu　沟　沟通/沟渠
钩 gōu　钩/钩子·
篝 gōu　/篝火
苟 gǒu　/苟且//苟延残喘
狗 gǒu　狗/狗熊
勾 gòu　/勾当~·dàng
构 gòu　构　构成　构思　构造/构件　构筑
购 gòu　购　购销/购置
垢 gòu　/垢
够 gòu　够//够本　够不着~~zháo
估 gū　估计/估　估量~·liáng　估算
姑 gū　姑娘·/姑姑·　姑且
孤 gū　/孤　孤儿　孤军　孤僻
辜 gū　/辜负
骨 gū　//花骨朵儿~~duor　骨碌·(滚动)
古 gǔ　古　古典　古人/古籍~jí　古迹　古兰经　古书　古音

谷 gǔ　谷/谷子·
股 gǔ　股/股份　股金
骨 gǔ　骨　骨干~gàn　骨骼~gé　骨头·/骨盆　骨气　骨髓~suǐ　骨折~zhé
鼓 gǔ　鼓　鼓吹　鼓舞/鼓膜　鼓掌
贾 gǔ　//多财善贾
固 gù　固　固定　固执~·zhí/固守
故 gù　故　故事·/故此　故障
顾 gù　顾　顾问/顾名思义
雇 gù　雇/雇佣　雇员　雇主
括 guā　//挺括
瓜 guā　瓜/瓜分　瓜子
刮 guā　刮//刮目相看
寡 guǎ　寡妇·/寡
卦 guà　/卦
挂 guà　挂/挂念　挂帅
褂 guà　/褂子·
乖 guāi　/乖
拐 guǎi　拐/拐棍　拐杖
怪 guài　怪　怪物·/怪事
关 guān　关　关键　关系·　关心　关注/关门　关卡~qiǎ　关切~qiè　关税
观 guān　观　观测　观察　观点　观念　观众/观摩　观赏
官 guān　官　官兵　官员/官场　官司·　官职
冠 guān　冠//冠冕堂皇　冠状动脉
馆 guǎn　馆
管 guǎn　管　管辖/管教~jiào　管事　管弦乐~xián~　管制
观 guàn　观(道教的庙宇)
冠 guàn　冠　冠军
贯 guàn　贯穿
惯 guàn　惯　惯性
灌 guàn　灌　灌溉~gài/灌输　灌注
罐 guàn　/罐　罐头·　罐子·
光 guāng　光　光景　光线　光学　光源　光泽　光照/光波　光临　光能　光年　光束　光速
广 guǎng　广　广场/广袤~mào　广漠
逛 guàng　逛
归 guī　归　归结/归还~huán　归属　归宿~sù
龟 guī　/龟
规 guī　规定　规矩·　规模　规则/规　规程　规劝　规章
皈 guī　/皈依
闺 guī　闺女·
硅 guī　硅//硅肺(旧称矽肺)
瑰 guī　/瑰丽
轨 guǐ　轨道/轨　轨迹
诡 guǐ　/诡辩　诡秘~mì
鬼 guǐ　鬼　鬼子·/鬼魂　鬼脸　鬼神
柜 guì　柜　柜子·
贵 guì　贵　贵族/贵宾　贵贱　贵人　贵姓贵重
桂 guì　桂/桂冠~guān　桂圆
跪 guì　跪
滚 gǔn　滚
棍 gùn　/棍　棍子·
郭 guō　郭
过 Guō　//过(姓)
锅 guō　锅/锅子·
国 guó　国　国防　国民　国情/国策　国产　国籍~jí　国界　国君　国难~nàn　国人　国事
果 guǒ　果　果树/果品　果肉　果园　果真　果子·
裹 guǒ　裹
过 guò　过　过程　过分　过来~·lái　过年过去~qù(时间词)　过去~·qù(表趋向)/过场~chǎng　过境　过量~liàng　过瘾　过硬
过 guo　//过(助词)

H

哈 hā　哈/哈密瓜//哈欠·
蛤 há　/蛤蟆·
哈 hǎ　//哈巴狗~ba~　哈达
咳 hāi　//咳(叹词)
还 hái　还(副词)//还是~shi
孩 hái　孩子·/孩提
海 hǎi　海　海拔　海军　海面　海湾/海滨　海潮　海风　海参~shēn　海市蜃楼~~shèn~　海豚~tún　海员海蜇~zhé
骇 hài　/骇//骇人听闻

氦 hài　/氦
害 hài　害　害虫/害处~·chù
蚶 hān　/蚶 // 蚶子·(软体动物)
酣 hān　/酣睡
憨 hān　/憨　憨厚
鼾 hān　/鼾声
含 hán　含　含量/含糊·　含混~hùn
函 hán　函数/函　函授
涵 hán　/涵义
韩 Hán　/韩(姓)
寒 hán　寒　寒冷/寒潮　寒噤~jìn　寒暑　寒暄~xuān　寒颤~zhàn
汗 hán　// 可汗 kè~
罕 hǎn　罕见/罕
喊 hǎn　喊/喊叫
汉 hàn　汉　汉奸　汉子·
汗 hàn　汗/汗流浃背~~jiā~　汗毛　汗衫
旱 hàn　旱/旱烟　旱灾
捍 hàn　/捍卫
悍 hàn　/悍然
焊 hàn　/焊　焊接
憾 hàn　/憾
行 háng　行列/行当·　行家~·jiā　行情
杭 Háng　/杭
吭 háng　// 引吭高歌
航 háng　航行/航　航程　航船　航天　航运
巷 hàng　/巷道
号 háo　号 // 号叫　号哭
毫 háo　/毫 // 毫发~fà
豪 háo　/豪　豪情　豪爽
壕 háo　/壕　壕沟
嚎 háo　/嚎　嚎啕~táo
好 hǎo　好　好处~·chù　好人好事　好转~zhuǎn/好评　好受　好似~sì　好玩儿　好心好意
郝 Hǎo　/郝(姓)
号 hào　号　号召~zhào/号称~chēng　号角~jiǎo　号令
好 hào　好　好事/好恶~wù
耗 hào　耗/耗资
浩 hào　/浩劫
呵 hē　呵/呵斥
喝 hē　喝
禾 hé　/禾
合 hé　合　合并~bìng　合成　合金　合适　合同·　合作社/合唱　合算　合资　合奏
何 hé　何　何等　何况/何尝　何止
和 hé　和　和平　和尚·　和谐/和蔼~ǎi　和睦~mù　和气~·qì　和声　和约
河 hé　河/河床　河山　河豚~tún
荷 hé　荷/荷包~·bāo
核 hé　核　核算　核心/核定　核能　核实　核桃·　核准　核子~zǐ
盒 hé　盒/盒子·
颌 hé　颌 // 上颌
喝 hè　喝/喝彩
和 hè　和 // 和诗
荷 hè　荷 // 荷枪实弹　荷重
吓 hè　// 恐吓
贺 hè　/贺　贺喜
赫 hè　/赫　赫然 // 赫兹~zī
褐 hè　/褐
鹤 hè　/鹤
壑 hè　/壑
黑 hēi　黑　黑人　黑夜
痕 hén　/痕
很 hěn　很
狠 hěn　/狠　狠心
恨 hèn　恨
恒 héng　恒　恒星/恒温　恒心
横 héng　横/横亘~gèn　横扫　横行~xíng
衡 héng　/衡
横 hèng　横 // 横暴　横财　横祸　横蛮　横死
轰 hōng　轰/轰鸣　轰炸~zhà
哄 hōng　哄 // 哄抢　哄堂大笑
烘 hōng　/烘　烘托
弘 hóng　/弘扬
红 hóng　红/红火·　红领巾　红润　红外线　红叶　红晕~yùn
宏 hóng　宏观
虹 hóng　/虹
洪 hóng　洪　洪水/洪亮
鸿 hóng　/鸿沟
哄 hǒng　哄 // 哄骗
哄 hòng　哄 // 哄闹　起哄
侯 hóu　/侯
喉 hóu　喉咙~·lóng/喉　喉舌

猴 hóu　猴子·
吼 hǒu　/吼　吼叫　吼声
后 hòu　后　后边~·biān　后面~·miàn　后人　后世/后盾　后顾之忧　后劲~jìn　后裔~yì　后院
厚 hòu　/厚薄~bó　厚道·
候 hòu　候/候审
乎 hū　乎
呼 hū　呼吁~yù　呼号~háo　呼声　呼应~yìng
忽 hū　忽略　忽视/忽而
和 hú　和 // 和了·(打麻将用语)
核 hú　核儿
狐 hú　/狐狸·　狐疑
弧 hú　弧/弧光
胡 hú　胡/胡萝卜·　胡琴·　胡同儿
壶 hú　壶
湖 hú　湖　湖泊~pō // 湖光山色
蝴 hú　蝴蝶
糊 hú　糊涂·/糊
虎 hǔ　虎
唬 hǔ　/唬 // 唬人
糊 hù　// 糊弄~nòng　面糊
互 hù　互　互助
户 hù　户/户主
护 hù　护　护士·　护送　护照
沪 hù　沪
花 huā　花　花费~·fèi　花粉　花生　花园/花草　花丛　花萼~è　花岗岩~gāng~　花冠~guān　花卉~huì　花蕾~lěi　花脸　花瓶　花圃　花蕊~ruǐ
划 huá　划 // 划玻璃　划算
华 huá　华/华贵　华美　华人　华夏
哗 huá　哗然
滑 huá　滑/滑稽~·jī　滑轮　滑行~xíng
划 huà　划　划分 // 划拨
华 Huà　华(姓)
化 huà　化　化合物　化石　化学/化身　化纤　化妆品
画 huà　画/画册　画卷~juàn　画片~piàn　画师　画外音　画展
话 huà　话　话筒/话音
桦 huà　/桦

怀 huái　怀　怀念/怀孕
淮 Huái　/淮 // 淮海
槐 huái　/槐
坏 huài　坏　坏人/坏事　坏死
欢 huān　欢迎/欢　欢送　欢腾　欢欣
还 huán　还　还原
环 huán　环　环节　环境/环绕　环视
缓 huǎn　缓　缓和~hé/缓冲~chōng　缓解~jiě　缓刑
幻 huàn　幻觉/幻　幻灯　幻影
宦 huàn　/宦官
换 huàn　换/换算
唤 huàn　唤/唤醒
涣 huàn　/涣散
患 huàn　患　患者/患难
焕 huàn　/焕然一新
豢 huàn　/豢养
荒 huāng　荒/荒谬　荒漠　荒唐~·táng　荒芜~wú　荒野　荒原
慌 huāng　慌　/慌乱　慌张
皇 huáng　/皇　皇冠~guān　皇权　皇上·　皇室
黄 huáng　黄　黄昏　黄金/黄疸~dǎn　黄澄澄~dēngdēng　黄瓜~·guā　黄连　黄鼠狼　黄莺~yīng
惶 huáng　/惶惑　惶恐
蝗 huáng　/蝗虫
簧 huáng　/簧
恍 huǎng　/恍惚·~hū　恍然
晃 huǎng　晃 // 晃眼
谎 huǎng　/谎　谎话　谎言
幌 huǎng　/幌子·
晃 huàng　晃/晃动 // 晃荡　晃悠
灰 huī　灰　灰尘/灰烬~jìn
诙 huī　/诙谐
挥 huī　挥/挥动　挥手
恢 huī　/恢复
辉 huī　辉煌/辉　辉映
徽 huī　/徽
回 huí　回　回来~·lái　回去~·qù/回归线　回身　回声　回信　回旋~xuán　回应　回转~zhuǎn
洄 huí　/洄游
蛔 huí　/蛔虫

悔 huǐ　/悔　悔恨
毁 huǐ　毁　毁灭
汇 huì　/汇　汇编　汇率~lǜ　汇总
会 huì　会　会场　会员/会面　会师　会谈　会堂　会心　会意　会战
讳 huì　/讳言
荟 huì　/荟萃
绘 huì　绘/绘制
贿 huì　/贿赂~lù
彗 huì　/彗星
晦 huì　/晦气~·qì
惠 huì　/惠
喙 huì　/喙(鸟兽的嘴)
慧 huì　/慧
昏 hūn　/荤
婚 hūn　婚　婚姻/婚事
浑 hún　浑身/浑　浑浊
混 hún　混 // 混蛋　混球儿　混水摸鱼
魂 hún　魂/魂魄
混 hùn　混　混淆~xiáo/混沌~dùn　混凝土　混杂　混战　混浊
豁 huō　/豁　豁口
和 huó　和 // 和面　和泥
活 huó　活　活动~·dòng　活泼·　活跃/活命　活塞~sāi　活捉
火 huǒ　火　火柴　火车　火箭　火山　火星/火候·　火炬~jù　火坑　火速　火灾　火葬　火种~zhǒng
伙 huǒ　/伙　伙计·　伙食~·shí
和 huò　和 // 和稀泥(比喻无原则地调解或折中)
豁 huò　/豁免 // 豁然
或 huò　或　或者
货 huò　货/货场　货轮　货源　货运
获 huò　获　获得~dé/获悉
祸 huò　/祸　祸害~·hài
惑 huò　/惑 // 惑乱
霍 huò　/霍　霍乱

J

几 jī　几乎/几率~lǜ // 茶几　窗明几净
讥 jī　/讥讽
击 jī　击/击败　击毁
饥 jī　饥饿/饥
机 jī　机　机场　机会~·huì　机能　机器~·qì　机械~xiè　机制/机舱　机床　机电　机灵·　机敏　机缘　机组
肌 jī　肌　肌肉/肌腱
鸡 jī　鸡
积 jī　积　积极性　积累~lěi　积压~yā　积存　积分~fēn
姬 jī　姬
基 jī　基　基本　基层　基础~chǔ　基建　基金/基石
期 jī　// 期年(一整年)
畸 jī　畸形
奇 jī　// 奇数　奇偶
激 jī　激　激烈　激情　激素/激愤　激进　激增　激战
羁 jī　/羁绊
及 jí　及　及时/及早
吉 jí　吉　吉普车　吉祥
汲 jí　/汲取
级 jí　/级别　级差~chā
极 jí　极　极为~wéi/极点
即 jí　即　即将~jiāng　即使/即便　即时　即兴~xìng
急 jí　急　急性/急促　急遽~jù　急迫　急切~qiè　急事
疾 jí　疾病/疾　疾驰
棘 jí　/棘手
集 jí　集　集中　集资/集成　集结~jié　集权　集市　集训　集约　集镇　集装箱
辑 jí　/辑 // 辑录
嫉 jí　/嫉妒
瘠 jí　/瘠
给 jǐ　给予~yǔ/给养
几 jǐ　几　几何/几经　几时
己 jǐ　己
纪 Jǐ　/纪(姓)
挤 jǐ　挤 // 挤兑　挤占~zhàn
济 jǐ　济济 // 济南(地名,在山东)
脊 jǐ　脊/脊背~bèi　脊梁·　脊髓~suǐ　脊椎
戟 jǐ　/戟(古代兵器)

麂 jǐ　/麂(小型的鹿)
纪 jì　纪念/纪实
济 jì　济 // 济贫　济世
计 jì　计　计划　计算机/计较~jiào　计量~liàng　计数~shù
记 jì　记　记得~·dé　记载~zǎi　记者/记号·　记性·
伎 jì　/伎俩~liǎng
技 jì　技能　技术员/技师
系 jì　系 // 系鞋带
妓 jì　/妓女
忌 jì　/忌　忌讳~·huì
季 jì　季　季风　季节
剂 jì　剂/剂量
迹 jì　/迹象
既 jì　/既　既然
继 jì　继　继承人/继而　继任
祭 jì　祭　祭祀
寄 jì　寄　寄生虫　寄主/寄予~yǔ
寂 jì　寂静　寂寞~mò/寂
暨 jì　/暨
髻 jì　/髻
冀 jì　/冀
加 jiā　加　加紧　加深　加速　加重
夹 jiā　夹/夹杂　夹子·
佳 jiā　/佳节　佳肴~yáo　佳作
枷 jiā　/枷锁
家 jiā　家　家畜~chù　家伙·　家具~·jù　家人　家属　家庭　家长　家族/家产　家常　家眷　家禽　家业　家园
嘉 jiā　/嘉奖
夹 jiá　夹 // 夹被
荚 jiá　/荚
颊 jiá　/颊
甲 jiǎ　甲/甲虫　甲骨文　甲壳~qiào　甲状腺
贾 Jiǎ　/贾(姓)
钾 jiǎ　钾/钾肥
假 jiǎ　假　假定　假设　假说/假借　假装
假 jià　假/假期　假日
价 jià　价　价钱~·qián　价值
驾 jià　驾驶/驾　驾驭~yù
架 jià　架　架子·/架设　架势·
嫁 jià　嫁　嫁接/嫁妆·
尖 jiān　尖　尖锐/尖子·
奸 jiān　/奸　奸商
歼 jiān　歼灭/歼
坚 jiān　坚持　坚定　坚决　坚强~qiáng/坚　坚守　坚信　坚贞
间 jiān　间/间距
肩 jiān　肩　肩膀~bǎng　肩胛~jiǎ
艰 jiān　艰难~nán/艰险　艰辛
监 jiān　监视/监　监测　监察　监禁
兼 jiān　兼/兼并　兼任~rèn　兼职
缄 jiān　/缄默
煎 jiān　/煎　煎熬
溅 jiān　// 溅溅(〈书〉形容流水声)
拣 jiǎn　拣 // 拣择~zé
茧 jiǎn　茧/茧子·
柬 jiǎn　/柬 // 柬札~zhá
捡 jiǎn　捡 // 捡柴
检 jiǎn　检　检查　检验/检测　检索　检阅
减 jiǎn　减　减轻　减少/减产　减免　减速
剪 jiǎn　剪/剪裁　剪纸　剪子·
简 jiǎn　简　简称~chēng　简直/简便　简洁　简略　简明
碱 jiǎn　碱
间 jiàn　间/间谍~dié　间隙~xì　间作~zuò
监 jiàn　// 国子监
溅 jiàn　/溅 // 溅落~luò
见 jiàn　见　见解　见面/见长~cháng　见识·　见闻　见证
件 jiàn　件(量词)
建 jiàn　建　建造　建筑　建材　建树
荐 jiàn　/荐
贱 jiàn　/贱
剑 jiàn　剑
涧 jiàn　/涧
健 jiàn　健全　健壮/健将~jiàng　健身
舰 jiàn　/舰　舰艇
渐 jiàn　渐渐/渐　渐变　渐次　渐进
谏 jiàn　/谏 // 谏诤~zhèng
践 jiàn　/践踏~tà // 践约
毽 jiàn　/毽子·

腱 jiàn　腱 // 腱鞘(人体的一种管状纤维)
鉴 jiàn　鉴别　鉴定/鉴赏
键 jiàn　键
箭 jiàn　箭/箭头
江 jiāng　江　江南/江山
将 jiāng　将　将近　将军/将就·
姜 jiāng　/姜
浆 jiāng　浆 // 浆洗
僵 jiāng　/僵　僵死　僵硬
缰 jiāng　/缰　缰绳~·shéng
疆 jiāng　/疆　疆域
讲 jiǎng　讲　讲究~·jiū　讲述/讲解　讲学　讲演　讲座
奖 jiǎng　奖　奖金/奖惩~chéng　奖品　奖券~quàn　奖赏　奖章　奖状
桨 jiǎng　/桨(划船用具)
蒋 Jiǎng　蒋(姓)
虹 jiàng　/虹(限于单用)
将 jiàng　将/将领　将士
浆 jiàng　// 浆糊　浆子·
匠 jiàng　/匠
降 jiàng　降　降水/降临　降生　降温
绛 jiàng　/绛(深红色)
强 jiàng　强 // 强嘴
酱 jiàng　/酱　酱油
犟 jiàng　/犟 // 犟劲~jìn　犟嘴(同"强 jiàng 嘴")
交 jiāo　交　交叉~chā　交错/交点　交锋　交接　交情·　交涉　交战
郊 jiāo　郊区/郊　郊野
浇 jiāo　浇/浇灌
娇 jiāo　/娇　娇嫩　娇艳
骄 jiāo　骄傲
胶 jiāo　胶/胶片~piàn
教 jiāo　教　教学/教书
椒 jiāo　/椒 // 花椒
焦 jiāo　焦　焦点/焦躁　焦灼
跤 jiāo　/跤　摔跤
礁 jiāo　/礁　礁石
嚼 jiáo　嚼 // 嚼舌
剿 jiǎo　/剿 // 剿除
角 jiǎo　角　角落~luò/角膜　角质
狡 jiǎo　/狡猾~huá
饺 jiǎo　/饺子·
绞 jiǎo　/绞 // 绞尽脑汁　绞刑
矫 jiǎo　/矫　矫健　矫揉造作　矫正
皎 jiǎo　/皎洁
脚 jiǎo　脚　脚印/脚跟　脚尖　脚手架　脚掌　脚趾
搅 jiǎo　搅/搅拌　搅动
剿 jiǎo　/剿
缴 jiǎo　/缴　缴获　缴纳
教 jiào　教　教材　教练　教室~shì　教授　教学　教训　教员/教程　教诲~huì
嚼 jiào　// 倒嚼 dǎo~("反刍"的通称)
叫 jiào　叫　叫做/叫唤·　叫嚷　叫嚣
觉 jiào　觉
校 jiào　校/校对　校正
轿 jiào　/轿　轿车　轿子·
较 jiào　较　较为~wéi/较量~liàng
窖 jiào　/窖 // 窖藏~cáng
酵 jiào　/酵母
阶 jiē　阶层/阶　阶梯
皆 jiē　皆
结 jiē　结　结果(长出果实)　结实· // 结巴·
接 jiē　接　接触　接近　接连　接受/接济~jì　接见　接壤　接生　接种~zhòng
秸 jiē　/秸　秸秆
揭 jiē　揭露~lù　揭示/揭　揭穿
街 jiē　街　街头/街坊·　街市
结 jié　结　结婚　结晶　结束　结算/结膜　结社　结石　结业
节 jié　节　节省　节约　节奏/节俭~jiǎn　节能　节制
劫 jié　/劫　劫持
桔 jié　// 桔梗(根可入药)
杰 jié　杰出/杰作
洁 jié　/洁　洁净
捷 jié　/捷　捷径
睫 jié　/睫毛
截 jié　截/截面　截止
竭 jié　竭力/竭
姐 jiě　姐姐·/姐夫·
解 jiě　解　解除　解放军　解决　解剖　解散~sàn　解释/解说
解 jiè　解 // 解差~chāi　解送(押送)

介 jiè　介绍~shào　介质/介　介入
戒 jiè　戒/戒严　戒指·
届 jiè　届/届时
界 jiè　界　界限/界定
诫 jiè　/诫　告诫
借 jiè　借　借鉴　借助/借重
巾 jīn　毛巾/巾
斤 jīn　斤
今 jīn　今　今年　今日
金 jīn　金　金钱　金属/金丝猴　金文　金星　金子·　金字塔
津 jīn　津/津贴
矜 jīn　/矜持
筋 jīn　/筋　筋骨~gǔ
禁 jīn　/禁　禁不住~·bù~
襟 jīn　/襟
仅 jǐn　仅 // 仅见　仅只~zhǐ
尽 jǐn　尽　尽量~liàng(力求在一定范围内达到最大限度)/尽早
紧 jǐn　紧　紧张/紧凑　紧迫　紧缺　紧缩
锦 jǐn　锦标赛/锦　锦绣
谨 jǐn　谨慎/谨
禁 jìn　禁止/禁　禁锢~gù　禁令
尽 jìn　尽　尽量(达到最大限度)/尽情　尽头　尽心
进 jìn　进　进程　进化论　进军　进来~·lái　进去~·qù　进展　进行曲　进驻
近 jìn　近　近似~sì/近邻　近视~·shì
劲 jìn　劲/劲头
晋 jìn　晋/晋升
浸 jìn　浸/浸泡~pào　浸润
靳 Jìn　/靳(姓)
茎 jīng　茎
京 jīng　京/京城　京师
经 jīng　经　经常　经典　经受　经营/经书
荆 jīng　/荆　荆棘
惊 jīng　惊　惊人　惊醒　惊讶~yà/惊诧　惊吓~xià　惊险
晶 jīng　晶/晶莹~yíng
睛 jīng　/睛
精 jīng　精　精确　精神　精神·(活力,活跃,有生气)　精子　精彩　精干　精简　精灵　精辟~pì　精品　精髓　精湛~zhàn　精致
鲸 jīng　鲸
井 jǐng　井
颈 jǐng　颈/颈椎
景 jǐng　景　景色/景观　景况　景致
警 jǐng　警察　警惕/警　警戒　警觉~jué　警犬
劲 jìng　劲/劲旅
径 jìng　径/径直
净 jìng　净　净化/净土
竞 jìng　竞争/竞　竞相~xiāng　竞选
竟 jìng　竟　竟然
敬 jìng　敬/敬仰　敬重
静 jìng　静　静止/静电　静谧~mì　静默
境 jìng　境　境界/境况
镜 jìng　镜　镜头　镜子·/镜框　镜片~piàn
炯 jiǒng　/炯炯
窘 jiǒng　/窘　窘迫~pò
纠 jiū　纠纷　纠正/纠　纠缠　纠葛
究 jiū　究　究竟
揪 jiū　/揪
九 jiǔ　九
久 jiǔ　久/久远
灸 jiǔ　针灸/灸
韭 jiǔ　/韭菜
酒 jiǔ　酒　酒精/酒吧~bā　酒店
旧 jiù　旧/旧历　旧式　旧址
臼 jiù　/臼齿
厩 jiù　/厩
救 jiù　救　救济~jì/救命　救援　救灾　救助
就 jiù　就　就算　就业/就餐　就此　就近　就任~rèn　就学　就职　就座
舅 jiù　舅舅·/舅妈
车 jū　车(象棋棋子的一种)
拘 jū　拘　拘谨　拘泥~nì　拘束
居 jū　居　居民　居住/居室
驹 jū　/驹
鞠 jū　/鞠躬尽瘁~~jìncuì
桔 jú　/桔("橘"俗作"桔")
局 jú　局　局面　局势/局促
菊 jú　菊花/菊

橘 jú　/橘子·
咀 jǔ　咀嚼~jué
沮 jǔ　/沮丧~sàng
矩 jǔ　/矩　矩形
举 jǔ　举　举行/举止　举重~zhòng　举足轻重~~~zhòng
巨 jù　巨/巨人　巨星　巨著
句 jù　句　句子·
拒 jù　拒绝/拒
具 jù　具
俱 jù　俱/俱乐部
剧 jù　剧　剧本　剧场　剧烈　剧种/剧变　剧情　剧院
据 jù　据　据点　据说
距 jù　距　距离
惧 jù　/惧　惧怕
锯 jù　/锯　锯齿
聚 jù　聚　聚集/聚变　聚积
踞 jù　/踞
捐 juān　捐/捐款　捐税　捐赠
圈 juān　圈 // 把鸡圈起来
卷 juǎn　卷/卷烟
圈 juàn　圈 // 圈肥　圈养
卷 juàn　卷/卷子
倦 juàn　/倦
绢 juàn　/绢
眷 juàn　/眷恋
撅 juē　/撅 // 撅嘴　撅尾巴
嚼 jué　嚼　咀嚼 jǔ~
角 jué　角　角色/角逐
脚 jué　// 脚(同"角 jué")
觉 jué　觉　觉察　觉得~·dé/觉醒
决 jué　决　决策　决定　决心/决裂　决赛　决战
诀 jué　/诀　诀别　诀窍
抉 jué　/抉择~zé
绝 jué　绝　绝望/绝迹　绝境　绝食　绝缘
倔 jué　/倔强~jiàng
掘 jué　/掘
崛 jué　/崛起
厥 jué　/厥 // 昏厥
蕨 jué　/蕨
爵 jué　爵　爵士乐~~yuè
攫 jué　/攫　攫取
倔 juè　/倔 // 倔脾气
军 jūn　军　军舰　军民　军人　军事/军属　军训　军营　军用　军装
均 jūn　均　均衡　均匀/均等
君 jūn　君　君主/君权　君子
钧 jūn　/钧
菌 jūn　菌　细菌/真菌
菌 jùn　// 菌子·
俊 jùn　/俊　俊美　俊俏
郡 jùn　/郡
峻 jùn　/峻 // 峻峭
骏 jùn　/骏马
竣 jùn　/竣工

K

咖 kā　咖啡~fēi
卡 kǎ　/卡车　卡片~piàn // 卡通
开 kāi　开　开采　开除　开创　开垦　开辟~pì　开始　开展　开支/开场　开春　开掘　开明　开心　开学　开业　开凿　开战
揩 kāi　/揩 // 揩拭　揩油
凯 kǎi　凯旋~xuán
慨 kǎi　慨然　慨叹
楷 kǎi　/楷模~mó
刊 kān　刊登/刊　刊载~zǎi
看 kān　看/看管　看守
勘 kān　勘探/勘测　勘察
堪 kān　/堪 // 堪当重任
坎 kǎn　/坎　坎坷~kě
砍 kǎn　/砍伐
看 kàn　看　看见~·jiàn/看病　看穿　看好~hǎo　看中~zhòng　看重~zhòng　看做
康 kāng　/康　康复
慷 kāng　/慷慨
糠 kāng　/糠 // 糠秕~bǐ（秕糠）　糠萝卜~~bo
扛 káng　扛
亢 kàng　/亢奋　亢进
抗 kàng　抗　抗战/抗衡　抗原　抗灾　抗争
炕 kàng　炕 // 炕头　炕桌儿

考 kǎo　考　考察　考试　考验/考究~·jiū　考生　考问　考证
烤 kǎo　/烤　烤火
靠 kào　靠　靠近/靠不住~·bù~　靠拢　靠山
苛 kē　/苛刻　苛求
柯 Kē　/柯(姓)
科 kē　科　科学家　科学院　科研/科室~shì
棵 kē　棵(量词,多用于植物)
颗 kē　颗　颗粒
磕 kē　/磕　磕头
瞌 kē　/瞌睡
蝌 kē　/蝌蚪~dǒu
壳 ké　壳(语)//鸡蛋壳儿
咳 ké　咳　咳嗽·
可 kě　可　可见　可能　可是/可耻　可恨　可恶~wù　可行
渴 kě　渴望/渴　渴求
可 kè　//可汗~hán
克 kè　克　克服/克己　克制
刻 kè　刻/刻薄~bó　刻不容缓
恪 kè　/恪守
客 kè　客　客气·　客人~·rén　客厅/客车　客轮　客商　客运
课 kè　课　课程/课文
肯 kěn　肯　肯定
垦 kěn　/垦　垦荒
恳 kěn　/恳切~qiè
啃 kěn　啃//啃骨头~gǔ~　啃书本
吭 kēng　/吭声
坑 kēng　坑/坑道
铿 kēng　/铿锵~qiāng
空 kōng　空　空间　空军　空中~zhōng/空旷　空心
孔 kǒng　孔　孔雀/孔洞　孔隙~xì
恐 kǒng　恐怖~bù　恐慌/恐　恐吓~hè　恐龙
空 kòng　空　空白/空隙~xì　空闲　空子·
控 kòng　控制/控　控诉
抠 kōu　/抠//抠门儿　抠字眼儿
口 kǒu　口　口袋·/口径　口诀　口琴　口哨　口吻　口罩　口子·
叩 kòu　/叩　叩头
扣 kòu　扣/扣除　扣子·
寇 kòu　/寇
枯 kū　/枯　枯竭　枯燥
哭 kū　哭/哭泣　哭诉
窟 kū　/窟　窟窿·
苦 kǔ　苦　苦难~nàn/苦闷~mèn　苦涩　苦头~·tóu　苦心　苦战　苦衷
库 kù　库　库存
裤 kù　裤子·/裤　裤脚~jiǎo
酷 kù　/酷　酷热　酷暑　酷似~sì
夸 kuā　夸张/夸　夸奖　夸耀
垮 kuǎ　/垮　垮台
挎 kuà　/挎　挎包
跨 kuà　跨/跨越
会 kuài　会计~·jì
块 kuài　块
快 kuài　快　快活·　快乐~lè　快速/快艇　快意
脍 kuài　/脍炙人口
筷 kuài　筷子·
宽 kuān　宽/宽敞~·chǎng　宽恕　宽裕~yù
款 kuǎn　款/款式　款项
筐 kuāng　筐
狂 kuáng　狂/狂奔~bēn　狂风　狂热
旷 kuàng　旷　旷野
况 kuàng　况且/况
矿 kuàng　矿　矿产/矿藏~cáng　矿床　矿井　矿石　矿业
框 kuàng　/框　框架　框子·
眶 kuàng　/眶
亏 kuī　亏　亏损/亏本
盔 kuī　/盔
窥 kuī　/窥　窥见　窥探
奎 Kuí　/奎(姓)
葵 kuí　/葵花
魁 kuí　/魁梧~·wú
傀 kuǐ　/傀儡~lěi
匮 kuì　/匮乏
溃 kuì　/溃　溃疡~yáng
愧 kuì　/愧
坤 kūn　/坤
昆 kūn　昆虫/昆曲~qǔ
捆 kǔn　捆
困 kùn　困　困境　困难~·nán/困扰

括 kuò　/括　括号
扩 kuò　扩散~sàn　扩展　扩张/扩　扩充　扩建
阔 kuò　阔/阔气·
廓 kuò　/廓 // 廓清

L

拉 lā　拉/拉拢~·lǒng
拉 lá　拉(割) // 拉个口子
喇 lǎ　喇叭·/喇嘛·
落 là　落 // 落了俩字　落在后面
腊 là　/腊　腊梅　腊月
蜡 là　/蜡烛
辣 là　辣椒/辣
来 lái　来　来不及~·bù~　来临　来源/来龙去脉~~~mài　来年　来世　来者
赖 lài　赖
癞 lài　/癞
兰 lán　兰/兰花
拦 lán　/拦　拦截　拦阻
栏 lán　栏/栏杆
蓝 lán　蓝/蓝图 // 蓝本　蓝领
篮 lán　/篮　篮子·
览 lǎn　/览
揽 lǎn　/揽
缆 lǎn　/缆 // 缆车　缆绳
懒 lǎn　/懒　懒得·　懒惰　懒散~sǎn
烂 làn　烂/烂泥 // 烂漫
滥 làn　/滥　滥用 // 滥竽充数~yú~shù
郎 láng　/郎
狼 láng　狼/狼狈~bèi // 狼藉~jí
廊 láng　/廊 // 廊檐
朗 lǎng　/朗读~dú　朗诵
郎 làng　// 屎壳郎~ke~
浪 làng　浪/浪潮　浪头·
捞 lāo　捞 // 捞稻草
劳 láo　劳　劳动者/劳教~jiào　劳累~lèi　劳模~mó　劳作~zuò
牢 láo　牢/牢笼~lóng　牢骚~·sāo
老 lǎo　老　老百姓　老伴儿　老年　老婆·　老人家~·rén·jiā　老实·　老鼠~·shǔ　老太太·　老头子·　老爷·　老子·/老伯~bó　老少~shào　老生　老头儿　老鹰　老者　老总
姥 lǎo　/姥姥·
落 lào　落 // 落汗　落价　落色~shǎi　落枕
烙 lào　/烙　烙印
涝 lào　/涝
乐 lè　乐　乐观/乐园
勒 lè　/勒　勒令　勒索
了 le　// 了(助词)
勒 lēi　/勒 // 勒紧
累 léi　累/累赘·
雷 léi　雷/雷电　雷鸣
擂 léi　/擂 // 擂鼓
镭 léi　/镭(金属元素)
累 lěi　累/累积　累及　累计 // 累次　累犯罪行　累累　累卵
垒 lěi　/垒
累 lèi　累　劳累
擂 lèi　/擂 // 擂台
肋 lèi　/肋　肋骨
泪 lèi　泪　泪水/泪痕　泪眼　泪珠
类 lèi　类　类似~sì　类型/类别　类群
棱 lēng　// 红不棱登　花不棱登　扑棱
棱 léng　/棱　棱角　棱镜
冷 lěng　冷　冷却　冷水/冷不防~·bù~　冷藏　冷风　冷峻　冷漠　冷清~·qīng　冷饮
愣 lèng　愣
厘 lí　/厘
离 lí　离　离婚　离子/离别　离散~sàn　离心力　离职
梨 lí　梨/梨园
犁 lí　犁
黎 lí　黎明 // 黎民　黎族
篱 lí　/篱笆·
礼 lǐ　礼/礼教~jiào　礼节　礼品　礼让
李 lǐ　李 // 李子·
里 lǐ　里　里边　里头·/里程碑
理 lǐ　理　理解~jiě　理论　理性　理智/理睬　理事~·shì　理应~yīng　理直气壮
锂 lǐ　/锂(金属元素)
鲤 lǐ　/鲤
力 lì　力　力量~·liàng　力气·　力学/力争
历 lì　历　历史/历程　历次　历届　历

尽~jìn 历经 历年
厉 lì 厉害·/厉声
立 lì 立 立场 立即~jí/立论 立宪 立正 立足
吏 lì /吏 // 吏治
利 lì 利 利率~lǜ 利润/利落· 利索·
沥 lì /沥青
例 lì 例 例如 例子·/例证
隶 lì /隶 隶属
荔 lì /荔枝
栗 lì /栗子·
砾 lì /砾石
粒 lì 粒 粒子
痢 lì /痢疾·
俩 liǎ 俩
连 lián 连 连结~jié/连累· 连绵 连日 连声 连锁
怜 lián /怜 怜悯~mǐn
帘 lián /帘 帘子·
莲 lián 莲子~zǐ/莲 莲花
涟 lián /涟漪~yī
联 lián 联 联结~jié 联盟/联名 联赛 联姻
廉 lián 廉价/廉 廉洁
镰 lián /镰 镰刀
敛 liǎn /敛 // 敛财
脸 liǎn 脸 脸色~sè/脸颊 脸面
练 liàn 练 练习/练兵
炼 liàn 炼 // 炼狱
恋 liàn 恋爱/恋 恋人
链 liàn 链/链条
良 liáng 良 良心 良种~zhǒng/良田 良性
凉 liáng 凉/凉快· 凉爽 凉鞋
梁 liáng 梁
粱 liáng // 粱
量 liáng 量 // 量杯
粮 liáng 粮食·/粮仓
俩 liǎng /伎俩 jì~
两 liǎng 两 两边/两口子· 两栖 两性
凉 liàng 凉 // 凉一凉再喝
量 liàng 量 量子~zǐ/量变 量词 量刑
亮 liàng 亮/亮相~xiàng
谅 liàng /谅解
辆 liàng 辆(量词)
晾 liàng /晾
踉 liàng /踉跄~qiàng
撩 liāo /撩 // 撩起帘子
撩 liáo /撩 // 撩拨 撩逗
辽 liáo 辽阔/辽
疗 liáo /疗 疗程
聊 liáo /聊 聊天儿
嘹 liáo /嘹亮
潦 liáo /潦倒~dǎo
缭 liáo /缭绕
燎 liáo /燎 // 燎泡~pào 燎原
燎 liǎo /燎 // ~了眉毛
了 liǎo 了 了不起~·bù~/了不得~·bù·dé 了结~jié 了如指掌
料 liào 料/料理 料子·
撂 liào /撂 // 撂挑子~tiāozi
廖 Liào /廖(姓)
瞭 liào /瞭望
咧 liě 咧/咧嘴
列 liè 列 列车/列强~qiáng
劣 liè /劣 劣等 劣势 劣质
烈 liè 烈士/烈 烈性 烈焰
猎 liè 猎/猎犬 猎人 猎手
裂 liè 裂/裂变 裂缝~fèng 裂痕
拎 līn /拎
邻 lín 邻 邻近 邻居~·jū/邻舍~shè
林 lín 林 林业/林阴道 林子·
临 lín 临 临床 临时/临别 临近 临摹 临终
淋 lín 淋/淋巴结~~jié 淋漓尽致~líjìn~
琳 lín /琳琅满目~láng~~
嶙 lín /嶙峋~xún
霖 lín /霖
磷 lín 磷/磷脂
鳞 lín /鳞 鳞片
淋 lìn // 淋病 淋盐
吝 lìn /吝啬~sè
棱 Líng // 穆棱(地名,在黑龙江)
伶 líng /伶 伶俐~·lì
灵 líng 灵 灵魂 灵敏/灵性 灵芝
玲 líng /玲珑~lóng
铃 líng 铃
凌 líng /凌 凌晨
陵 líng /陵 陵园

聆 líng /聆听
菱 líng /菱形
令 Líng //令狐(古地名,姓)
翎 líng /翎子·
羚 líng /羚羊
绫 líng /绫 //绫子·
零 líng /零 零件 零售/零散~sǎn 零碎 零星
龄 líng 龄
令 lǐng 令(量词)
岭 lǐng 岭
领 lǐng 领 领事/领教 领略 领先 领主 领子·
令 lìng 令
另 lìng 另/另行~xíng
溜 liū 溜/溜达·//溜冰 溜须拍马
蹓 liū /蹓
刘 Liú 刘(姓)
浏 liú /浏览
留 liú 留 留学/留成 留存 留恋 留神 留声机 留心
流 liú 流 流露~lù 流血~xuè/流程 流水线 流速 流星 流言 流转~zhuǎn
琉 liú /琉璃~·lí
硫 liú 硫 硫酸
瘤 liú 瘤
柳 liǔ 柳 //柳树
绺 liǔ /绺 //绺儿 liǔr 绺子·
溜 liù 溜 //随大溜儿
蹓 liù /蹓 //蹓弯儿(同"遛弯儿")
六 liù 六
陆 liù 陆("六"的大写)
隆 lōng //黑咕隆咚~gu~dōng
隆 lóng /隆重
龙 lóng 龙/龙船 龙灯 龙骨~gǔ 龙卷风~juǎn~ 龙眼
聋 lóng /聋 聋子·
笼 lóng 笼/笼子·
笼 lǒng 笼 笼罩/笼络~luò
陇 Lǒng /陇(甘肃的别称)
垄 lǒng 垄断/垄
拢 lǒng 拢
搂 lōu 搂 //搂柴火 搂起袖子
楼 lóu 楼 楼房/楼阁 楼台 楼梯
搂 lǒu 搂 //搂抱
篓 lǒu /篓
陋 lòu /陋
漏 lòu 漏/漏洞 漏斗
露 lòu 露 //露丑 露底 露富 露脸 露马脚 露怯 露头 露馅儿 露一手
卢 Lú /卢(姓)
芦 lú /芦笙
炉 lú 炉 炉子·/炉灶
颅 lú /颅
卤 lǔ 卤/卤水 卤素
虏 lǔ /虏
掳 lǔ /掳 //掳掠
鲁 lǔ 鲁/鲁莽~mǎng
陆 lù 陆 陆军
露 lù 露/露骨~gǔ 露水~·shuǐ 露天 露珠 //露宿~sù 露头角~~jiǎo 露营
录 lù 录/录像机 录音 录制
鹿 lù 鹿 //鹿茸~róng
绿 lù /绿林
禄 lù /禄
路 lù 路 路程 路线 路子·/路径 路面 路人
麓 lù /麓
驴 lǘ 驴
吕 lǚ /吕
捋 lǚ /捋 //捋胡子
旅 lǚ 旅 旅行/旅程 旅店
铝 lǚ 铝
屡 lǚ /屡 屡次 屡见不鲜~~~xiān
缕 lǚ 缕 //缕析
履 lǚ 履行/履
绿 lǜ 绿/绿灯 绿洲
律 lǜ 律 律师
虑 lǜ /虑 忧虑
率 lǜ 率 效率
氯 lǜ 氯 氯气
滤 lǜ 滤
峦 luán /峦
孪 luán /孪生
卵 luǎn 卵 卵巢/卵石 卵子~zǐ

乱 luàn　乱
掠 lüè　掠夺/掠
略 lüè　略/略微
抡 lūn　/抡 // 抡拳
伦 lún　伦理
沦 lún　/沦陷
轮 lún　轮　轮船/轮番　轮换　轮子·
论 lún　//《论语》
论 lùn　论　论点　论文　论证/论调~diào　论说~shuō　论战
捋 luō　/捋 // 捋榆钱儿　捋起袖子　捋虎须
罗 luó　罗/罗列
萝 luó　/萝卜~bo
逻 luó　逻辑~·jí
锣 luó　/锣　锣鼓
箩 luó　/箩　箩筐
骡 luó　/骡子·
螺 luó　螺旋~xuán/螺　螺丝
裸 luǒ　/裸　裸露~lù
落 luò　落　落实/落差~chā　落成　落水
烙 luò　// 炮烙 páo~(古代的一种酷刑)
洛 Luò　/洛(地名)
骆 luò　骆驼·
络 luò　络 // 络腮胡子　络绎不绝~yì~~
摞 luò　/摞 // 一摞书

M

妈 mā　妈妈·
抹 mā　抹/抹布
麻 má　麻　麻烦·　麻醉/麻利·　麻雀　麻疹　麻子·
马 mǎ　马　马车　马上/马灯　马虎·　马铃薯~língshǔ　马匹
码 mǎ　码　码头·
玛 mǎ　/玛瑙~nǎo
蚂 mǎ　蚂蚁
骂 mà　骂
埋 mái　埋/埋藏　埋伏~·fú　埋没~mò　埋葬
买 mǎi　买　买卖·/买主
迈 mài　迈/迈进
麦 mài　麦/麦收　麦子·
卖 mài　卖/卖命　卖弄~·nòng　卖主
脉 mài　脉/脉搏　脉冲
蛮 mán　蛮/蛮横~hèng
馒 mán　馒头·
瞒 mán　瞒
鳗 mán　/鳗
蔓 mán　// 蔓菁·
满 mǎn　满　满足/满面　满心　满月　满载
螨 mǎn　/螨 // 螨虫
曼 màn　/曼 // 曼声
谩 màn　/谩骂
蔓 màn　/蔓　蔓延
漫 màn　漫长/漫　漫不经心　漫天
慢 màn　慢　慢性
忙 máng　忙　忙碌~lù/忙活·
盲 máng　盲目/盲　盲肠　盲从　盲人
茫 máng　茫然
蟒 mǎng　/蟒 // 蟒蛇
猫 māo　猫/猫头鹰
猫 máo　// 猫腰
毛 máo　毛　毛病~·bìng　毛巾/毛发~fà　毛骨悚然~gǔsǒng~　毛线
矛 máo　矛盾/矛　矛头
茅 máo　/茅草
锚 máo　/锚
卯 mǎo　/卯 // 卯时
铆 mǎo　/铆 // 铆钉
茂 mào　/茂盛
冒 mào　冒　冒险/冒充　冒失·
贸 mào　贸易/贸然
帽 mào　帽　帽子·
貌 mào　/貌　貌似
没 méi　没　没事　没有~·yǒu/没劲~jìn　没命　没准儿
玫 méi　/玫瑰
枚 méi　枚
眉 méi　眉　眉毛·　眉头/眉开眼笑　眉目~·mù
梅 méi　梅/梅花　梅雨
媒 méi　媒介/媒　媒人
煤 méi　煤　煤炭
酶 méi　酶 // 蛋白酶
霉 méi　/霉　霉菌
每 měi　每　每年

美 měi　美　美术　美学　美元/美景　美人　美容
镁 měi　镁 // 镁光
妹 mèi　妹妹·
魅 mèi　魅力
昧 mèi　/昧 // 昧良心
媚 mèi　/媚
闷 mēn　闷/闷热
门 mén　门/门道·　门洞儿　门框　门铃　门面~·miàn　门生　门诊
闷 mèn　闷 // 闷闷不乐
蒙 mēng　蒙 // 蒙亮　蒙骗
蒙 méng　蒙/蒙蔽　蒙昧　蒙受
萌 méng　/萌　萌生
盟 méng　/盟　盟国
蒙 Měng　蒙/蒙古包
猛 měng　猛　猛烈/猛兽
锰 měng　/锰 // 锰钢
梦 mèng　梦/梦境　梦寐以求~mèi~~　梦呓~yì
孟 mèng　孟
眯 mī　/眯　眯缝·
眯 mí　//(沙子)眯了眼
弥 mí　弥补/弥　弥散
迷 mí　迷　迷人　迷信/迷糊·　迷恋　迷蒙　迷失　迷惘~wǎng
猕 mí　/猕猴
糜 mí　/糜烂
谜 mí　谜
米 mǐ　米/米饭
觅 mì　/觅 // 觅求
秘 mì　秘书/秘　秘诀
密 mì　密　密切/密封
幂 mì　/幂
蜜 mì　蜜　蜜蜂/蜜月
眠 mián　/眠
绵 mián　/绵　绵延　绵羊
棉 mián　棉　棉花~·huā/棉田　棉絮
免 miǎn　免/免除　免得~·dé　免税
勉 miǎn　勉强~qiǎng/勉　勉励
缅 miǎn　/缅怀
面 miàn　面　面积　面临　面前/面粉　面颊~jiá　面条儿　面子·
苗 miáo　苗/苗圃~pǔ　苗条·　苗头·
描 miáo　描述　描写/描　描摹
瞄 miáo　/瞄　瞄准
秒 miǎo　秒
渺 miǎo　/渺　渺茫　渺小
藐 miǎo　/藐视
妙 miào　妙 // 妙趣横生
庙 miào　庙/庙会
灭 miè　灭　灭亡/灭绝
蔑 miè　/蔑视
篾 miè　/篾 // 篾片
民 mín　民　民兵　民间　民事　民俗　民主　民族/民权　民生　民心　民营
皿 mǐn　/皿
抿 mǐn　/抿 // 抿着嘴笑
泯 mǐn　/泯灭
闽 Mǐn　/闽(地名)// 闽江
敏 mǐn　敏捷　敏锐
名 míng　名　名称　名词　名字·/名副其实　名列前茅　名片　名人　名声　名堂·　名著
明 míng　明　明白·　明确　明显/明矾~fán　明净　明了~liǎo　明星　明珠
鸣 míng　鸣/鸣叫
冥 míng　/冥想
铭 míng　/铭　铭文
命 mìng　命　命令　命运/命中~zhòng
谬 miù　/谬　谬论
摸 mō　摸　摸索~·suǒ
摹 mó　/摹 // 摹本
模 mó　模　模仿　模拟　模式　模型/模特儿
膜 mó　膜 // 膜拜
摩 mó　摩　摩擦/摩登
磨 mó　磨/磨炼　磨难~nàn　磨损
蘑 mó　/蘑菇·
魔 mó　/魔　魔术　魔爪~zhǎo
抹 mǒ　抹/抹杀
抹 mò　抹 // 抹墙　转弯抹角
脉 mò　脉脉 // 脉脉含情
没 mò　没　没落　没收
磨 mò　磨 // 磨叨　磨坊
末 mò　末/末日　末梢
沫 mò　/沫
陌 mò　陌生
莫 mò　莫/莫大　莫非

蓦 mò /蓦然
漠 mò /漠然 漠视
墨 mò 墨/墨水
默 mò 默默/默 默念 默契
眸 móu /眸 // 眸子
谋 móu 谋/谋略 谋生
某 mǒu 某 // 某人
模 mú 模样/模板
母 mǔ 母 母亲~·qīn/母本
牡 mǔ /牡丹~·dān 牡蛎~lì
亩 mǔ 亩
拇 mǔ /拇指
木 mù 木 木材 木头·/木本 木柴 木匠· 木星
目 mù 目 目前/目不转睛~~zhuǎn~ 目瞪口呆 目送
沐 mù /沐浴
牧 mù /牧 牧草 牧场 牧民
募 mù /募 募捐
墓 mù 墓/墓室 墓葬
幕 mù 幕/幕后
暮 mù /暮 暮色
穆 mù /穆 穆斯林

N

拿 ná 拿
哪 nǎ 哪 哪里~·lǐ 哪些
那 nà 那 那里~·lǐ 那么~me 那些
纳 nà 纳 纳税/纳粹 纳闷儿
钠 nà 钠
娜 nà /娜
捺 nà /捺
乃 nǎi 乃 乃至
奶 nǎi 奶 奶奶·/奶粉
氖 nǎi /氖
奈 nài /奈何
耐 nài 耐 耐心/耐用
男 nán 男 男人 男性 男子/男生
南 nán 南 /南边~·biān 南瓜~·guā 南面~·miàn
难 nán 难 难免 难受/难处~·chù 难说 难听 难为·
难 nàn 难/难民
囊 náng 囊/囊括
挠 náo /挠
恼 nǎo /恼 恼火
脑 nǎo 脑 脑袋· 脑子·/脑筋 脑髓~suǐ
闹 nào 闹/闹市 闹钟
内 nèi 内 内心 内脏/内行~háng 内疚~jiù 内伤 内线 内省~xǐng 内政
嫩 nèn 嫩/嫩绿
能 néng 能 能源/能耐· 能人 能事
尼 ní /尼 尼姑
呢 ní /呢绒
泥 ní 泥/泥坑 泥泞~·nìng 泥鳅~·qiū 泥塑
倪 ní /倪
霓 ní /霓虹灯
拟 nǐ 拟/拟订 拟人
你 nǐ 你 你们·
逆 nì 逆/逆差 逆境 逆转
腻 nì /腻 // 腻烦·
溺 nì /溺 溺爱
拈 niān /拈 // 拈轻怕重
蔫 niān /蔫 // 蔫头耷脑
年 nián 年 年初 年间 年龄 年头儿 /年份 年轮 年岁 年限 年终
黏 nián /黏 // 黏合
捻 niǎn /捻 // 捻线
碾 niǎn /碾 // 碾压
撵 niǎn /撵 // 撵出去
廿 niàn /廿
念 niàn 念 念头·/念叨·~dao
娘 niáng 娘/娘家·
酿 niàng /酿 // 酿造
鸟 niǎo 鸟/鸟瞰~kàn
袅 niǎo /袅袅
尿 niào 尿/尿素
捏 niē 捏/捏造
聂 Niè /聂(姓)
涅 niè /涅槃~pán
啮 niè /啮 // 啮齿类
镊 niè /镊子·
镍 niè /镍
孽 niè /孽
您 nín 您

狞 níng　/狞笑
凝 níng　凝　凝结　凝视/凝神
宁 níng　宁　宁静
拧 níng　拧 // 拧手巾
拧 nǐng　拧 // 拧螺丝
宁 nìng　宁/宁可　宁肯　宁愿
拧 nìng　拧 //（脾气）拧
牛 niú　牛　牛顿/牛犊　牛仔裤
扭 niǔ　扭　扭转~zhuǎn/扭曲~qū
纽 niǔ　/纽带　纽扣
拗 niù　/拗 // 拗不过
农 nóng　农　农产品　农村　农民　农业　农作物/农耕　农垦　农事　农闲
浓 nóng　浓/浓烈　浓缩　浓重
脓 nóng　脓 // 脓包
弄 nòng　弄/弄虚作假
奴 nú　奴役/奴　奴才·　奴仆
努 nǔ　努力
怒 nù　怒/怒放　怒吼
女 nǚ　女　女儿　女士　女性　女婿·　女子/女神　女生
暖 nuǎn　暖/暖和·　暖瓶
疟 nüè　/疟疾·
虐 nüè　/虐待
挪 nuó　/挪　挪动~·dòng
诺 nuò　/诺言
懦 nuò　/懦弱
糯 nuò　/糯米

O

区 ōu　// 区（姓）
讴 ōu　/讴歌
欧 ōu　欧 // 欧洲
鸥 ōu　/鸥
殴 ōu　/殴打
呕 ǒu　/呕　呕吐
偶 ǒu　偶　偶尔　偶然性/偶像
藕 ǒu　/藕

P

趴 pā　/趴 // 趴在地上射击
扒 pá　扒 // 扒手
耙 pá　/耙 // 耙子·
爬 pá　爬/爬行
怕 pà　怕
帕 pà　/帕
拍 pāi　拍　拍摄/拍照　拍子·
排 pái　排　排斥　排列/排场~·chǎng　排练　排演　排忧解难~~~nàn
牌 pái　牌　牌子·/牌坊~·fāng
排 pǎi　// 排子车
派 pài　派　派出所　派遣/派别　派生　派性
番 pān　番/番禺~yú（地名，在广东）
潘 Pān　潘（姓）
攀 pān　攀/攀登　攀援
胖 pán　// 心广体胖
盘 pán　盘/盘剥　盘踞　盘算·　盘问　盘旋　盘子·
判 pàn　判　判处　判定/判别　判决书　判刑
叛 pàn　/叛　叛变
盼 pàn　盼　盼望
畔 pàn　/畔
膀 pāng　/膀（大片的皮肉浮肿）// 膀肿
膀 páng　/膀胱~guāng
磅 páng　/磅礴~bó
庞 páng　庞大/庞
旁 páng　旁　旁边/旁人　旁听
胖 pàng　胖/胖子·
抛 pāo　抛　抛弃
泡 pāo　泡 // 泡桐
炮 páo　炮/炮制
刨 páo　/刨 // 刨除（减去）　刨根问底儿
咆 páo　/咆哮
狍 páo　/狍子·
袍 páo　/袍
跑 páo　// 虎跑泉
跑 pǎo　跑/跑道
炮 pào　炮　炮弹~dàn/炮兵
泡 pào　泡/泡菜　泡沫
胚 pēi　胚　胚胎
陪 péi　陪/陪衬
培 péi　培训/培　培植
赔 péi　赔偿/赔　赔钱
裴 Péi　/裴

佩 pèi　佩服~·fú/佩　佩戴
配 pèi　配　配置/配件　配角~jué
喷 pēn　喷/喷泉　喷洒　喷射　喷嚏~·tì
盆 pén　盆/盆景　盆栽　盆子·
喷 pèn　//喷香
抨 pēng　/抨击
烹 pēng　/烹饪~rèn　烹调~tiáo
朋 péng　朋友·
彭 Péng　彭(姓)
棚 péng　棚/棚子·
硼 péng　/硼
蓬 péng　蓬勃~bó/蓬　蓬松
篷 péng　/篷//篷车
膨 péng　膨胀
捧 pěng　捧//捧场
碰 pèng　碰/碰见　碰撞
批 pī　批　批评　批准/批驳　批示
坯 pī　/坯//坯胎　坯子·
披 pī　披/披露
劈 pī　/劈//劈波斩浪　劈头盖脸
霹 pī　/霹雳~lì
皮 pí　皮/皮层　皮肉　皮子·
毗 pí　/毗邻
疲 pí　疲倦/疲　疲惫~bèi
啤 pí　/啤酒
脾 pí　脾　脾气·/脾脏
琵 pí　/琵琶~·pá
劈 pǐ　劈//劈叉　劈柴
否 pǐ　//否极泰来
匹 pǐ　匹/匹配
痞 pǐ　/痞子·
癖 pǐ　/癖//癖好~hào
辟 pì　/辟//辟谣
屁 pì　屁股·/屁
媲 pì　/媲美
僻 pì　/僻静
譬 pì　譬如
扁 piān　//扁舟
片 piān　/(口)片子·
偏 piān　偏　偏见/偏差　偏颇　偏心　偏重
篇 piān　篇/篇幅~·fú　篇章
便 pián　便宜·//大腹便便
片 piàn　片　片面/片段
骗 piàn　骗/骗子·

飘 piāo　飘/飘零　飘散　飘逸
漂 piāo　/漂　漂泊~bó
瓢 piáo　/瓢
朴 Piáo　/朴(姓)
漂 piǎo　/漂　漂白粉
瞟 piǎo　/瞟
漂 piào　漂亮·
票 piào　票/票子·
撇 piē　/撇　撇开~·kāi
瞥 piē　/瞥　瞥见
撇 piě　/撇//撇嘴
拼 pīn　拼命/拼　拼搏　拼凑　拼死　拼音
贫 pín　贫　贫困　贫穷/贫瘠　贫民　贫血
频 pín　频率/频　频道
品 pǐn　品　品种/品尝　品评
聘 pìn　/聘　聘请
乒 pīng　乒乓球~pāng~
屏 píng　屏/屏风　屏障
平 píng　平　平常　平分　平静　平均　平面　平民　平时　平原/平生　平素　平整
评 píng　评　评论　评选/评定　评审　评弹~tán
凭 píng　凭　凭借/凭证
坪 píng　/坪
萍 píng　/萍
苹 píng　苹果
瓶 píng　瓶/瓶子·
朴 pō　//朴刀
泊 pō　/泊(湖,像湖样的)
坡 pō　坡
泼 pō　/泼　泼辣~·là
颇 pō　颇
婆 pó　婆婆·/婆家·//婆娑
朴 pò　//朴硝
迫 pò　迫　迫切　迫使/迫不及待
破 pò　破　破产　破裂/破碎　破绽~·zhàn
魄 pò　/魄　魄力~·lì
剖 pōu　剖面/剖　剖析
仆 pū　//前仆后继
扑 pū　扑/扑克　扑灭
铺 pū　铺/铺盖·　铺设
仆 pú　/仆　仆人
菩 pú　菩萨~·sà

匍 pú /匍匐~fú
葡 pú 葡萄~·táo
蒲 pú /蒲公英 蒲扇
朴 pǔ 朴素/朴实
圃 pǔ /圃
浦 pǔ /浦
普 pǔ 普遍 普通话/普 普查 普选
谱 pǔ 谱/谱写
堡 pù /堡(多用于地名)
铺 pù 铺 // 铺面
瀑 pù /瀑 瀑布

Q

期 qī 期 期间 期望
七 qī 七
妻 qī 妻子~·zǐ
沏 qī /沏
凄 qī 凄凉/凄惨 凄楚
栖 qī /栖息
戚 qī /戚
欺 qī 欺骗/欺 欺负· 欺凌 欺诈
漆 qī 漆/漆黑
奇 qí 奇 奇迹 奇闻
齐 qí 齐/齐名 齐全 齐整
其 qí 其 其次 其间 其实 其中
歧 qí /歧视
祈 qí /祈 祈祷 祈求
崎 qí /崎岖~qū
畦 qí /畦
骑 qí 骑/骑兵
棋 qí /棋 棋子
旗 qí 旗 旗帜~zhì/旗子·
鳍 qí /鳍
企 qǐ 企业
乞 qǐ /乞丐~gài
岂 qǐ /岂有此理
启 qǐ 启示/启 启程 启蒙 启事
起 qǐ 起 起初 起点 起来~·lái 起身 起源/起兵 起草 起哄~hòng 起见 起劲~jìn 起诉 起因
绮 qǐ /绮丽
气 qì 气 气氛~·fēn 气压 气质/气喘 气垫 气节 气馁~něi 气魄~pò 气色 气势 气焰
迄 qì /迄 迄今
弃 qì 弃
汽 qì 汽车/汽 汽水 汽艇
泣 qì /泣
契 qì 契约/契 契机
器 qì 器 器材/器件 器皿 器械 器乐 器重~zhòng
砌 qì 砌
掐 qiā /掐
卡 qiǎ 卡 // 卡壳~ké 卡子·
恰 qià 恰当/恰 恰似~sì
洽 qià /洽 洽谈
千 qiān 千 千方百计/千金 千钧一发
扦 qiān /扦
迁 qiān 迁 迁移
牵 qiān 牵/牵连 牵涉 牵引 牵制
铅 qiān 铅 铅笔
谦 qiān /谦逊
签 qiān 签订/签 签署 签约 签证 签字
前 qián 前 前边~·biān 前进 前景 前面~·miàn 前头·/前程 前列 前仆后继~pū~~ 前身 前肢 前奏
虔 qián /虔诚
钱 qián 钱/钱财
钳 qián /钳子·
乾 qián /乾 乾坤
潜 qián 潜 潜在/潜藏 潜水 潜艇 潜移默化
黔 Qián /黔(地名)
浅 qiǎn 浅/浅薄 浅显
遣 qiǎn 遣 // 遣词 遣送
谴 qiǎn /谴责
欠 qiàn 欠/欠缺
嵌 qiàn 嵌
纤 qiàn /纤 // 纤夫
歉 qiàn /歉 歉收
呛 qiāng /呛 // 呛着了
枪 qiāng 枪/枪杀 枪支
腔 qiāng 腔/腔调
抢 qiāng // 呼天抢地
强 qiáng 强 强烈 强制/强健 强劲~jìng 强盛 强行~xíng 强占~zhàn
墙 qiáng 墙/墙根

强 qiǎng 强/强求
抢 qiǎng 抢 抢救/抢劫 抢险 抢占
呛 qiàng /呛 // 呛人
悄 qiāo 悄悄
跷 qiāo /跷 // 跷 跷板
敲 qiāo 敲/敲打~·dǎ
锹 qiāo /锹
乔 qiáo /乔 乔木
侨 qiáo /侨胞 侨眷 侨民
桥 qiáo 桥 桥梁/桥头
翘 qiáo /翘 // 翘首 翘望
瞧 qiáo 瞧/瞧见
悄 qiǎo /悄然 悄声
巧 qiǎo 巧 巧妙/巧合
壳 qiào 壳(文) 地壳/甲壳
翘 qiào /翘 // 翘尾巴
窍 qiào /窍 窍门
俏 qiào /俏 俏皮~·pí
撬 qiào /撬
鞘 qiào /鞘
峭 qiào /峭壁
切 qiē 切/切除 切磋 切点
茄 qié /茄子·
且 qiě 且
切 qiè 切 切实/切身 // 切记
怯 qiè /怯 怯懦
妾 qiè /妾
窃 qiè /窃 窃取
惬 qiè /惬意
侵 qīn 侵 侵略 侵权 侵蚀 侵占/侵吞
钦 qīn /钦差~chāi 钦佩
亲 qīn 亲 亲戚· 亲切 亲人 亲眼/亲临 亲昵~nì 亲身 亲生 亲事 亲缘 亲子
秦 Qín 秦
琴 qín 琴
禽 qín /禽 禽兽
勤 qín 勤/勤奋 勤俭~jiǎn 勤快·
擒 qín /擒
噙 qín /噙
寝 qǐn /寝 寝室
沁 qìn /沁
青 qīng 青 青春 青年/青翠 青睐~lài 青苔~tái
轻 qīng 轻 轻声 轻松 轻重/轻便 轻而易举 轻描淡写 轻蔑~miè 轻骑~qí 轻巧~·qiǎo 轻率~shuài 轻音乐 轻盈
氢 qīng 氢 氢气/氢弹
倾 qīng 倾 倾听 倾斜/倾倒~dǎo(仰慕拜倒) 倾倒~dào(倒掉) 倾诉 倾心 倾注
卿 qīng /卿
清 qīng 清 清晨 清楚· 清洁 清晰~xī 清醒/清偿 清澈 清脆 清风 清扫 清瘦 清闲 清新
蜻 qīng /蜻蜓~tíng
情 qíng 情 情操 情节 情形~·xíng 情绪~·xù/情不自禁 情人 情书 情思 情谊~yì 情愿
晴 qíng /晴 晴空 晴朗
擎 qíng /擎
顷 qǐng /顷 顷刻
请 qǐng 请 请示/请教 请愿
亲 qìng /亲家·
庆 qìng 庆祝/庆 庆幸
磬 qìng /磬
穷 qióng 穷 穷人/穷尽 穷困
琼 qióng /琼
丘 qiū /丘陵
邱 Qiū /邱(姓)
秋 qiū 秋 秋天/秋风 秋收
仇 Qiú /仇(姓)
囚 qiú /囚 囚禁
求 qiú 求 求证/求婚 求解 求人 求生 求学 求援
酋 qiú 酋长
球 qiú 球/球场 球面 球赛
裘 qiú /裘 裘皮
区 qū 区 区别 区分/区间
曲 qū 曲 曲线 曲折/曲解 曲轴
驱 qū 驱 驱逐/驱车 驱除 驱赶 驱散 驱使
屈 qū /屈 屈从 屈辱
祛 qū /祛 // 祛斑
蛆 qū /蛆
躯 qū /躯 躯干 躯壳~qiào
趋 qū 趋 趋势 趋向

渠 qú　渠　渠道
曲 qǔ　曲/曲调　曲子·
取 qǔ　取　取得/取材　取缔　取经　取乐~lè　取舍~shě　取胜　取悦
娶 qǔ　娶 // 娶亲
去 qù　去　去年　去世/去处~·chù
趣 qù　趣味/趣
圈 quān　圈/圈套　圈子·
权 quán　权　权威/权衡　权势　权限
全 quán　全　全面　全民　全身/全能　全权　全文
泉 quán　泉/泉水　泉源
拳 quán　拳　拳头·/拳击
痊 quán　/痊愈
蜷 quán　/蜷　蜷缩
犬 quǎn　/犬　犬齿
劝 quàn　劝/劝解　劝说　劝阻
券 quàn　/券
缺 quē　缺　缺点　缺少　缺陷/缺损
瘸 qué　/瘸
雀 què　/雀
却 què　却
确 què　确　确定　确切　确认　确实/确信　确证　确凿~záo
阙 què　/阙
裙 qún　/裙　裙子·
群 qún　群　群众

R

然 rán　然　然而
燃 rán　燃　燃烧
冉 rǎn　/冉冉
染 rǎn　染　染色体
嚷 rāng　// 嚷嚷
嚷 rǎng　嚷 // 别嚷了
让 ràng　让/让位
饶 ráo　/饶　饶恕
扰 rǎo　扰乱/扰
绕 rào　绕/绕道
惹 rě　惹
热 rè　热　热烈　热闹·　热情　热心/热忱　热诚　热恋　热门　热血~xuè　热源

人 rén　人　人才　人家~jiā（住户，家庭）　人家·（别人）　人间　人们·　人群　人心　人影　儿　人造/人迹~jì　人伦　人参~shēn　人声　人选　人中~zhōng　人种~zhǒng
仁 rén　仁/仁慈
任 Rén　任(姓)
忍 rěn　忍　忍受/忍心
任 rèn　任　任命　任务~·wù/任教　任免　任职
刃 rèn　/刃
认 rèn　认　认定　认识·　认真/认错　认罪
韧 rèn　/韧　韧性
妊 rèn　/妊娠~shēn
扔 rēng　扔 // 扔　铅球
仍 réng　仍　仍旧　仍然
日 rì　日　日常　日前　日夜　日子·/日程　日食
荣 róng　荣誉/荣　荣幸　荣耀
绒 róng　/绒　绒毛　绒线
容 róng　容　容易~·yì/容积　容忍　容颜
溶 róng　溶　溶解/溶血~xuè
熔 róng　熔　熔点
融 róng　融合/融　融洽　融资
冗 rǒng　/冗长
柔 róu　柔软/柔　柔情　柔顺
揉 róu　揉 // 揉搓
蹂 róu　/蹂躏~lìn
肉 ròu　肉/肉食　肉眼　肉质
如 rú　如　如此　如今/如释重负
儒 rú　儒家/儒　儒学
蠕 rú　/蠕动
汝 rǔ　/汝
乳 rǔ　乳/乳汁
辱 rǔ　/辱
入 rù　入　入侵　入手　入学/入境　入睡　入夜　入座
褥 rù　/褥子·
软 ruǎn　软/软骨　软件　软禁
蕊 ruǐ　/蕊
锐 ruì　/锐　锐角
瑞 ruì　/瑞
闰 rùn　/闰 // 闰月

润 rùn　/润　润滑
若 ruò　若　若是/若无其事
弱 ruò　弱　弱点

S

仨 sā　/仨 // 仨瓜俩枣
撒 sā　撒/撒手
撒 sǎ　撒 // 撒播
洒 sǎ　洒/洒脱
卅 sà　/卅
腮 sāi　/腮
鳃 sāi　鳃
塞 sāi　塞/塞子·// 塞车
塞 sài　塞 // 塞北
赛 sài　赛/赛场　赛事
三 sān　三　三角形/三角洲　三轮车
伞 sǎn　伞 // 伞兵
散 sǎn　散　散射　散文/散漫
散 sàn　散　散发/散场　散落~luò　散失
桑 sāng　/桑
丧 sāng　/丧事　丧葬 // 丧服
嗓 sǎng　嗓子·/嗓　嗓门儿　嗓音
丧 sàng　丧失/丧气
搔 sāo　/搔
骚 sāo　/骚　骚动　骚扰
缫 sāo　/缫 // 缫丝
臊 sāo　/臊 // 臊气
扫 sǎo　扫/扫除　扫视　扫兴
嫂 sǎo　嫂子·
臊 sào　/臊(羞，害羞) // 臊子(加工好的肉末或肉丁)
扫 sào　/扫帚·
塞 sè　塞 // 塞音　塞责
色 sè　色　色彩/色调　色情　色素　色泽
涩 sè　/涩
瑟 sè　/瑟
森 sēn　森林/森严
僧 sēng　僧　僧侣~lǚ/僧尼
刹 shā　/刹　刹车(也作“煞车”)
杀 shā　杀/杀菌　杀戮~lù　杀伤
杉 shā　/杉木
沙 shā　沙　沙发~fā　沙漠/沙子·
纱 shā　纱/纱锭
砂 shā　砂 // 砂轮　砂纸
煞 shā　/煞 // 煞尾
傻 shǎ　傻/傻子·
煞 shà　/煞 // 煞白　煞费苦心
霎 shà　/霎时
筛 shāi　/筛　筛选
色 shǎi　色 // 色酒　色子·
晒 shài　晒
杉 shān　/杉 // 杉树
山 shān　山　山峰　山林　山水/山坳~ào　山川　山村　山洞　山岭　山麓~lù　山峦~luán　山门　山野　山岳　山楂~zhā
珊 shān　/珊瑚
衫 shān　/衫
扇 shān　扇/扇动
煽 shān　/煽动
陕 Shǎn　/陕
闪 shǎn　闪　闪电　闪烁~shuò
禅 shàn　/禅 // 禅让
单 Shàn　单(姓) // 单县(在山东)
扇 shàn　扇/扇子
善 shàn　善/善战
擅 shàn　/擅长　擅自
膳 shàn　/膳　膳食
赡 shàn　/赡养
伤 shāng　伤　伤心　伤员/伤痕　伤势
商 shāng　商　商店　商量·　商品　商人　商业/商场　商定　商贾~gǔ　商榷~què
晌 shǎng　/晌　晌午·
赏 shǎng　赏/赏赐~cì　赏识
上 shǎng　上 // 上声　平上去入
上 shàng　上　上边~·biān　上层　上面~·miàn　上去~·qù　上升　上述　上诉　上学　上涨~zhǎng/　上场　上当　上好~hǎo　上将~jiàng　上缴~jiǎo　上列　上门　上品　上身　上司·　上头·　上行~xíng　上旬　上肢　上座
尚 shàng　尚/尚且
捎 shāo　/捎
梢 shāo　梢 // 眉梢　树梢
稍 shāo　稍　稍稍　稍微

烧 shāo 烧/烧饼· 烧伤
勺 sháo /勺 勺子·
少 shǎo 少 少数/少见
少 shào 少 少年 少爷·/少将~jiàng
哨 shào /哨 哨兵 哨所 哨子·
奢 shē /奢侈~chǐ
舌 shé 舌 舌头·/舌苔~tāi
折 shé 折 // 折本
蛇 shé 蛇 // 蛇胆
舍 shě 舍 舍不得~·bù·dé/舍身
舍 shè 舍 // 舍间 退避三舍
设 shè 设 设施 设置
社 shè 社 社会学/社论
射 shè 射 射线/射程 射门 射手
涉 shè /涉 涉足
赦 shè /赦 赦免
摄 shè 摄 摄影/摄食 摄制
麝 shè /麝
谁 shéi 谁
参 shēn 参 // 参茸~róng(人参和鹿茸)
申 shēn 申请/申 申明 申诉
伸 shēn 伸 伸手/伸缩 伸展 伸张
身 shēn 身 身边 身材 身份~·fèn 身心 身影 身子·/身长 身世
呻 shēn /呻吟
绅 shēn /绅士
砷 shēn /砷
深 shēn 深 深沉 深情 深夜 深远/深奥~ào 深层 深浅 深切~qiè 深山 深邃~suì 深信 深渊~yuān 深造 深重
什 shén 什么~me
神 shén 神 神经 神气~·qì 神色 神圣 神学/神采 神龛~kān 神仙~·xiān 神韵 神州
沈 Shěn 沈(地名,姓)
审 shěn 审查/审 审定 审慎 审问 审讯
婶 shěn 婶/婶子·
肾 shèn 肾/肾脏
甚 shèn 甚 甚至/甚而
渗 shèn 渗透/渗 渗入
慎 shèn 慎重/慎
升 shēng 升/升降~jiàng 升任 升腾 升学
生 shēng 生 生成 生存 生命 生前 生意(生机) 生意·(买卖) 生长/生根 生日~·rì 生疏 生死 生肖~xiào 生字
声 shēng 声 声明 声音/声波 声称~chēng 声势 声速 声学 声言 声援 声乐~yuè
笙 shēng /笙
牲 shēng 牲畜 牲口·
绳 shéng 绳 绳子·/绳索
省 shěng 省/省城 省份 省略 省事
乘 shèng // 千乘之国
盛 shèng 盛 盛行/盛产 盛装
圣 shèng 圣 圣经/圣诞节 圣人 圣旨
胜 shèng 胜 胜利/胜任 胜仗
剩 shèng 剩 剩余
尸 shī 尸体/尸 尸骨~gǔ 尸首~·shǒu
失 shī 失 失调~tiáo 失业/失常 失传~chuán 失恋 失灵 失散 失神 失声 失血~xuè 失真 失踪
师 shī 师 师傅· 师长/师父· 师资
诗 shī 诗 诗人/诗篇
虱 shī /虱子·
狮 shī /狮子·
施 shī 施 施行/施舍~shě 施展 施政
湿 shī 湿 湿润/湿热
什 shí /什 // 什锦
石 shí 石 石头·/石匠· 石榴· 石棉 石墨 石笋 石英 石子儿
十 shí 十/十足
时 shí 时 时常 时候· 时间 时节 时髦~máo/时分~fèn 时尚 时兴~xīng 时针
识 shí 识 识别 识字/识破
实 shí 实 实践 实行~xíng 实在(诚实) 实在·(扎实、不马虎)/实测 实权 实数~shù 实心 实业 实证
拾 shí 拾/拾掇·
食 shi 食 食品 食盐/食性 食指
蚀 shí /蚀
史 shǐ 史 史学/史册 史籍~jí 史前 史诗
矢 shǐ /矢
使 shǐ 使 使得~·dé 使劲~jìn 使命/使唤· 使节 使者

始 shǐ　始　始终/始祖
驶 shǐ　/驶
屎 shǐ　/屎
士 shì　士　士兵/士族
氏 shì　氏　氏族
示 shì　示　示威/示弱　示众
世 shì　世　世界观/世故~gù(处世经验)　世故·(圆滑)　世间　世人　世事　世俗
仕 shì　/仕
市 shì　市　市场　市民/市面　市镇　市政
式 shì　式/式样
似 shì　似的·
事 shì　事　事变　事迹　事情·　事实　事业
势 shì　势　势能/势头~·tóu
侍 shì　/侍　侍从　侍奉　侍候
饰 shì　/饰
试 shì　试　试验/试卷　试问　试行~xíng　试纸
视 shì　视　视觉　视线　视野/视察　视角~jiǎo
柿 shì　/柿子·
拭 shì　/拭
是 shì　是　是非　是否
适 shì　适　适当　适应/适时　适中
恃 shì　/恃
逝 shì　逝世/逝
室 shì　室
舐 shì　/舐
嗜 shì　/嗜　嗜好
誓 shì　/誓　誓言
噬 shì　/噬
螫 shì　/螫(书)//螫针
释 shì　释放
收 shōu　收　收拾·　收缩　收音机/收藏~cáng　收场　收成·　收敛　收听
熟 shóu　熟//饭熟了
手 shǒu　手　手臂　手术　手掌/手册　手巾~·jīn　手绢儿　手心　手足
守 shǒu　守　守恒/守则
首 shǒu　首　首都　首领　首先　首长/首创　首届　首饰·　首相~xiàng
寿 shòu　寿命/寿
受 shòu　受　受精　受伤/受挫　受戒　受累~lěi(受连累)　受累~lèi(受劳累)受难　受骗　受训　受灾　受制　受罪
狩 shòu　狩猎
授 shòu　授/授粉　授权　授予
售 shòu　/售
兽 shòu　兽/兽医
瘦 shòu　瘦/瘦弱　瘦小
书 shū　书　书本　书记~·jì　书面　书写/书卷~juàn　书生　书信　书院　书桌
抒 shū　抒情
枢 shū　/枢　枢纽
倏 shū　/倏然
叔 shū　叔叔·
梳 shū　梳/梳理　梳子·
舒 shū　舒服·　舒适/舒　舒畅　舒坦·　舒展
疏 shū　疏/疏忽·　疏散　疏松　疏远
输 shū　输　输出　输送
蔬 shū　蔬菜
熟 shú　熟　熟练　熟悉~·xī/熟人　熟睡　熟知
孰 shú　/孰//孰胜孰负
赎 shú　/赎　赎罪
暑 shǔ　/暑　暑假
署 shǔ　/署　署名
蜀 shǔ　/蜀
属 shǔ　属　属性
鼠 shǔ　鼠
曙 shǔ　/曙光
数 shǔ　数//数不胜数　数一数二
数 shù　数　数学　数值　数字
术 shù　术　术语
束 shù　束　束缚
述 shù　述/述评　述说
树 shù　树　树干~gàn　树林　树种/树丛　树冠　树脂
竖 shù　竖/竖立
恕 shù　/恕
庶 shù　/庶民
刷 shuā　刷/刷新
耍 shuǎ　耍//耍花招　耍赖
衰 shuāi　衰变/衰　衰竭
摔 shuāi　摔/摔跤
甩 shuǎi　甩//甩包袱　甩手

率 shuài 率 率领/率先
帅 shuài /帅
拴 shuān 拴
栓 shuān /栓
涮 shuàn /涮
双 shuāng 双/双边 双重 双亲
霜 shuāng 霜/霜冻 霜期
爽 shuǎng /爽 爽快· 爽朗
谁 shuí 谁(又音)
水 shuǐ 水 水分 水面 水平 水银 水源 水蒸气/水波 水草 水产 水势 水獭~tǎ 水灾 水准
税 shuì 税 税收/税额 税率~lǜ
睡 shuì 睡 睡觉 睡眠/睡梦
吮 shǔn /吮
顺 shùn 顺 顺手/顺便 顺从 顺风 顺势 顺心 顺应
舜 Shùn /舜(传说中上古帝王名)
瞬 shùn 瞬间/瞬时
说 shuō 说 说法~·fǎ 说明/说唱
数 shuò // 数见不鲜~~~xiān
硕 shuò /硕士
司 sī 司 司令/司空见惯
丝 sī 丝/丝绸 丝线
私 sī 私 私人 私营/私产 私事 私心 私自
思 sī 思 思潮 思索/思辨 思忖~cǔn 思量·
斯 sī 斯/斯文
厮 sī /厮杀
撕 sī /撕 撕毁
嘶 sī /嘶哑
死 sǐ 死 死刑/死伤 死神
似 sì 似 似乎/似是而非
四 sì 四 四边形 四处 四周/四散~sàn 四时
寺 sì 寺 寺院/寺庙
伺 sì /伺机
祀 sì /祀
饲 sì 饲料 饲养/饲
俟 sì /俟 // 俟机进攻
肆 sì /肆无忌惮
嗣 sì /嗣
松 sōng 松/松散~sǎn 松手 松懈
怂 sǒng /怂恿~yǒng
耸 sǒng /耸 耸立
讼 sòng /讼
宋 sòng 宋
送 sòng 送/送别 送行 送葬
诵 sòng /诵 诵读
颂 sòng /颂 颂扬
搜 sōu 搜集/搜 搜查 搜索 搜寻
艘 sōu 艘
苏 sū 苏/苏醒
酥 sū /酥
俗 sú 俗 俗称~chēng/俗名 俗人
诉 sù 诉讼/诉 诉说
肃 sù /肃穆 肃清
素 sù 素 素材 素质
速 sù 速 速率/速成 速写
宿 sù 宿 宿舍/宿营
粟 sù /粟
塑 sù 塑造/塑 塑像
溯 sù /溯
酸 suān 酸/酸枣
蒜 suàn /蒜
算 suàn 算/算计· 算命 算盘~·pán 算术 算账
虽 suī 虽 虽然 虽说
绥 suí /绥
隋 Suí 隋(姓)
随 suí 随 随便 随即 随时/随处~chù 随从 随军 随身 随心所欲
遂 suí 遂 // 半身不遂
髓 suǐ 髓 // 骨髓
遂 suì 遂 // 遂心 遂意
岁 suì 岁 岁月/岁数·
隧 suì /隧道
碎 suì 碎
穗 suì 穗
孙 sūn 孙 孙子·/孙女~·nǚ
损 sǔn 损伤/损 损坏
笋 sǔn /笋
唆 suō /唆使
梭 suō /梭
蓑 suō /蓑衣
缩 suō 缩/缩减 缩影
所 suǒ 所 所属 所有制 所在

索 suǒ　索/索取　索性
琐 suǒ　/琐事　琐碎
锁 suǒ　锁/锁链

T

他 tā　他　他们·　他人/他乡
它 tā　它　它们·
她 tā　她　她们·
塌 tā　/塌
踏 tā　// 踏实·
塔 tǎ　塔
踏 tà　踏/踏步 // 踏板
拓 tà　/拓 // 拓本　拓片
榻 tà　/榻
胎 tāi　胎　胎儿/胎生
台 tāi　// 台州　天台山
台 tái　台　台风/台词　台阶　台子·
抬 tái　抬/抬升
太 tài　太　太平　太太·　太阳~·yáng /太监~·jiān　太子
汰 tài　/汰
态 tài　态　态度~·dù/态势
钛 tài　/钛
泰 tài　/泰　泰山
坍 tān　/坍塌
贪 tān　/贪　贪婪~lán
摊 tān　摊/摊贩　摊子·
滩 tān　滩/滩涂
瘫 tān　/瘫痪~huàn
弹 tán　弹　弹性/弹劾~hé
坛 tán　/坛　坛子·
谈 tán　谈　谈论/谈天　谈心
潭 tán　/潭
谭 Tán　/谭
痰 tán　痰
坦 tǎn　坦克/坦然　坦率~shuài
毯 tǎn　/毯子·
叹 tàn　叹　叹息/叹气
炭 tàn　/炭
碳 tàn　碳
探 tàn　探　探测　探索/探亲　探视　探听　探问　探险　探寻
汤 tāng　汤 // 汤水　汤药
唐 táng　唐
堂 táng　堂/堂皇
塘 táng　塘
糖 táng　糖/糖尿病
搪 táng　/搪瓷　搪塞~sè
螳 táng　/螳螂~láng // 螳臂当车~~dāng~
倘 tǎng　倘若/倘使
淌 tǎng　/淌
躺 tǎng　躺 // 躺椅
烫 tàng　烫/烫伤
趟 tàng　趟 // 走一趟
涛 tāo　/涛
掏 tāo　掏 // 掏心
滔 tāo　/滔滔 // 滔天
绦 tāo　/绦虫
逃 táo　逃　逃走/逃兵　逃窜　逃难~nàn　逃学
桃 táo　桃/桃子·
陶 táo　陶　陶冶/陶瓷　陶醉
淘 táo　淘汰/淘　淘气
讨 tǎo　讨　讨论　讨厌/讨好~hǎo
套 tào　套/套用
特 tè　特　特点　特定　特权　特色　特殊　特务·　特征/特长~cháng　特赦　特写　特约　特种~zhǒng
疼 téng　疼　疼痛/疼爱
腾 téng　/腾飞　腾空
藤 téng　藤/藤萝
滕 Téng　/滕
踢 tī　踢
剔 tī　/剔除
梯 tī　/梯　梯田　梯形　梯子·
提 tí　提　提倡　提供~gōng　提炼/提拔　提纯　提琴　提请　提升　提示　提问　提携　提早
啼 tí　/啼　啼哭　啼笑皆非
题 tí　题　题材/题词
蹄 tí　/蹄　蹄子·
体 tǐ　体　体裁　体积　体温　体现/体察　体谅~·liàng　体魄　体贴　体形　体征
剃 tì　/剃　剃头
替 tì　替　替代/替换~·huàn
天 tiān　天　天才　天真/天边　天窗　天

经地义 天色 天使 天职 天子~zǐ
添 tiān 添/添置
田 tián 田 田野/田埂 田鼠 田园
甜 tián 甜/甜菜
恬 tián /恬静
填 tián 填/填充 填空 填塞~sè 填写
舔 tiǎn /舔
挑 tiāo 挑 挑选/挑剔· 挑子·
调 tiáo 调 调和~hé 调解~jiě 调整/调试 调停 调制
条 tiáo 条 条件 条约/条文 条子·
挑 tiǎo 挑 挑战/挑拨 挑衅~xìn
眺 tiào /眺望
跳 tiào 跳 跳跃/跳水 跳蚤·
贴 tiē 贴/贴近 贴切~qiè
帖 tiē // 妥帖 服帖
帖 tiě /帖 // 帖子 请帖
铁 tiě 铁 /铁匠· 铁青 铁索 铁锨~xiān
帖 tiè /帖 // 碑帖 字帖
厅 tīng 厅/厅堂
听 tīng 听 听见~·jiàn 听觉~jué 听众/听从 听任~rèn 听信
庭 tíng /庭审 庭院
廷 tíng /廷
亭 tíng /亭 亭子·
停 tíng 停 停顿 停止/停泊~bó 停车 停歇 停滞
挺 tǐng /挺拔 挺进 挺身
艇 tǐng /艇
通 tōng 通 通电 通信 通讯 通知/通称~chēng 通风 通婚 通融~·róng 通商 通俗 通行 通则
同 tóng 同 同胞 同等 同行~háng 同年 同情 同事 同行~xíng 同学 同志/同心
佟 tóng /佟
铜 tóng 铜/铜臭~xiù 铜钱
童 tóng 童年/童 童心 童子
瞳 tóng /瞳孔
统 tǒng 统 统治/统称~chēng 统领 统率~shuài
捅 tǒng /捅
桶 tǒng 桶 // 水桶
筒 tǒng 筒 // 筒裤 筒子楼
通 tòng 通 // 打了一通鼓 通红
痛 tòng 痛 痛快~·kuài/痛斥 痛恨 痛觉~jué 痛心
偷 tōu 偷/偷窃
头 tóu 头 头顶 头发·/头等 头巾 头盔 头颅 头衔 头子·
投 tóu 投 投产 投降 投资/投奔 投身 投诉 投影 投掷
透 tòu 透 透镜 透露/透彻 透亮~·liàng 透视
头 tou //(后缀)
凸 tū 凸 // 凸透镜
突 tū 突 突变 突出 突破
秃 tū /秃顶
图 tú 图 图书馆 图纸/图解 图景 图片 图腾
徒 tú 徒/徒弟~·dì 徒手 徒刑
途 tú 途径/途
涂 tú 涂/涂抹
屠 tú 屠杀/屠 屠宰
土 tǔ 土 土匪 土壤/土产 土星 土质
吐 tǔ 吐/吐露 // 吐故纳新 吐气
吐 tù 吐/吐血~xiě
兔 tù 兔子·
湍 tuān 湍流/湍急
团 tuán 团 团结/团圆
推 tuī 推 推测 推荐 推进 推论 推行/推崇 推算 推卸 推选 推演
颓 tuí /颓然 颓丧
腿 tuǐ 腿/腿脚
退 tuì 退 退出/退却 退让 退守 退缩 退学
蜕 tuì /蜕 蜕变
褪 tuì /褪 // 褪色
吞 tūn /吞 吞并 吞没 吞噬 吞咽
屯 tún /屯
囤 tún /囤 囤积
臀 tún /臀
褪 tùn // 褪 褪下袖子
托 tuō 托/托管
拖 tuō 拖 拖拉机/拖车 拖累~lěi 拖欠 拖鞋

脱 tuō　脱/脱节　脱身　脱险
驮 tuó　/驮
陀 tuó　/陀螺
驼 tuó　/驼　驼背
妥 tuǒ　妥协/妥　妥当·　妥善
椭 tuǒ　/椭圆
拓 tuò　拓 // 拓荒　拓宽　拓展
唾 tuò　/唾　唾沫·　唾液

W

凹 wā　// 凹(只用于地名)
挖 wā　挖　挖掘/挖苦·　挖潜
洼 wā　/洼　洼地
蛙 wā　/蛙
娃 wá　娃娃·
瓦 wǎ　瓦/瓦解　瓦砾~lì
瓦 wà　// 瓦刀
袜 wà　/袜　袜子·
歪 wāi　歪　歪曲
外 wài　外　外边~·biān　外界　外面~·miàn　外形/外宾　外出　外行~háng　外婆　外人　外伤　外省　外文　外线　外长　外祖母
弯 wān　弯　弯曲/弯路
剜 wān　/剜
湾 wān　/湾
丸 wán　/丸
完 wán　完　完成　完全　完善　完整/完结
玩 wán　玩/玩弄~nòng　玩赏　玩意儿
顽 wán　顽强/顽固　顽皮
宛 wǎn　/宛如
挽 wǎn　挽/挽回　挽救
晚 wǎn　晚　晚上·/晚婚　晚年
皖 Wǎn　/皖
婉 wǎn　/婉转
惋 wǎn　/惋惜
碗 wǎn　碗
蔓 wàn　/蔓 // 顺蔓摸瓜
万 wàn　万　万一/万恶　万能　万岁　万紫千红
腕 wàn　/腕
汪 wāng　汪/汪洋
亡 wáng　亡/亡灵
王 wáng　王　王朝/王冠　王室　王子
网 wǎng　网　网络/网点
枉 wǎng　/枉
往 wǎng　往/往常　往年　往日　往事
妄 wàng　/妄　妄图　妄想
忘 wàng　忘　忘记/忘恩负义　忘情　忘却
旺 wàng　旺　旺盛
望 wàng　望　望远镜 // 望风披靡~~~mǐ　望文生义
危 wēi　危险/危　危难~nàn
威 wēi　威胁　威信/威　威风　威吓~hè　威严
微 wēi　微　微生物/微波　微型
巍 wēi　/巍峨~é
韦 Wéi　/韦
为 wéi　为　为难　为人　为首　为止
违 wéi　/违　违抗　违心　违约　违章
围 wéi　围　围剿　围绕~rào/围巾　围困　围裙~·qún
桅 wéi　/桅杆
帷 wéi　/帷幕
唯 wéi　唯 // 唯物论
惟 wéi　惟/惟恐　惟一
维 wéi　维持　维生素　维新/维　维系~xì
唯 wěi　// 唯唯诺诺
伟 wěi　/伟　伟人
伪 wěi　伪/伪善　伪造　伪装
苇 wěi　/苇
尾 wěi　尾　尾巴·/尾声　尾随
纬 wěi　纬/纬线
委 wěi　委屈·　委员会/委　委任
萎 wěi　/萎　萎缩
为 wèi　为　为何　为了·
卫 wèi　卫　卫生　卫星/卫士
未 wèi　未　未曾/未尝　未免　未遂~suì
位 wèi　位　位置·/位能　位子·
味 wèi　味　味道~·dào/味觉
畏 wèi　/畏　畏惧　畏缩
胃 wèi　胃/胃口　胃液
谓 wèi　谓/谓语
喂 wèi　喂/喂养
蔚 wèi　/蔚蓝
慰 wèi　/慰藉~jiè　慰问
魏 Wèi　魏(姓)

温 wēn　温　温柔/温差~chā　温存　温情　温泉　温顺　温馨~xīn
瘟 wēn　/瘟　瘟疫
文 wén　文　文件　文明　文人　文学　文章　文字/文本　文风　文教　文书　文选
纹 wén　纹/纹理　纹饰
闻 wén　闻/闻名
蚊 wén　蚊子·/蚊虫　蚊帐
吻 wěn　吻/吻合
紊 wěn　/紊乱
稳 wěn　稳　稳定/稳产　稳当·　稳健　稳重~zhòng
问 wèn　问　问世/问卷
翁 wēng　/翁
瓮 wèng　/瓮
涡 wō　/涡　涡流
窝 wō　窝/窝头
蜗 wō　/蜗牛
我 wǒ　我　我们·
卧 wò　卧　卧室/卧床
握 wò　握　握手
乌 wū　乌龟/乌　乌云　乌贼
污 wū　污染/污秽~huì　污蔑　污辱　污浊
巫 wū　/巫　巫师
呜 wū　/呜咽~yè
诬 wū　/诬蔑　诬陷
屋 wū　屋　屋子·/屋脊~jǐ　屋檐
无 wú　无　无从　无可奈何　无情　无声　无限/无常　无私　无损　无暇~xiá　无垠~yín　无缘
毋 wú　/毋
吾 wú　吾
吴 Wú　吴
梧 wú　/梧桐
捂 wǔ　/捂
五 wǔ　五/五行~xíng　五脏~zàng
午 wǔ　/午　午餐　午睡　午夜
伍 wǔ　/伍
武 wǔ　武　武装/武生
侮 wǔ　侮辱
舞 wǔ　舞　舞蹈/舞场　舞曲　舞厅　舞姿
恶 wù　恶(厌恶)
勿 wù　勿
务 wù　务/务必　务农
物 wù　物　物品　物种　物资/物产　物件
悟 wù　/悟　悟性
晤 wù　/晤
误 wù　误　误差　误解
雾 wù　雾/雾气

X

夕 xī　/夕　夕阳
兮 xī　/兮
西 xī　西　西风　西瓜~·guā/西红柿　西天　西装
吸 xī　吸　吸收　吸引/吸吮~shǔn
希 xī　希望/希冀
昔 xī　/昔　昔日
析 xī　/析出
唏 xī　/唏嘘
牺 xī　牺牲
息 xī　息
奚 xī　/奚落
悉 xī　/悉
惜 xī　/惜
稀 xī　稀　稀少/稀薄　稀罕·　稀疏
犀 xī　/犀利
溪 xī　/溪　溪流
锡 xī　锡 // 锡箔~bó
蜥 xī　/蜥蜴~yì
熄 xī　熄灭/熄　熄灯
膝 xī　/膝
嬉 xī　/嬉戏
习 xí　习　习俗　习性/习作
席 xí　席/席卷　席子·
袭 xí　袭击/袭
媳 xí　媳妇·
洗 xǐ　洗　洗澡/洗涤　洗刷
铣 xǐ　/铣
喜 xǐ　喜　喜欢·/喜好~hào　喜庆　喜鹊~·què　喜人　喜事　喜讯
系 xì　/系　系列　系数~shù
戏 xì　戏　戏曲/戏弄~nòng　戏谑~xuè　戏院
细 xì　细　细胞　细节　细菌　细心　细

致/细碎 细则
虾 xiā 虾
瞎 xiā 瞎/瞎子·
匣 xiá /匣 匣子·
峡 xiá /峡 峡谷
狭 xiá 狭 狭隘~ài 狭窄/狭长
遐 xiá /遐想
辖 xiá /辖 辖区
霞 xiá /霞
吓 xià 吓/吓唬· 吓人
下 xià 下 下边~·biān 下层 下颌~hé 下降~jiàng 下来~·lái 下令 下面~·miàn 下去~·qù 下属 下旬/下巴· 下文 下行~xíng 下野 下肢
夏 xià 夏 夏天/夏令
纤 xiān 纤维/纤 纤细
仙 xiān 仙/仙境 仙人
先 xiān 先 先进 先前 先生·/先人 先行~xíng 先知
掀 xiān 掀起/掀
鲜 xiān 鲜 鲜明 鲜血~xuè 鲜艳/鲜嫩
闲 xián 闲/闲人 闲散~sǎn 闲暇~xiá 闲置
贤 xián /贤
弦 xián 弦//弦外之音 弦乐
咸 xián 咸/咸菜
涎 xián /涎
娴 xián /娴熟~shú
衔 xián 衔/衔接
舷 xián /舷窗
嫌 xián 嫌/嫌弃 嫌疑
鲜 xiǎn 鲜//鲜见 鲜少 鲜为人知
显 xiǎn 显 显得~·dé 显露 显示 显微镜 显著/显赫 显明 显眼
险 xiǎn 险/险恶~è 险峻 险情
县 xiàn 县 县城
现 xiàn 现 现场 现存 现金 现实 现行~xíng 现在 现状/现成 现任~rèn
限 xiàn 限 限制/限定 限期~qī
线 xiàn 线 线圈 线索 线条
宪 xiàn 宪法/宪兵 宪章 宪政
陷 xiàn 陷 陷入/陷阱~jǐng
馅 xiàn /馅儿
羡 xiàn 羡慕~mù
献 xiàn 献 献身
腺 xiàn 腺
霰 xiàn /霰//霰雪 霰弹~dàn
乡 xiāng 乡 乡村 乡下·/乡间 乡亲 乡镇
相 xiāng 相 相等 相近 相连 相似~sì 相应~yìng/相称~chèn 相处~chǔ 相传~chuán 相得益彰 相间~jiàn 相识 相思 相约
香 xiāng 香 香烟/香蕉~jiāo 香水 香甜
厢 xiāng /厢 厢房
湘 xiāng /湘
镶 xiāng /镶 镶嵌
箱 xiāng 箱 箱子·
降 xiáng 降//降伏
详 xiáng 详细/详 详尽 详情
祥 xiáng /祥
翔 xiáng /翔
享 xiǎng 享 享受/享乐 享用
响 xiǎng 响 响声 响应/响亮
饷 xiǎng /饷
想 xiǎng 想 想法~·fǎ 想像力/想念
巷 xiàng /巷//巷战
相 xiàng 相/相片 相声·
向 xiàng 向 向上/向导~dǎo 向日葵
项 xiàng 项/项链
象 xiàng 象 象征/象形
像 xiàng 像/像样
橡 xiàng 橡胶
肖 Xiāo /肖(姓)
逍 xiāo /逍遥
削 xiāo 削(口)//削皮儿
消 xiāo 消 消费品 消灭 消息·/消沉 消磨 消遣 消散 消逝 消长~zhǎng
萧 xiāo /萧 萧条
硝 xiāo 硝酸/硝 硝烟
销 xiāo 销 销售/销毁
箫 xiāo /箫
潇 xiāo /潇 潇洒
嚣 xiāo /嚣张
小 xiǎo 小 小儿 小伙子· 小姐~·jiě 小朋友 小说儿 小心~·xīn 小

型 小学生 小子· 小组/小便 小菜 小肠 小调~diào 小气· 小人 小数~shù 小雪 小夜曲

晓 xiǎo 晓得~·dé/晓

校 xiào 校 校长/校风 校舍~shè 校园

肖 xiào /肖 肖像

孝 xiào /孝 孝敬 孝顺 孝子

哮 xiào /哮喘

笑 xiào 笑 笑话· 笑话儿 笑容/笑脸

效 xiào 效 效率~lǜ 效应/效能 效验 效忠

啸 xiào /啸

些 xiē 些

楔 xiē /楔

歇 xiē 歇/歇脚

协 xié 协定 协商 协调~tiáo 协助/协 协和 协约 协奏曲

邪 xié 邪/邪恶~è

胁 xié /胁 胁迫

斜 xié 斜/斜面 斜坡

挟 xié /挟

偕 xié /偕

谐 xié /协调~tiáo

携 xié 携带/携 携手

鞋 xié 鞋

写 xiě 写 写作/写生 写实 写照 写字台

血 xiě 血(口)// 血块子 血晕~yùn(受伤后皮肤呈红紫色)

解 xiè 解//解数

契 Xiè //契(殷代先祖名)

泄 xiè 泄/泄露 泄漏

泻 xiè /泻

卸 xiè /卸

屑 xiè /屑

械 xiè /械 械斗

亵 xiè /亵渎~dú

谢 xiè 谢 谢谢·/谢绝

蟹 xiè 蟹

心 xīn 心 心里~·li 心灵 心事 心思· 心血~xuè 心脏/心不在焉 心肠 心得~dé 心悸~jì 心旷神怡 心切 心神 心声 心酸 心疼 心弦~xián 心眼儿 心愿

芯 xīn /芯

辛 xīn 辛勤/辛 辛酸

欣 xīn 欣赏/欣然 欣慰

锌 xīn 锌 // 锌版

新 xīn 新 新陈代谢 新式 新闻 新鲜~·xiān 新兴~xīng/新婚 新近 新年 新星 新学

薪 xīn /薪 薪金 薪水

信 xìn 信 信念 信任~rèn 信心/信奉 信使 信纸

兴 xīng 兴 兴奋 兴建/兴盛 兴衰

星 xīng 星 星星· 星云/星辰 星座

猩 xīng /猩猩·

腥 xīng /腥

行 xíng 行 行军 行李· 行人 行驶 行为~wéi 行星 行政 行走/行车 行进 行径 行装

刑 xíng 刑 刑罚 刑事/刑场 刑侦

邢 Xíng /邢

形 xíng 形 形成 形式 形状/形容词

型 xíng 型/型号

省 xǐng 省 // 省察 省亲 省视

醒 xǐng 醒/醒目 醒悟

兴 xìng 兴 兴趣/兴高采烈 兴致

杏 xìng /杏儿 杏仁

幸 xìng 幸福/幸 幸存 幸免 幸运

性 xìng 性 性别 性能 性情 性质 性状/性子·

姓 xìng 姓 姓名/姓氏

凶 xiōng 凶/凶残 凶恶~è 凶狠 凶猛 凶手

匈 xiōng /匈奴

汹 xiōng /汹涌

兄 xiōng 兄 兄弟(弟兄) 兄弟·(弟弟)

胸 xiōng 胸 胸脯~pú/胸骨~gǔ 胸襟 胸有成竹

雄 xióng 雄/雄辩 雄浑 雄蕊~ruǐ 雄心 雄性 雄壮 雄姿

熊 xióng 熊/熊猫

休 xiū 休眠 休息·/休 休假 休整

修 xiū 修 修辞 修建 修正/修长~cháng 修好~hǎo 修缮 修行~·xíng 修整

羞 xiū /羞 羞耻 羞怯~qiè 羞辱 羞

涩~sè
宿 xiǔ 宿 // 三天两宿
朽 xiǔ /朽
宿 xiù 宿 // 星宿
臭 xiù 臭 // 乳臭未干
秀 xiù /秀 秀才· 秀气·
袖 xiù 袖/袖珍 袖子·
绣 xiù 绣/绣花 // 绣球
锈 xiù /锈
嗅 xiù 嗅/嗅觉
戌 xū /戌
须 xū 须/须臾~yú 须知
虚 xū 虚/虚幻 虚拟 虚实 虚线 虚心
需 xū 需 需求 需要
嘘 xū /嘘
徐 xú 徐 // 徐缓 徐徐
许 xǔ 许 许可/许愿
畜 xù /畜牧
旭 xù /旭日
序 xù 序/序列 序曲~qǔ 序数~shù 序言
叙 xù 叙述/叙 叙事
绪 xù /绪
续 xù /续
婿 xù /婿
絮 xù /絮 // 絮叨~·dāo
蓄 xù /蓄 蓄电池 蓄积
宣 xuān 宣传 宣言/宣 宣称~chēng 宣誓 宣泄 宣战
喧 xuān /喧哗~huá 喧嚷 喧嚣
玄 xuán /玄
悬 xuán 悬/悬念 悬殊
旋 xuán 旋 旋律 旋转~zhuǎn/旋即 旋涡~wō
选 xuǎn 选 选拔 选手 选择/选民 选送 选种~zhǒng
癣 xuǎn /癣
旋 xuàn 旋/旋风 // 旋用 旋买
炫 xuàn /炫耀
绚 xuàn /绚丽
眩 xuàn /眩晕~yùn
渲 xuàn /渲染
削 xuē 削(文) 削弱/削减
靴 xuē /靴 靴子·
薛 xuē /薛
穴 xué 穴/穴位
学 xué 学 学生· 学问· 学院 学者 /学界 学龄 学年 学识~shí 学制
雪 xuě 雪 雪白/雪茄~jiā 雪片 雪山 雪线 雪原
血 xuè 血(文) 血管 血液/血迹 血泊~pō 血亲 血清 血色~sè 血压 血缘 血晕~yùn(产后失血过多而晕厥)
勋 xūn /勋章
熏 xūn /熏 熏陶
薰 xūn /薰
旬 xún /旬
寻 xún 寻 寻找/寻常 寻根 寻觅~mì
巡 xún /巡 巡警 巡视
询 xún 询问
循 xún 循环/循
训 xùn 训 训练/训斥
讯 xùn /讯 讯号
汛 xùn /汛 汛期
迅 xùn 迅速/迅 迅猛
驯 xùn /驯 驯服 驯化 驯鹿
逊 xùn /逊 逊色

Y

丫 yā /丫头·
压 yā 压 压迫 压强~qiáng 压缩 压抑 压制/压倒~dǎo
押 yā 押/押送 押韵
鸦 yā 鸦片
鸭 yā 鸭/鸭子·
牙 yá 牙 牙齿/牙刷 牙龈~yín
芽 yá 芽 // 芽眼
蚜 yá /蚜虫
崖 yá /崖
衙 yá /衙门·
哑 yǎ /哑 哑巴·
雅 yǎ /雅 雅致
压 yà // 压板 压根儿
轧 yà /轧 // 轧花机
亚 yà 亚/亚军 亚热带 // 亚洲
咽 yān 咽/咽喉

殷 yān /殷红
胭 yān /胭脂·
烟 yān 烟 烟囱~·cōng/烟尘 烟筒· 烟叶
焉 yān /焉
淹 yān /淹 淹没~mò
燕 Yān /燕 // 燕国
湮 yān /湮没
腌 yān /腌
延 yán 延长 延伸/延
严 yán 严 严峻 严肃 严重/严惩 严谨 严守 严正
言 yán 言 言论/言传 言辞
阎 Yán /阎
岩 yán 岩 岩石/岩层 岩浆
炎 yán 炎/炎热 炎症
沿 yán 沿/沿袭 沿线
研 yán 研究生 研制/研究员
盐 yán 盐 盐酸/盐场 盐分~fèn 盐田
筵 yán /筵席
颜 yán 颜色/颜 颜面
檐 yán /檐
俨 yǎn /俨然
衍 yǎn /衍
掩 yǎn /掩 掩蔽 掩饰 掩映
眼 yǎn 眼 眼睛· 眼神/眼睑~jiǎn 眼角~jiǎo 眼界 眼眶 眼圈 眼色~sè
演 yǎn 演 演变 演唱 演说 演绎~yì 演员 演奏/演进 演算
咽 yàn 咽 // 咽唾沫
燕 yàn /燕 燕麦 燕子·
厌 yàn 厌 厌恶~wù/厌烦 厌倦 厌世
砚 yàn /砚
艳 yàn /艳 艳丽
宴 yàn 宴会/宴 宴席
验 yàn 验 验证/验收
谚 yàn /谚语
堰 yàn /堰
雁 yàn /雁
焰 yàn /焰
央 yāng /央求
秧 yāng 秧/秧歌· 秧田
扬 yáng 扬/扬言
羊 yáng 羊/羊羔
阳 yáng 阳 阳光/阳性
杨 yáng 杨/杨柳 杨梅
佯 yáng /佯 // 佯装
洋 yáng 洋/洋葱 洋溢
仰 yǎng 仰/仰慕~mù
养 yǎng 养 养分 养殖/养病 养活· 养生
痒 yǎng /痒
氧 yǎng 氧 氧化
样 yàng 样 样本 样品 样式 样子·/样板
漾 yàng /漾 // 漾奶
夭 yāo /夭折
吆 yāo /吆喝·
妖 yāo /妖 妖怪~·guài 妖精·
约 yāo 约 // 约分量
要 yāo 要/要挟~xié
腰 yāo 腰/腰身
邀 yāo 邀请/邀
尧 Yáo /尧(传说中上古帝王名) // 尧都~dū
姚 Yáo /姚(姓)
窑 yáo /窑 窑洞
谣 yáo /谣言
摇 yáo 摇 摇晃~huàng/摇曳~yè
徭 yáo /徭役
遥 yáo 遥远/遥控 遥望
瑶 yáo /瑶
咬 yǎo 咬
舀 yǎo /舀
窈 yǎo /窈窕~tiǎo
要 yào 要 要紧 要素/要点 要好~hǎo 要件 要领 要人 要职
药 yào 药 药品/药材 药店 药水
钥 yào 钥匙·
耀 yào /耀 耀眼
咽 yē /呜咽 // 哽咽
耶 Yē 耶稣~sū
掖 yē /掖 // 掖在怀里
椰 yē /椰子·
噎 yē /噎
耶 yé /耶(书)
爷 yé 爷爷·
也 yě 也 也许

冶 yě　冶金　冶炼/冶
野 yě　野　野生/野菜　野心　野性
掖 yè　/掖 // 扶掖　奖掖
业 yè　业/业绩　业主
叶 yè　叶　叶片　叶子·/叶柄　叶绿素
页 yè　页 // 页面
曳 yè　/曳 // 曳光弹
夜 yè　夜　夜间　夜里~·lǐ/夜色~sè　夜市
液 yè　液/液晶
腋 yè　/腋
一 yī　一　一辈子·　一边　一定　一会儿　一块儿　一切~qiè　一时　一心　一再　一直/一筹莫展　一点儿　一帆风顺　一目了然　一瞥~piē　一瞬~shùn　一丝不苟
伊 yī　/伊 // 伊始
衣 yī　衣　衣服·　衣裳·/衣襟　衣衫　衣着~zhuó
医 yī　医　医生　医学　医院/医师　医治
依 yī　依　依次　依照/依存　依恋　依偎~wēi　依仗
仪 yí　仪　仪器　仪式/仪表
夷 yí　/夷 // 夷为平地
宜 yí　宜/宜人
贻 yí　/贻误
姨 yí　/姨　姨妈
胰 yí　/胰岛素　胰腺~xiàn
移 yí　移　移民　移植
遗 yí　遗　遗产　遗址/遗存　遗风　遗迹　遗失　遗言
疑 yí　疑　疑问/疑难~nán　疑心
尾 yǐ　// 马尾儿
乙 yǐ　乙
已 yǐ　已　已经~·jīng/已然
以 yǐ　以　以免　以为~wéi　以致
矣 yǐ　矣
蚁 yǐ　蚁
倚 yǐ　倚/倚靠
椅 yǐ　椅子·
亿 yì　亿
义 yì　义　义务/义气~·qì
艺 yì　艺　艺术家/艺人
忆 yì　/忆
议 yì　议　议论　议员/议程　议定　议决
屹 yì　/屹立
亦 yì　亦 // 亦步亦趋
异 yì　异　异常/异彩　异性　异族
抑 yì　抑制/抑　抑扬顿挫　抑郁
邑 yì　/邑
役 yì　役/役使
译 yì　译/译本
易 yì　易　易于
驿 yì　/驿站
疫 yì　/疫　疫苗
益 yì　益/益虫　益处~·chù
逸 yì　/逸 // 逸事
翌 yì　/翌日
意 yì　意　意见~·jiàn　意境　意识~·shí　意思·　意志/意愿　意蕴　意旨
溢 yì　/溢
毅 yì　毅然/毅力
熠 yì　/熠熠
臆 yì　/臆造
翼 yì　翼
殷 yīn　/殷　殷切　殷勤
因 yīn　因　因此　因地制宜　因素　因为~·wèi　因子/因袭
阴 yīn　阴　阴谋　阴影/阴沉　阴冷　阴霾~mái　阴森　阴险　阴云
音 yīn　音　音调~diào　音阶　音乐/音程　音色~sè　音讯　音译　音韵
姻 yīn　/姻缘 // 姻亲
吟 yín　/吟 // 吟咏
银 yín　银　银行/银杏　银圆　银子·
淫 yín　/淫　淫秽~huì
寅 yín　/寅 // 寅吃卯粮
尹 yǐn　/尹
引 yǐn　引　引进/引擎~qíng　引申　引文　引证
饮 yǐn　饮　饮食
隐 yǐn　隐　隐藏/隐没~mò　隐士　隐约
瘾 yǐn　/瘾 // 瘾头
饮 yìn　饮 // 饮牲口
印 yìn　印　印刷/印染　印行~xíng　印章　印证

荫 yìn　/荫庇
应 yīng　应　应当　应该/应届　应允
英 yīng　英　英雄/英俊　英明
婴 yīng　婴儿/婴
樱 yīng　/樱花　樱桃~·táo
鹦 yīng　/鹦鹉~wǔ
膺 yīng　/膺 // 义愤填膺
鹰 yīng　鹰
迎 yíng　迎　迎接/迎风　迎面　迎亲~qīn　迎战
荧 yíng　荧光屏/荧屏
盈 yíng　盈利/盈　盈余
萤 yíng　/萤 // 萤火虫
营 yíng　营　营业/营垒　营造
萦 yíng　/萦绕
蝇 yíng　/蝇 // 蝇头
赢 yíng　赢得/赢　赢利
影 yǐng　影　影片　影子·/影射　影院
应 yìng　应　应付~·fù　应用/应变　应酬·　应对　应急　应考　应邀　应战　应征
映 yìng　映/映照
硬 yìng　硬/硬币　硬件　硬性
拥 yōng　拥　拥有/拥戴
痈 yōng　/痈 // 痈疽
庸 yōng　/庸俗
壅 yōng　/壅
臃 yōng　/臃肿
永 yǒng　永　永恒　永远/永别　永生
甬 yǒng　/甬道
咏 yǒng　/咏　咏叹调
泳 yǒng　/泳
勇 yǒng　勇敢/勇　勇猛　勇士
涌 yǒng　涌　涌现
蛹 yǒng　/蛹
踊 yǒng　/踊跃
用 yòng　用　用处~·chù/用劲~jìn
佣 yòng　/佣金
优 yōu　优　优点　优势　优越　优质/优胜
忧 yōu　忧郁/忧　忧愁　忧伤
幽 yōu　幽默/幽静　幽深
悠 yōu　悠久/悠长　悠然　悠闲
尤 yóu　尤　尤其　尤为~wéi
由 yóu　由　由于/由衷
邮 yóu　邮票/邮　邮件　邮政
犹 yóu　犹　犹如　犹豫/犹疑
油 yóu　油　油田/油菜　油茶　油井　油轮　油门　油墨　油脂
铀 yóu　铀
游 yóu　游　游击队　游行~xíng/游乐~lè　游人　游子
友 yǒu　友　友好~hǎo　友人　友谊/友情
有 yǒu　有　有时　有限/有偿　有的放矢~dì~~　有心　有形
酉 yǒu　/酉
黝 yǒu　/黝黑
又 yòu　又
右 yòu　右　右边~·biān　右手/右面~·miàn　右倾
幼 yòu　幼　幼虫　幼年/幼儿园　幼稚
佑 yòu　/佑
柚 yòu　/柚子·
诱 yòu　诱导/诱　诱因
釉 yòu　/釉 // 釉质
迂 yū　/迂　迂回
淤 yū　/淤　淤积
于 yú　于　于是
予 yú　予(我) // 予取　予求
余 yú　余　余地/余额　余年
鱼 yú　鱼/鱼鳞
娱 yú　娱乐
俞 Yú　/俞
渔 yú　渔　渔业/渔场　渔村　渔民
隅 yú　/隅
逾 yú　/逾　逾期　逾越
愉 yú　愉快/愉悦
榆 yú　/榆
虞 yú　/虞 // 尔虞我诈
愚 yú　/愚　愚蠢　愚弄~nòng
舆 yú　舆论
予 yǔ　予　予以
与 yǔ　与　与其/与日俱增
宇 yǔ　宇宙~zhòu/宇航
羽 yǔ　羽　羽毛/羽绒
雨 yǔ　雨　雨水/雨点儿　雨伞
禹 Yǔ　/禹
语 yǔ　语　语文　语言　语音/语词　语调~diào　语重心长

与 yù　/与会 // 与闻
玉 yù　玉　玉米
郁 yù　/郁　郁闷
育 yù　育　育种~zhǒng/育才
狱 yù　/狱
浴 yù　/浴　浴场　浴室
预 yù　预测　预定　预算　预先/预示　预约　预兆
域 yù　域
欲 yù　欲　欲望/欲念
谕 yù　/谕
遇 yù　遇　遇见/遇难
喻 yù　/喻
御 yù　/御 // 御寒　御用
寓 yù　/寓　寓所　寓言
愈 yù　愈/愈加　愈益
誉 yù　/誉 // 誉满全球
豫 yù　/豫 // 豫剧
鸳 yuān　/鸳鸯~·yāng
冤 yuān　/冤　冤枉·
渊 yuān　/渊　渊博　渊源
元 yuán　元　元素/元件　元首　元音　元月
园 yuán　园/园丁　园林
员 yuán　员/员工
垣 yuán　/垣 // 城垣
袁 Yuán　袁(姓)
原 yuán　原　原材料　原始　原先　原因　原子/原本　原形　原野　原状　原作
圆 yuán　圆　圆心/圆场　圆圈　圆润　圆舞曲　圆锥
援 yuán　援助/援　援兵
缘 yuán　缘　缘故/缘由
猿 yuán　/猿　猿人
源 yuán　源　源泉/源头
远 yuǎn　远　远方/远程　远见　远近　远景　远征
苑 yuàn　/苑 // 文苑
怨 yuàn　怨/怨恨　怨言
院 yuàn　院　院子·/院士
愿 yuàn　愿　愿望　愿意~·yì
约 yuē　约　约束/约定
曰 yuē　曰
乐 yuè　乐　乐曲~qǔ/乐师　乐音　乐章
月 yuè　月　月初　月份　月亮·/月饼·　月季~·jì　月色~sè　月食　月夜
岳 yuè　/岳　岳父　岳母
阅 yuè　阅读/阅　阅兵
悦 yuè　/悦　悦耳
跃 yuè　跃 // 跃跃欲试
越 yuè　越　越冬　越过/越轨
粤 yuè　粤
晕 yūn　/晕 // 晕倒　晕头转向
云 yún　云/云彩·　云层
匀 yún　匀/匀称~·chèn
允 yǔn　允许/允
陨 yǔn　/陨石
晕 yùn　/晕 // 晕场　晕车
孕 yùn　/孕　孕育
运 yùn　运　运动员　运输　运算　运行　运转~zhuǎn/运筹　运气·　运载
酝 yùn　/酝酿
韵 yùn　韵/韵律　韵味
蕴 yùn　蕴藏/蕴　蕴涵

Z

咂 zā　/咂 // 咂嘴
扎 zā　扎 // 扎彩　扎裤脚
杂 zá　杂　杂志/杂事　杂文　杂音
砸 zá　砸 // 砸饭碗
灾 zāi　灾难/灾　灾民　灾情
哉 zāi　/哉
栽 zāi　栽　栽培/栽种
载 zǎi　// 载　登载　千载难逢
宰 zǎi　/宰　宰割　宰相
崽 zǎi　/崽 // 崽子
载 zài　载/载体　载重
再 zài　再　再现/再婚　再造
在 zài　在　在场/在行~háng　在乎·　在世　在意~yì　在职　在座
咱 zán　咱　咱们·
攒 zǎn　/攒 // 攒钱
暂 zàn　暂　暂时/暂且　暂行
赞 zàn　赞成/赞　赞赏　赞颂　赞助
脏 zāng　脏 // 脏话　脏土
藏 zàng　西藏
脏 zàng　脏/脏腑~fǔ

葬 zàng　葬/葬身　葬送
遭 zāo　遭　遭受　遭遇/遭殃~yāng
糟 zāo　糟/糟粕~pò　糟蹋~·tà
凿 záo　/凿 // 凿井
早 zǎo　早　早晨~·chén　早上·/早春　早点　早婚　早熟~shú
枣 zǎo　/枣
澡 zǎo　/澡 // 澡堂
藻 zǎo　藻
灶 zào　灶
造 zào　造　造型/造诣~yì
噪 zào　/噪　噪声　噪音
燥 zào　/燥 // 燥热
躁 zào　/躁 // 躁动
则 zé　则 // 准则
责 zé　责　责任感/责成　责令　责难~nàn　责问
择 zé　/择　择优
泽 zé　/泽
啧 zé　/啧啧
仄 zè　/仄 // 仄声
贼 zéi　贼
怎 zěn　怎　怎么~me　怎么样
曾 zēng　曾 // 曾孙　曾祖母
增 zēng　增　增产　增进　增添　增长/增生　增援
憎 zēng　/憎　憎恨　憎恶~wù
赠 zèng　/赠　赠送
扎 zhā　扎/扎根　扎实·
查 Zhā　// 查(姓)
渣 zhā　/渣滓~·zǐ
轧 zhá　/轧 // 轧钢
扎 zhá　// 挣扎
闸 zhá　/闸　闸门
铡 zhá　/铡 // 铡刀
眨 zhǎ　眨/眨巴·　眨眼
炸 zhá　炸 // 炸油条
炸 zhà　炸　炸弹/炸药
乍 zhà　/乍 // 乍冷　乍热
诈 zhà　/诈　诈骗
栅 zhà　/栅栏·
蚱 zhà　/蚱蜢~měng
榨 zhà　/榨　榨取
斋 zhāi　/斋 // 斋戒
摘 zhāi　摘/摘除
择 zhái　/择菜
宅 zhái　/宅　宅子·
窄 zhǎi　窄
债 zhài　债/债券
寨 zhài　寨/寨子·
占 zhān　占/占卜~bǔ
沾 zhān　沾/沾染
毡 zhān　/毡 // 毡房
粘 zhān　粘/粘连
瞻 zhān　/瞻　瞻仰
斩 zhǎn　/斩 // 斩草除根　斩钉截铁
盏 zhǎn　盏 // 一盏灯
展 zhǎn　展　展示　展现/展翅
崭 zhǎn　崭新
辗 zhǎn　/辗转
颤 zhàn　/颤栗(同“战栗”)
占 zhàn　占　占领
战 zhàn　战　战场　战略　战胜　战线　战争/战绩　战事
站 zhàn　站/站岗　站台
蘸 zhàn　/蘸 // 蘸笔
张 zhāng　张/张罗·　张贴
章 zhāng　章　章程/章节
樟 zhāng　/樟脑
长 zhǎng　长　长官/长辈　长相~xiàng　长者
涨 zhǎng　涨/涨潮
掌 zhǎng　掌　掌握/掌舵　掌权　掌心
涨 zhàng　涨 // 头昏脑涨
丈 zhàng　丈　丈夫·/丈量~liáng　丈人·
仗 zhàng　仗 // 仗胆　仗义　执言
杖 zhàng　/杖 // 拐杖
帐 zhàng　帐　帐篷·/帐子·
账 zhàng　账/账本
胀 zhàng　胀 // 膨胀
障 zhàng　障碍/障
朝 zhāo　朝/朝气　朝霞　朝阳
招 zhāo　招　招呼·　招生/招徕~lái　招牌·招聘　招致
昭 zhāo　/昭 // 昭然
着 zhāo　着 // 着数
着 zháo　着　着急/着火　着迷
爪 zhǎo　/爪　爪牙
找 zhǎo　找/找寻

沼 zhǎo　/沼气　沼泽
召 zhào　召集　召开/召　召唤　召见
兆 zhào　/兆 // 兆头
赵 Zhào　赵
诏 zhào　/诏　诏书
照 zhào　照　照顾~·gù　照明　照片　照射　照相机/照常　照看~kàn　照应~·yìng
罩 zhào　/罩 // 罩衫
肇 zhào　/肇事
折 zhē　/折腾· // 折跟头·
遮 zhē　遮/遮蔽　遮掩
折 zhé　折　折磨~·mó　折射/折叠　折算　折中
哲 zhé　哲学/哲　哲人
辙 zhé　/辙 // 辙口　车辙
者 zhě　者
褶 zhě　/褶　褶皱~zhòu
这 zhè　这　这个·　这里~·lǐ　这么~me　这些
浙 Zhè　/浙(地名) // 浙江
蔗 zhè　/蔗　蔗糖
着 zhe　// 看着
贞 zhēn　/贞　贞操
针 zhēn　针　针灸~jiǔ/针头
侦 zhēn　侦察/侦破
珍 zhēn　珍珠/珍　珍藏~cáng　珍品　珍视　珍重~zhòng
真 zhēn　真　真诚　真实　真正/真迹　真菌　真切~qiè　真情　真丝　真心　真挚
砧 zhēn　/砧
斟 zhēn　/斟　斟酌
臻 zhēn　/臻
诊 zhěn　诊断/诊　诊所　诊治
枕 zhěn　枕头·/枕
阵 zhèn　阵/阵势~·shì　阵线　阵营
振 zhèn　振　振奋　振兴~xīng/振作
朕 zhèn　/朕
震 zhèn　震　震惊/震颤~chàn　震耳欲聋　震撼~hàn
镇 zhèn　镇　镇压/镇定　镇守
正 zhēng　/正月
争 zhēng　争　争论/争辩　争吵　争鸣　争执
征 zhēng　征　征收/征文　征询　征兆
挣 zhēng　挣 // 挣扎~zhá
睁 zhēng　睁 // 睁眼瞎
症 zhēng　/症结
蒸 zhēng　蒸/蒸馏水~liú~　蒸腾
拯 zhěng　/拯救
整 zhěng　整　整顿/整编　整风　整洁　整数~shù　整形　整治
正 zhèng　正　正常　正当~dāng　正当~dàng　正面　正确　正式　正在/正门　正中~zhōng　正宗
挣 zhèng　挣 // 挣命　挣钱　挣脱
症 zhèng　症　症状
证 zhèng　证　证明　证实/证件　证券　证人~·rén
郑 zhèng　郑/郑重
政 zhèng　政　政策　政权　政治/政变　政界　政论　政事
之 zhī　之　之前
支 zhī　支　支撑　支持　支援/支柱
只 zhī　只/只身
汁 zhī　汁/汁液
枝 zhī　枝　枝条　枝叶
芝 zhī　/芝麻·
知 zhī　知　知道~·dào　知觉~jué　知识·/知了~·liǎo　知情　知心
肢 zhī　肢/肢体
织 zhī　织/织物
脂 zhī　脂肪~fáng/脂　脂粉
执 zhí　执行~xíng/执　执拗~niù　执勤　执政　执着~zhuó
直 zhí　直　直角~jiǎo　直接　直径　直觉~jué　直线　直至/直播　直肠　直率~shuài
侄 zhí　/侄　侄女~·nǚ　侄子·
值 zhí　值　值得~·dé/值勤　值日
职 zhí　职　职能　职权　职业　职员　职责/职称~chēng
植 zhí　植　植物　植株/植被
殖 zhí　殖　殖民地
只 zhǐ　只　只得　只是
止 zhǐ　止/止步
旨 zhǐ　/旨　旨意
址 zhǐ　/址

纸 zhǐ 纸/纸浆 纸烟 纸张
指 zhǐ 指 指导~dǎo 指定 指数~shù 指责/指点 指甲· 指头· 指纹 指引 指针
趾 zhǐ /趾 // 趾高气扬
识 zhì // 款识 标识
至 zhì 至 至此 至今/至上
志 zhì 志/志愿军
帜 zhì /帜 // 旗帜
制 zhì 制 制定 制品 制约 制造 制止/制裁
质 zhì 质 质变 质子/质朴 质问
炙 zhì /炙 // 炙热 炙手可热
治 zhì 治/治水 治学
桎 zhì /桎梏~gù
致 zhì 致 致使/致敬 致死
秩 zhì 秩序
掷 zhì /掷 // 掷地有声
窒 zhì /窒息
智 zhì 智 智能
滞 zhì 滞/滞销
置 zhì 置/置换 置身
稚 zhì /稚 稚嫩 稚气
殖 zhi // 骨殖
中 zhōng 中 中间 中枢 中心 中性 中学 中旬 中叶 中原 中子/中层 中文 中转~zhuǎn
忠 zhōng 忠诚 忠实/忠 忠贞
终 zhōng 终 终身/终点 终结 终了~liǎo 终生 终止
盅 zhōng /盅 // 盅子
钟 zhōng 钟 钟头/钟点
衷 zhōng /衷心
肿 zhǒng 肿 肿瘤/肿胀
种 zhǒng 种 种群 种子· 种族/种姓
冢 zhǒng /冢 // 荒冢
中 zhòng 中 中毒/中风 中肯 中意
种 zhòng 种 种植/种田
重 zhòng 重 重点 重量~liàng 重视/重兵 重担~dàn 重金 重任~rèn 重伤
仲 zhòng /仲 仲裁
众 zhòng 众 众人/众生
舟 zhōu /舟
州 zhōu 州
周 zhōu 周 周年 周转~zhuǎn/周而复始 周末 周身 周岁 周旋~xuán 周延 周折~zhé
洲 zhōu /洲 // 洲际导弹
粥 zhōu /粥 // 粥少僧多
轴 zhóu 轴/轴线
肘 zhǒu /肘 // 肘窝
轴 zhòu // 压轴戏
咒 zhòu /咒 咒骂
昼 zhòu 昼夜/昼
皱 zhòu 皱/皱纹
骤 zhòu /骤 骤然
朱 zhū 朱 // 朱红 朱砂
诛 zhū /诛 // 诛戮
珠 zhū 珠/珠宝 珠子·
株 zhū 株/株连
诸 zhū 诸 诸如/诸侯 诸如此类
猪 zhū 猪
蛛 zhū /蛛网
竹 zhú 竹/竹笋~sǔn 竹子·
逐 zhú 逐 逐年
烛 zhú /烛 // 烛花 烛泪
属 zhǔ 属 // 属望 属意
主 zhǔ 主 主编 主持 主导~dǎo 主权 主人 主意· 主张/主次 主峰 主干~gàn 主根 主见 主将~jiàng 主角~jué 主食 主演 主旨 主子·
煮 zhǔ 煮
拄 zhǔ /拄 // 拄 拐棍
嘱 zhǔ 嘱咐~·fù/嘱 嘱托
瞩 zhǔ /瞩目
伫 zhù /伫立
助 zhù 助 助手/助教 助长~zhǎng
住 zhù 住 住宅/住处~·chù 住宿~sù 住院
贮 zhù 贮藏~cáng 贮存/贮
注 zhù 注 注射 注重~zhòng/注册 注定 注解 注音
驻 zhù 驻/驻军 驻守 驻扎~zhā
柱 zhù 柱/柱子·
祝 zhù 祝/祝愿
著 zhù 著 著名 著作/著称 著述 著者
蛀 zhù /蛀 // 蛀虫

铸 zhù /铸 铸造
筑 zhù 筑 // 筑堤~dī
抓 zhuā 抓 抓紧/抓获
爪 zhuǎ /爪 爪子·
拽 zhuài /拽 // 生拉硬拽
专 zhuān 专 专门 专业 专政/专长 专程 专横~hèng 专心 专员
砖 zhuān 砖/砖头
转 zhuǎn 转 转变 转身/转播 转产 转瞬~shùn 转业 转运 转折~zhé
传 zhuàn 传/传记
转 zhuàn 转/转速 转悠· 转轴
赚 zhuàn 赚
撰 zhuàn /撰 撰写
篆 zhuàn /篆 篆刻
妆 zhuāng /妆 // 妆奁~lián
庄 zhuāng 庄 庄稼· 庄严/庄园 庄重 庄子·
桩 zhuāng 桩
装 zhuāng 装 装饰 装置/装点 装卸 装运 装载~zài
幢 zhuàng 幢(量词)
壮 zhuàng 壮/壮丁 壮烈 壮年 壮实· 壮志
状 zhuàng 状 状况 状态/状元·
撞 zhuàng 撞/撞击
追 zhuī 追 追逐/追查 追溯~sù 追问 追寻 追踪
椎 zhuī /椎 // 椎骨 椎间盘
锥 zhuī /锥 锥子·
坠 zhuì /坠 坠落
缀 zhuì /缀
赘 zhuì /赘 赘述
准 zhǔn 准 准确 准则/准绳
拙 zhuō /拙 // 拙劣
捉 zhuō 捉/捉拿
桌 zhuō 桌 桌子·
着 zhuó 着 着手 着重/着眼
著 zhuó // 衣著(着)
灼 zhuó /灼 灼热
茁 zhuó /茁壮
卓 zhuó 卓越/卓 卓著
浊 zhuó /浊 // 浊流
酌 zhuó /酌 // 酌情
啄 zhuó 啄木鸟/啄
琢 zhuó 琢磨~mó(加工)
咨 zī 咨询
姿 zī 姿势 姿态/姿
兹 zī /兹
资 zī 资 资本 资产 资格~·gé 资金 资源/资财 资助
滋 zī 滋味/滋 滋润 滋生 滋长~zhǎng
子 zǐ 子 子弹 子女 子孙
仔 zǐ 仔细
姊 zǐ 姊妹
籽 zǐ /籽
紫 zǐ 紫/紫菜 紫外线
自 zì 自 自称 自从 自觉~jué 自力更生 自身 自信 自行~xíng 自愿 自在 自在·(悠闲) 自治区 自转~zhuàn/自给~jǐ 自始至终 自私 自学 自以为是 自重~zhòng 自传~zhuàn 自尊
字 zì 字/字典 字号· 字迹 字形 字音
渍 zì /渍 // 浸渍
宗 zōng 宗 宗教 宗旨/宗室
综 zōng 综合
棕 zōng /棕 棕榈 棕色
踪 zōng /踪 踪迹 踪影
鬃 zōng /鬃 // 鬃刷
总 zǒng 总 总结 总数~shù 总算 总之/总称~chēng 总得~děi
纵 zòng 纵/纵横 纵深
粽 zòng /粽子·
走 zǒu 走 走廊 走向/走私
奏 zòu 奏/奏鸣曲 奏章
揍 zòu /揍 // 揍人
租 zū 租 租界/租赁~lìn
足 zú 足/足迹 足见
卒 zú /卒 // 卒岁
族 zú 族
诅 zǔ /诅咒
阻 zǔ 阻 阻止/阻挠~náo 阻塞~sè
组 zǔ 组 组合 组织/组建 组装
祖 zǔ 祖 祖先 祖宗·/祖传
钻 zuān 钻 钻研/钻探
钻 zuàn 钻/钻石 钻头

攥 zuàn　/攥 // 攥紧拳头
嘴 zuǐ　嘴　嘴巴·　嘴唇/嘴脸
最 zuì　最　最初　最近　最为~wéi　最终
罪 zuì　罪　罪恶~è　罪行~xíng/罪孽~niè　罪人　罪证　罪状
醉 zuì　醉/醉人　醉心
尊 zūn　尊　尊敬　尊严　尊重~zhòng/尊称~chēng
遵 zūn　遵守　遵循/遵　遵从　遵照
作 zuō　/作坊·
琢 zuó　琢磨·(思索)
昨 zuó　昨天
撮 zuǒ　撮(量词)// 一撮毛
左 zuǒ　左　左边~·biān　左手/左面~·miàn　左倾
佐 zuǒ　/佐 // 佐证
作 zuò　作　作风~fēng　作品　作业　作战/作恶~è　作祟~suì　作文
坐 zuò　坐　坐标/坐落　坐镇
座 zuò　座　座位~·wèi/座舱
做 zuò　做　做梦/做人　做声　做主

第三章 朗读短文

第一节 朗读短文的基本要求

朗读，顾名思义，就是放声地读，是把文字记载的故事或者道理响亮地读出来。朗读是人们学习、工作、生活中常用的一种语言技能。一个人要学习一种语言，就得反复朗读那种语言的词句篇章；想深入品味、全面鉴赏一篇作品，常常要朗读；要面对公众阐明观点、表明态度、抒发感情，往往需要宣读，也离不开朗读技能。

当然，以学习为目的的朗读和以表达为目的的朗读，有较大的差异。用于学习的朗读，要语音正确、语句流畅、语调自然，重在强化记忆，培养语感；用于表达的朗读，则侧重于表述准确，情感适宜，要唤起听众的共识和共鸣，这也可以称之为朗诵。无论哪种朗读，其共性的本质特征是要把诉诸视觉的文字材料（书面语）转化为诉诸听觉的语音形象（口语）。

在普通话水平测试中，朗读短文是测查应试人使用普通话朗读书面作品的能力和水平的项目。普通话水平测试项目的顺序编排得十分科学，在读单音节字词、多音节词语之后，进行短文朗读测试，正是一个由音节到语流、由局部到整体、由静态到动态的循序渐进的过程。这样既符合人们认识事物的一般规律，又符合人们训练技能的一般规律。朗读的检测目的是在测查应试人声母、韵母、声调标准程度的同时，重点测查语流音变、停连、语调以及流畅程度。对大多数参加测试者而言，只要达到朗读的标准即可，不必过分追求情感的表达及感染力。

普通话水平测试的短文朗读，具有展示学习普通话成果和表达优秀作品的双重属性，既检测应试人的普通话水平，又检测应试人运用普通话进行朗读的能力。一般说来，有以下几点基本要求。

一、语音准确规范

语音准确规范是朗读短文最基本的要求。和朗读单音节字词、双音节词语相比，其要求从量到质都发生了变化。一篇短文有 400 多字，不仅要读准每个字的声韵调，和第一项测试的要求相同；还要根据语流音变的规律，读好应该变音的音节，和第二项测试增加的要求相同；还得准确把握句子的语气语调，处理好停连抑扬和徐疾轻重，把短文读得语速得当、流利顺畅。

要读好在连读时应该音变的音节，首先要根据语流音变规律，确认哪些音节发生音变。确认的基本方法是：根据语义和结构以词或短语为单位把每个句子分析开，在词或短语内部看音节间的相互影响，判断哪些音节发生音变，应该如何改变；再依照改变后的读音把全句完整地读出来，反复练习，直到流畅为止。要特别注意“的、地、得”，它们作为助词必须读轻声，不能读本调。

要准确把握句子的语气语调，需要对它们有一个基本的认识。

语气是句子的本质属性之一，短语甚至词加上特定的语气就成了句子。众所周知，人们依不同的语气把句子分为陈述句、疑问句、感叹句和祈使句四种。从表义的层面看，陈述句是要告诉别人一种事物情况；疑问句是提出疑问请求回答；感叹句是表达一种强烈的情感；祈使句是请求或命令别人做什么。从语音形式层面看，四种句子都有自己特定的语气语调。

语气的主要表现形式是语调，辅助手段是使用语气词。一般来说，语调是说话时句子的腔调，就是贯穿于全句的抑扬顿挫等语音形式。语调的构成很复杂，一般认为是由音高、音长、音强综合而成，其主要表达形式是停顿、重音和句调。陈述语调的主要特征是平直舒缓，没有强调的重音和停顿；疑问语调的主要特征是句末上扬，在表疑问或反问的词语上重读或在词语后伴有停顿；感叹语调的主要特征是句末下抑，把表强调的词语重读；祈使句如果是请求的语调和陈述句相当，如果是命令的语调和感叹句相当。当然，这些仅仅是一个基础模式，朗读中在此基础上的变化是丰富多彩的，要通过气息、声带和口腔状态来控制，产生多种多样的声音状态，不应该用一种语调模式处理同一语气的所有句子。

语气词是依附在句尾（有时在句中停顿前）帮助句子表达语气的，主要有“的、了、吗、呢、啊、吧”等，分别表达不同的语气和口气，要根据句子的语气和口气处理读音的轻重长短。我们以“阿诺德很快就从集市上回来了”（作品 2 号）为例，对字音、语调应该怎样分析处理，做些简要说明。

就字音而言，有 5 个字值得注意：“阿”是多音字，此处是外国人名音译，可以读为 ā；“很”的本调是上声，和去声“快”结合紧密，受“快”影响调值变为“半上”；方位词“上”，趋向动词“来”，兼表动态和语气的“了”，均应读作轻声。

就语调而言，这句话旨在告诉读者一种事物情况，是陈述语气，语调宜平直舒缓。尽管如此，句中仍有 3 处可以安排短暂的停顿，有 4 个词语可以重读，表示语义的强调之点。选择不同的停顿处和不同重读词语，使之相呼应配合，就有了不同的句意重点和相应的语调。

阿诺德/很快/就从集市上/回来了。（划/处均可短暂停顿，加着重号词语可重读。）

搭配一：阿诺德/很快就从集市上回来了。（强调不是别人）

搭配二：阿诺德/很快/就从集市上回来了。（强调行动快）

搭配三：阿诺德很快就/从集市上回来了。（强调处所）

搭配四：阿诺德很快就从集市上/回来了。（强调返回）

到底在什么地方安排停顿，停顿多久，哪些词语应该重读，重到什么程度等等，都由朗读者根据表达需要自己分析处理。就这个句子自身的意义和它在短文中的地位和作用来看，不妨把停顿和重读处理成搭配二：阿诺德/很快/就从集市上回来了。

至于如何把短文读得声情并茂，还得看对短文的理解程度和表现能力了。

二、正确理解作品

朗读作品又一个最基本的要求是准确和自然流畅。要满足这个要求，就需要朗读者正确理解作品的含义，全面掌握作品表达的意思。

朗读作品，主要是代表作者表达思想感情，然后才能掺入朗读者的体验和情绪。所以，在朗读作品之前，朗读者首先要分辨作品人称，找准应有的观察位置和讲述角度；其次要分辨作品体裁，把握时间、地点、人物、事情的起因、经过、结果或基本观点和主要论据，选择讲述语言的格调；接着理出短文梗概、脉络和高潮，从整体上把握轻重缓急，抑扬顿挫；还要抓准作者的写作目的、意图和主要手法，力争用声音技巧表现出来。

普通话水平测试的朗读作品一共60篇，每篇是400多字的短文或片段。其中44篇记叙文，16篇论说文。记人、记事、写景、状物的记叙文都写得朴实自然、清秀淡雅、情趣盎然、寓意深长；即使是论说文也是轻巧地提出论点，巧妙地展开论述，文中充满了哲理性和抒情色彩。朗读时，在语言的把握上要准确、朴实、自然，运用规范的生活化的语言，声音和气息要轻松自如，不需要大起大落的情感起伏，以适应朴实中现真情、平淡中寓隽永的格调。

另外，朗读中还要注意避免读破句、念经式朗读等错误。读破句通常有割裂词语和停顿过多两种表现。

有的人为了读准字音，逐字读文，这样就割裂了词语，破坏了词语意义和文章结构的整体性，就是“割裂词语”；而在不该停顿的地方停顿，切断语势和意念勾连，便会给人造成停顿偏多的感觉，给人留下断断续续的印象，这种现象称为“停顿过多”。

念经式朗读又称“读书腔”。“读书腔”有两个明显的特点：一是语调的高、低、升、降和曲折度不够，听起来整体在一个高度上；二是句尾、词尾甚至字尾有明显的拖音，严重的像“唱书”一样，这和朗读是截然不同的两码事。

出现这两种问题，主要是由于普通话不熟练和对所朗读的内容不熟悉，没有正确理解。所以要想将作品朗读得自然流畅不出错，就应当先熟悉作品内容，正确理解作品含义，根据作品的内容、体裁选择合适的语速和节奏，正确表达作品的意思。如果能够把握朗读的基调以及风格，就有了读得自然流畅的基础，有了打动人心的基线。

三、掌握朗读技巧

朗读，就是要把书面语言转化为有声语言，用声音形象再现作品的思想感情，所以需要适当运用一些朗读技巧。朗读技巧主要表现为语言风格的选择和语音的技术处理。

语言风格是丰富多样的，有的庄重典雅，有的平实自然，有的诙谐幽默，有的尖锐辛辣，有的深刻隽永，有的轻松活泼，有的慷慨激越等等，可以根据作品的内容和形式适当地做出选择。但它们都建筑在一个共同的平台上，那就是规范的生活化的语言。所谓生活化是让书面语回归生活，回归自然，像平时讲话交谈那样，让思想情感自然流淌，不故弄玄虚，不矫揉造作。所谓规范是要充分表现书面语的严谨规整，使语句意义和结构严密完整，语气和语调完备顺畅，不读破句子，不重复跳脱。在此基础上选择适当的语言风格，这就可以说是确定了朗读的基调了。

重音、停连和节奏是语言表达的方法和技巧，是表现语气的基本依托，是表现作者情感、体现文章主题的重要手段，是对语音进行技术处理的侧重点。虽然重音、停连和节奏应因文而异，但也应当遵守一些一般性的原则。

重音确定的原则是少而精、主次明，不要一个劲儿地重读。突出重音的方法要多样化，不要一味地提高嗓门，加大音量。

停连，实际是恰当地安排停顿。停顿是语流的间歇，是语流不可或缺的成分，可借以换气，也能显示语意、抒发感情，有时甚至能起到“此时无声胜有声”的作用。朗读短文时，在什么地方停顿、停顿多长时间是必须解决的问题。口语中明显的较大停顿，在现代书面语中都使用了标点，按照作品中标点符号的位置和样式，就可以安排停顿和语气，基本回归口语的本来状态；口语句子内的小停顿，书面语没有使用标点，则需要根据句子的结构和表达的需要酌情安排，像例句“阿诺德很快就从集市上回来了”那样。要使停顿和连接相互配合、相互补充，为文章的组织结构、起承转合等发挥作用，才能做到停连有致，发挥有声语言所具有的张弛跌宕，错落呼应，引人回味想象的优势，收到以声动人、以情感人的效果。

朗读的节奏是声音轻重徐疾、起伏顿挫的集中表现，是全篇情感波澜的又一种表现形式，要服从并服务于全篇的基调。调整节奏有一些常用的方法，如：欲扬先抑，欲快先慢，欲重先轻，加强对比等等，巧妙地运用这些方法，在各种文体的朗读中都可以发挥作用。

在朗读时，语音表达的各种方法综合地体现在有声语言中，要在作品思想感情的统领下，互相融合，紧密配合，忠实地为作品的思想内容服务。单纯地为显示技巧的朗读，哪怕只是一句，也是要不得的。

朗读是一种技能，要靠长期的训练和实践才能达到一定的水平。朗读练习不可纸上谈兵，也没有捷径可走，多听、多练、多实践是唯一的方法。多听示范朗读作品可以提高朗读技巧，愿大家平时就注意培养朗读能力，使它成为您工作、学习、生活中的有力帮手。

第二节　朗读短文应注意的问题

普通话水平测试的朗读材料是由国家语委组织专家精选的名家的典范作品，共 60 篇，未列篇名，依序号编排，依次为作品 1 号~作品 60 号。

测试时，应试人要读的作品由主试人指定，虽然有短暂的准备时间，但在短短的时间内，既要熟悉作品，又要分析作品，还得设计朗读方案，预先进行练习，要是遇上生僻字，还得查阅工具书，时间肯定不够。所以应试人最好事先把 60 篇作品都认真阅读几遍，扫除文字障碍，分辨音变音节，并进行练习，检验朗读效果。这样做，既能做到有备无患，不至于临阵发慌；还可以借此训练朗读技巧，提高朗读水平，培养朗读能力；更可以在朗读中陶冶情操，提高语言和文学素养。这样一举三得的好事，何乐而不为呢？具体来说，以下几个问题值得在准备朗读时注意。

一、读准音节

朗读作为普通话水平测试的项目之一，当然要检测应试人的语音标准和熟练程度，所以尽量避免读错字音，避免方音影响，读好轻声、儿化、连读变调和语气词“啊”的音变等。这些问题，是前两项测试的重点，也是朗读短文需要首先注意的问题，这里不再赘述。需要提醒的是多音多义字和异读词问题。

众所周知，多音多义字的读音随着意义和使用的不同而改变。“脉络、脉搏、脉冲”等词中的“脉”读为 mài，“含情脉脉”中的“脉”却要读为 mò；“提高、提倡、提出”等词中的“提”读为 tí，“提防”中的“提”却要读为 dī。在 60 篇作品中，这样的多音多义字有近百个，其中出现不同读音的近 40 个。如“累”，在“荷花朵朵已变为莲蓬累累”（作品 24 号）中，注音是 léi；在“这位比谁都感到受自己的声名所累的伟人”（作品 35 号）和“以免受人事的干扰和盛名的拖累”（作品 43 号）中，注音却是 lěi，都不是经常读的 lèi。遇到这样的字，大家可以参阅作品的语音提示或查阅《普通话水平测试用词语表》（山西版），了解它们该读什么音，以免误读。

异读词是指在意义没有根本变化的情况下却存在不同读音的词，这些不同读音是由文白异读、方音异读、讹误异读、多音多义等原因造成的，其中大量的是文白异读。这种现象既影响语音规范，妨碍语言交流，又增加人们认记的负担。所以，中华人民共和国成立后国家语言文字工作部门十分关注异读词的审音工作，于 1957 年、1959 年至 1962 年，先后发表了《普通话异读词审音表初稿》正编、续编和三编，1963 年公布了《普通话异读词三次审音总表初稿》。从 1982 年起，在总结 20 多年实际应用经验的基础上，对总表初稿进行了审音修订，于 1985 年 12 月，由国家语委、国家教委和广电部联合发布了《普通话异读词审音表》，继承了 1963 年发布的《普通话异读词三次审音总表初稿》的成果，重新审订了某些读音。到目前为止，它是关于异读词读音规范的法定标准，是我们规范异读词读音的主要依据。

《普通话异读词审音表》规范了异读词的读音，一些词定为“统读”取消了异读；保留异读的明确了异读的条件。如“血”就保留了异读，它在作品 11 号中出现 4 次：“往往人到异国，思念家乡，心怀故国，这国家的概念就变得有血（xiě）有肉”，“一种血（xuè）缘情感开始在全身的血（xuè）管里燃烧起来，而且立刻热血（xuè）沸腾。”一次是白读音 xiě，三次是文读音 xuè。根据《普通话异读词审音表》，它单独成词时念白读音 xiě，和别的字组合成词时念文读音 xuè。遇到这样的异读词，朗读作品都随文加注了拼音。大家也可以查阅《普通话异读词审音表》，明确规范，避免误读。

二、注意轻重音格式

朗读时，许多双音节词都不能把字音简单地加在一起，否则会觉得生硬、不自然，原因是没有意识到或注意到它的轻重音格式。在普通话中双音词占绝大多数，它们往往有相对定型的轻重音格式，如果我们把音节的轻重程度分为重、中、次轻、轻四等的话，多数词的格式是中·重，如：山歌、违约、熄灯、鲜红、人民、安排、明显、轻巧、排挤、法律、博大、敌视等；一部分词的格式是重·次轻，如：物产、春天、读物、纪律、错误等，这一类词语的后一个音节读音不大稳定，其中有的可以读成重·轻格式，如：牌坊、聪明、琵琶、通融等；还有一部分词的格式是重·轻，如：巴掌、动静、答应、嫁妆、咳嗽等，这部分词可以依据《普通话水平测试用必读轻声词语表》认定。三种格式中，比较难把握的是第二种。有些学习普通话的人，起初对双音词的轻重音格式并不敏感，待到意识到轻重音格式后，又常常更多地关注第一种和第三种，忽略了重·次轻格式，所以普通话说得不够地道，听起来不够悦耳。关于重·次轻格式的词，宋欣桥先生在《普通话水平测试员实用手册》中有所论述，并罗列了常用的词，可供参考。掌握双音词的轻重音格式，是熟练运用普通话的标志之一，是提高普通话水平等级必须跨越的门槛。希望大家多听、多练，尽早、尽快地迈过这道门槛。

三、避免不良朗读习惯

经常出现的不良朗读习惯有停顿过多、念经式朗读、回读和夸张的朗诵腔。

停顿过多、念经式朗读前文已经提及，此处不再赘述。

回读是指在读错或读得不顺畅时，许多人都有重读的习惯。平时念书，回读不算毛病，在普通话水平测试的朗读项目中，回读被当作不流畅的表现之一。所以，在进行朗读作品训练时，要注意顺畅完整地读完短文，即使读错一个字，或者有一个字不认识，也要暂时搁置，一直读完全篇。

朗诵腔是指舞台表演中使用的朗诵腔调。朗诵是一种艺术表演形式，为了打动众多的听众，要把声腔、表情、姿态、动作适度地夸张，追求“源于生活，高于生活”，和朗读“回归生活，回归自然”的追求和境界是不同的。如果用了朗诵腔，会给人留下矫揉造作、无病呻吟的印象。

朗读的流畅程度是检测点之一。流畅程度取决于普通话的熟练程度，也取决于对短文的熟悉和理解程度。尽管自己普通话说得不够熟练，但只要事先多练习朗读作品，就能在朗读测试中发挥出水平，取得好成绩。

四、避免方言痕迹

在朗读中，有些方音因素纠正得不彻底，会造成语调偏误，影响朗读或说话水平。主要有三方面问题应当注意：

1.防止出现字音声调成系统偏误

我们在朗读或说话时，偶尔会出现读错声调的现象，如把“教室 jiàoshì”读成“jiàoshǐ”等。这是单个字音的错误，不是成系统的偏误，不会影响语调。但如果某一声调所有字或多数字都出现同样的声调问题，就会导致语调偏误。例如普通话阴平的调值是高而平的 55 调值，运城人常常读为半高平的 44 调值。虽然调型是对的，但调值高度不够。又如普通话的阳平是中升调，调值 35，太原人常常会读为 45，起点偏高。这些读不到位的字音成系统地出现在语流中，方言的痕迹就流露出来了。

2.避免出现方言儿化韵色彩

普通话里带儿化韵的词语比较多，方言区的人如果没有准确、熟练地掌握普通话儿化韵的读音，就会不自觉地把方言读音带到普通话里来，从而影响语调的准确程度。例如清徐、寿阳、文水等方言只有儿尾，没有儿化韵，这些地方的人学习普通话时就容易把“马儿、花儿、月儿、鸟儿”等儿化词中的儿化韵读作独立音节的儿尾，或者儿化的读音不够到位。大同、山阴、怀仁等地方言中有代词儿化表示敬称的现象，如将“您来了”说成“你儿来了”，而普通话中的“你”是绝不可以儿化的。

3.避免出现方言语气词

方言区的人在学说普通话的时候，有时会不自觉地带出母语中常用的语气词来，从而露出了方言的“尾巴”。例如普通话的“了”，太原有人读成“咧”，出现“下雨咧”“他回去咧”等，朗读短文即使追求口语化，也要用普通话音读语气词，不能用方言语气词。

在普通话水平测试中，朗读短文的分量仅次于命题说话，分值是 30 分，具有举足轻重的作用。为了帮助大家更好地理解和朗读，我们为每一篇作品中容易误读的词语加注了拼音，少数做了语音注释，附在作品后面，供大家参考，希望对大家有所启发和帮助。愿大家多读多练，不断增长朗读能力，提高朗读水平。

附 普通话水平测试用朗读作品

说 明

一、60篇朗读作品供普通话水平测试第三项——朗读短文测试使用。60篇作品全部从国家《普通话水平测试实施纲要》中的“普通话水平测试用朗读作品”照录，作品顺序也保持一致。

二、每篇作品，对容易误读、错读的字词进行注音，供朗读时参考。

三、朗读短文要求读400个音节，双斜线“//”前的读音是评分依据。

四、为适应朗读需要，作品中的数字一律依照原著，采用汉字数字的书写方式，如“1998年”写作“一九九八年”，“23%”写作“百分之二十三”。

五、注音方法

1.有些词有书面读音和口语读音的情况，在正文中标注书面读音，在本文末标注口语读音。

2.轻声 必读轻声音节，拼音上不标注调号；一般轻读，间或重读的音节，拼音上标注调号，并在拼音前加圆点“·”提示。

3.变调 “一”的变调，按照变调标注调号，如“一会儿”，拼音为“yíhuìr”；其他情况只标本调。

4.儿化 作品中儿化音节分两种情况：一是书面上有“儿”的音节，注音时在基本形式后加r，如“小孩儿”，拼音为“xiǎoháir”；二是书面上没有“儿”，但口语中一般儿化的音节，注音时也在基本形式后加r，如“胡同”，拼音为“hútòngr”。

5.“啊”的音变 作品中未对“啊”的音变进行标注，可参考第二章相关内容。

六、60篇朗读作品后标注的文献出处、作者、译者等信息也均按国家《普通话水平测试实施纲要》中的“普通话水平测试用朗读作品”照录。个别文献信息标注不全者，实属难以查实，请各方见谅。如有新的信息，我们将及时核实和完善。

作品1号

那是力争(zhēng)上游的一种树，笔直的干(gàn)，笔直的枝。它的干呢，通常是丈把高，像是加以人工似的(shìde)，一丈以内，绝无旁枝；它所有的丫枝(yāzhī)呢，一律向上，而且紧紧靠拢(kàolǒng)，也像是加以人工似的，成为一束(shù)，绝无横斜逸出；它的宽大的叶子也是片(piàn)片向上，几乎(jīhū)没有(méi·yǒu)斜生的，更不用说倒垂(dàochuí)了；它的皮，光滑而有银色的晕圈(yùnquān)，微微泛出淡青色。这是虽在北方的风雪的压迫(yāpò)下却保持着倔强(juéjiàng)挺立的一种树！哪怕只有碗来粗细罢，它却努力向上发展，高到丈许，两丈，参天(cāntiān)耸立(sǒnglì)，不折不挠(bùzhé-bùnáo)，对抗着西北风。

这就是白杨树，西北极普通的一种树，然而(rán'ér)决不是平凡的树！

它没有婆娑(pósuō)的姿态(zītài)，没有屈曲盘旋的虬枝(qiúzhī)，也许你要说它不美丽，——如果美是专指"婆娑"或"横斜逸出"之类而言，那么，白杨树算不得树中的好女子(nǚzǐ)；但是它却是伟岸，正直，朴质(pǔzhì)，严肃，也不缺乏温和，更不用提它的坚强不屈与挺拔(tǐngbá)，它是树中的伟丈夫(zhàngfū)！

当你在积雪初融的高原上走过，看见(kàn·jiàn)平坦的大地上傲然挺立这么一株或一排白杨树，难道你就只觉得(jué·dé)树只是树，难道你就不想到它的朴质，严肃，坚强不屈，至少也象征了北方的农民；难道你竟一点儿(yìdiǎnr)也不联想到，在敌后的广大//土地上，到处有坚强不屈，就像这白杨树一样傲然挺立的守卫他们家乡的哨兵！难道你又不更远一点想到这样枝枝叶叶靠紧团结，力求上进的白杨树，宛然(wǎnrán)象征了今天在华北平原纵横(zònghéng)决荡(juédàng)用血(xuè)写出新中国历史的那种精神(jīngshén)和意志。

——节选自茅盾《白杨礼赞》

作品2号

两个同龄(líng)的年轻人同时受雇(gù)于一家店铺(diànpù)，并且拿同样的薪水(xīn·shuǐ)。

可是一段时间后，叫阿诺(nuò)德的那个小伙子青云直上，而那个叫布鲁诺的小伙子却仍(réng)在原地踏步(tàbù)。布鲁诺很不满意(mǎnyì)老板的不公正待遇(dàiyù)。终于有一天他到老板那儿(nàr)发牢骚(láo·sāo)了。老板一边耐心地听着他的抱怨(bào·yuàn)，一边在心里盘算(pánsuan)着怎样(zěnyàng)向他解释清楚(qīngchu)他和阿诺德之间的差别(chābié)。

"布鲁诺先生(xiānsheng)，"老板开口说话了，"您现在到集市上去一下，看看今天早上(zǎoshang)有什么(shénme)卖的。"

布鲁诺从集市上回来(huí·lái)向老板汇报说，今早集市上只有一个农民拉了一车土豆在卖。

“有多少(duō·shǎo)?”老板问。

布鲁诺赶快(gǎnkuài)戴上帽子又跑到集上，然后回来告诉(gàosu)老板一共四十袋土豆。

“价格是多少?”

布鲁诺又第三次跑到集上问来了价格。

“好吧，”老板对他说，“现在请您坐到这把椅子上一句话也不要说，看看阿诺德怎么(zěnme)说。”

阿诺德很快就从集市上回来了。向老板汇报说到现在为止只有一个农民在卖土豆，一共四十口袋(kǒudai)，价格是多少多少；土豆质量(zhìliàng)很不错，他带回来一个让老板看看。这个农民一个钟头(zhōngtóu)以后还会弄(nòng)来几箱西红柿，据他看价格非常公道(gōng·dào)。昨天他们铺子(pùzi)的西红柿卖得很快，库存已经(yǐ·jīng)不//多了。他想这么便宜(piányi)的西红柿，老板肯定会要进一些的，所以他不仅带回了一个西红柿做样品，而且把那个(nàgè)农民也带来了，他现在正在外面(wài·miàn)等回话(huíhuà)呢。

此时老板转(zhuǎn)向了布鲁诺，说：“现在您肯定知道(zhī·dào)为什么阿诺德的薪水比您高了吧！”

——节选自张健鹏、胡足青主编《故事时代》中《差别》

作品3号

我常常遗憾(yíhàn)我家门前那块丑石：它黑黝黝[①](hēiyǒuyǒu)地卧在那里(nà·lǐ)，牛似的(shìde)模样(múyàng)；谁也不知道(zhī·dào)是什么(shénme)时候(shíhou)留在这里的，谁也不去理会(lǐhuì)它。只是麦收时节，门前摊了麦子(màizi)，奶奶(nǎinai)总是说：这(zhè)块(kuài)丑石，多占地面呀，抽空(chōukòng)把它搬走吧。

它不像汉白玉那样的细腻(xìnì)，可以刻字雕花，也不像大青石那样的光滑，可以供(gōng)来浣纱(huànshā)捶(chuí)布。它静静地卧在那里，院边的槐阴(huáiyīn)没有(méi·yǒu)庇覆(bìfù)它，花儿(huā’·ér)也不再在它身边生长。荒草便繁衍(fányǎn)出来(chū·lái)，枝蔓(zhīmàn)上下，慢慢地，它竟锈上了绿苔(lǜtái)、黑斑(bān)。我们这些做孩子(háizi)的，也讨厌起它来，曾合伙要搬走它，但力气(lìqi)又不足；虽(suī)时时咒骂(zhòumà)它，嫌弃(xiánqì)它，也无可奈何，只好任它留在那里了。

终有一日，村子里来了一个天文学家。他在我家门前路过，突然发现了这块石头(shítou)，眼光立即(lìjí)就拉直了。他再没有离开，就住了下来；以后又来了好些人，都说这是一块陨石(yǔnshí)，从天上落下来已经(yǐ·jīng)有二三百年了，是一件了不起的东西(dōngxi)。不久便来了车，小心翼翼(xiǎoxīn-yìyì)地将它运走了。

这使我们都很惊奇(jīngqí)，这又怪又丑的石头，原来是天上的啊！它补过天，在天上发过热、闪过光，我们的先祖或许仰望(yǎngwàng)过它，它给了他们光明、向往

(xiàngwǎng)、憧憬(chōngjǐng);而它落下来了,在污土里,荒草里,一躺就//是几百年了!

我感到自己的无知,也感到了丑石的伟大,我甚至怨恨它这么多年竟会默默地忍受着这一切!而我又立即深深地感到它那种不屈于误解、寂寞(jìmò)的生存(shēngcún)的伟大。

——节选自贾平凹《丑石》

【注】①黑黝黝:口语一般读 hēiyōuyōu。

作品 4 号

在达瑞八岁的时候(shíhou),有一天他想去看电影(diànyǐng)。因为(yīn·wèi)没有(méi·yǒu)钱,他想是向爸妈要钱,还是自己挣钱(zhèngqián)。最后他选择(xuǎnzé)了后者。他自己调制(tiáozhì)了一种汽水(qìshuǐr),向过路的行人出售。可那时正是寒冷的冬天,没有人买,只有两个人例外(lìwài)——他的爸爸(bàba)和妈妈(māma)。

他偶然(ǒurán)有一个和非常成功的商人谈话的机会(jī·huì)。当他对商人讲述了自己的"破产史"后,商人给了他两个重要的建议:一是尝试(chángshì)为别人(bié·rén)解决一个难题;二是把精力集中在你知道(zhī·dào)的、你会的和你拥有的东西(dōngxi)上。

这两个建议很关键(guānjiàn)。因为对于一个八岁的孩子(háizi)而言,他不会做的事情(shìqing)很多。于是他穿过大街小巷,不停地思考:人们(rénmen)会有什么(shénme)难题,他又如何利用(lìyòng)这个机会?

一天,吃早饭时父亲(fù·qīn)让达瑞去取报纸。美国的送报员总是把报纸从花园篱笆(líba)的一个特制的管子(guǎnzi)里塞(sāi)进来。假如你想穿着睡衣舒舒服服[①](shūshū-fúfú)地吃早饭和看报纸,就必须离开温暖(wēnnuǎn)的房间,冒着寒风,到花园去取。虽然(suīrán)路短,但十分麻烦(máfan)。

当达瑞为父亲取报纸的时候,一个主意[②](zhǔyi)诞生(dànshēng)了。当天他就按响邻居(lín·jū)的门铃(ménlíng),对他们说,每个月只需付给他一美元,他就每天早上(zǎoshang)把报纸塞到他们的房门底下。大多数人都同意了,很快他有//了七十多个顾客。一个月后,当他拿到自己赚(zhuàn)的钱时,觉得(jué·dé)自己简直是飞上了天。

很快他又有了新的机会,他让他的顾客每天把垃圾(lājī)袋放在门前,然后由他早上运到垃圾桶里,每个月加一美元。之后他还想出了许多孩子赚钱的办法,并把它集结(jíjié)成书,书名为《儿童挣钱的二百五十个主意》。为此,达瑞十二岁时就成了畅销书作家,十五岁有了自己的谈话节目,十七岁就拥有了几百万美元。

——节选自[德]博多·舍费尔《达瑞的故事》,刘志明译

【注】①舒舒服服:口语一般读 shūshu-fūfū。 ②主意:口语一般读 zhúyi。

作品5号

这是入冬以来，胶东半岛上第一场雪。

雪纷纷扬扬，下得很大。开始还伴着一阵儿（yízhènr ）小雨，不久就只见大片大片的雪花，从彤云（tóngyún）密布的天空中飘落下来。地面上一会儿（yíhuìr）就白了。冬天的山村，到了夜里就万籁俱寂（wànlài-jùjì），只听得雪花簌簌（sùsù）地不断往下落，树木的枯枝被雪压断（yāduàn）了，偶尔（ǒu'ěr）咯吱（gēzhī）一声响。

大雪整整下了一夜。今天早晨（zǎo·chén），天放晴了，太阳（tài·yáng）出来了。推开门一看，嗬！好大的雪啊！山川、河流、树木、房屋，全都罩上了一层厚厚的雪，万里江山，变成了粉妆玉砌（qì）的世界。落光了叶子的柳树上挂满了毛茸茸（máoróngróng）亮晶晶的银条儿（yíntiáor）；而那些冬夏常青的松树和柏树（bǎishù）上，则挂满了蓬松松（péngsōngsōng）沉甸甸[①]（chéndiàndiàn）的雪球儿（xuěqiúr）。一阵风吹来，树枝轻轻地摇晃（yáo·huàng），美丽的银条儿和雪球儿簌簌地落下来，玉屑（yùxiè）似的（shìde）雪末儿（xuěmòr）随风飘扬，映着清晨（qīngchén）的阳光，显出一道道五光十色的彩虹。

大街上的积雪足有一尺多深，人踩上去，脚底下发出咯吱咯吱的响声。一群群孩子（háizi）在雪地里堆雪人，掷（zhì）雪球儿。那欢乐的叫喊声，把树枝上的雪都震（zhèn）落下来了。

俗话说，“瑞雪兆（zhào）丰年”。这个话有充分的科学根据，并不是一句迷信的成语。寒冬大雪，可以冻死一部分(yíbùfen)越冬的害虫；融化了的水渗（shèn）进土层深处，又能供应（gōngyìng）//庄稼（zhuāngjia）生长的需要。我相信这一场十分及时的大雪，一定会促进明年春季作物，尤其是小麦的丰收。有经验的老农把雪比作是“麦子的棉被”。冬天“棉被”盖得越厚，明春麦子就长得越好，所以又有这样一句谚语（yànyǔ）：“冬天麦盖三层被，来年枕（zhěn）着馒头（mántou）睡。”

我想，这就是人们（rénmen）为什么（wèishénme）把及时的大雪称为“瑞雪”的道理吧。

——节选自峻青《第一场雪》

【注】①沉甸甸：口语一般读 chéndiāndiān。

作品6号

我常想读书人是世间幸福人，因为（yīn·wèi）他除了拥有现实的世界之外，还拥有另一个更为（wéi）浩瀚（hàohàn）也更为丰富的世界。现实的世界是人人都有的，而后一个世界却为读书人所独有。由此我想，那些失去或不能阅读的人是多么（duōme）的不幸，他们的丧失（sàngshī）是不可补偿（bǔcháng）的。世间有诸多（zhūduō）的不平等，财富的不平等，权力的不平等，而阅读能力的拥有或丧失却体现为精神的不平等。

一个人的一生，只能经历自己拥有的那一份欣悦（xīnyuè），那一份苦难（kǔnàn），也许再加上他亲自闻知的那一些关于自身以外的经历和经验。然而(rán'ér),人们(rénmen)通过阅读,却能进入不同时空的诸多他人的世界。这样,具有阅读能力的人,无形间获得(huòdé)了超越(chāoyuè)有限生命(shēngmìng)的无限可能性。阅读不仅使他多识了草木虫鱼之名,而且可以上溯(sù)远古下及未来,饱览存在的与(yǔ)非存在的奇风异俗。

更为重要的是,读书加惠(huì)于人们的不仅是知识的增广(zēngguǎng),而且还在于精神的感化与陶冶(táoyě)。人们从读书学做人,从那些往哲先贤以及当代才俊的著述中学得(xuédé)他们的人格。人们从《论语》(Lúnyǔ)中学得智慧的思考,从《史记》中学得严肃的历史精神,从《正气歌》中学得人格的刚烈,从马克思学得人世//的激情,从鲁迅学得批判精神,从托尔斯泰学得道德的执著(zhízhuó)。歌德的诗句刻写着睿智(ruìzhì)的人生,拜伦(Bàilún)的诗句呼唤着奋斗的热情。一个读书人,一个有机会(jī·huì)拥有超乎个人生命体验的幸运(xìngyùn)人。

——节选自谢冕《读书人是幸福人》

作品7号

一天,爸爸(bàba)下班回到家已经(yǐ·jīng)很晚了,他很累也有点儿(yǒudiǎnr)烦,他发现五岁的儿子(érzi)靠在门旁正等着他。

“爸,我可以问您一个问题吗?”

“什么(shénme)问题?”“爸,您一小时可以赚多少(duō·shǎo)钱?”“这与(yǔ)你无关,你为什么问这个问题?”父亲(fù·qīn)生气地说。

“我只是想知道(zhī·dào),请告诉(gàosu)我,您一小时赚多少钱?”小孩儿(xiǎoháir)哀求(āiqiú)道。“假如你一定要知道的话,我一小时赚二十美金。”

“哦(ò),”小孩儿低下了头,接着又说,“爸,可以借我十美金吗?”父亲发怒了:“如果你只是要借钱去买毫无意义的玩具的话,给我回到你的房间睡觉去。好好(hǎohǎo)想想(xiǎngxiang)为什么你会那么自私。我每天辛苦工作,没时间和你玩儿(wánr)小孩子(háizi)的游戏。”

小孩儿默默地回到自己的房间关上门。

父亲坐下来还在生气。后来(hòulái),他平静(píngjìng)下来了。心想他可能对孩子太凶了——或许孩子真的很想买什么东西(dōngxi),再说他平时很少要过钱。

父亲走进孩子的房间:“你睡了吗?”“爸,还没有(méi·yǒu),我还醒着。”孩子回答。

“我刚才可能对你太凶了,”父亲说,“我不应该(yīnggāi)发那么大的火儿(huǒr)——这是你要的十美金。”“爸,谢谢您。”孩子高兴地从枕头(zhěntou)下拿出一些被弄皱(nòngzhòu)的钞票(chāopiào),慢慢(mànmàn)地数着。

“为什么你已经有钱了还要?”父亲不解地问。

“因为(yīn·wèi)原来不够,但现在凑够了。”孩子回答:“爸,我现在有//二十美金了,我可以向您买一个小时的时间吗?明天请早一点儿(yìdiǎnr)回家——我想和您一起吃晚餐。”

——节选自唐继柳编译《二十美金的价值》

作品8号

我爱月夜,但我也爱星天(xīngtiān)。从前在家乡七八月的夜晚在庭院(tíngyuàn)里纳凉(nàliáng)的时候(shíhou),我最爱看天上(tiān·shàng)密密麻麻的繁星。望着星天,我就会忘记(wàngjì)一切,仿佛(fǎngfú)回到了母亲(mǔ·qīn)的怀里似的(shìde)。

三年前在南京我住的地方(dìfang)有一道后门,每晚我打开后门,便看见(kàn·jiàn)一个静寂(jìngjì)的夜。下面是一片菜园,上面是星群密布的蓝天。星光在我们的肉眼里虽然(suīrán)微小,然而(rán'ér)它使我们觉得(jué·dé)光明无处不在。那时候我正在读一些天文学的书,也认得(rènde)一些星星,好像(hǎoxiàng)它们就是我的朋友(péngyou),它们常常在和我谈话一样。

如今在海上,每晚和繁星相对,我把它们认得很熟(shú)了。我躺在舱面上,仰望(yǎngwàng)天空。深蓝色的天空里悬(xuán)着无数半明半昧(mèi)的星。船在动,星也在动,它们是这样低,真是摇摇欲坠(yáoyáo-yùzhuì)呢!渐渐地我的眼睛(yǎnjing)模糊(móhu)了,我好像看见无数萤(yíng)火虫在我的周围飞舞。海上的夜是柔和的,是静寂的,是梦幻的。我望着许多认识(rènshi)的星,我仿佛看见它们在对我眨眼(zhǎyǎn),我仿佛听见(tīng·jiàn)它们在小声说话。这时我忘记了一切。在星的怀抱中我微笑着,我沉睡(chénshuì)着。我觉得自己是一个小孩子(háizi),现在睡在母亲的怀里了。

有一夜,那个在哥伦波上船的英国人指给我看天上的巨人。他用手指着://那四颗明亮的星是头,下面的几颗是身子(shēnzi),这几颗是手,那几颗是腿和脚,还有三颗星算是腰带。经他这一番指点(zhǐdiǎn),我果然看清楚(qīngchu)了那个天上的巨人。看,那个巨人还在跑呢!

——节选自巴金《繁星》

作品9号

假日(jiàrì)到河滩上转转,看见(kàn·jiàn)许多孩子(háizi)在放风筝(fēngzheng)。一根根长长的引线,一头(yìtóur)系(jì)在天上(tiān·shàng),一头系在地上,孩子同风筝都在天与地之间悠荡(yōudàng),连心也被悠荡得恍恍惚惚(huǎnghuǎng-hūhū)了,好像(hǎoxiàng)又回到了童年。

儿时放的风筝,大多是自己的长辈或家人(jiārén)编扎(biānzā)的,几根削(xiāo)得很薄(báo)的篾(miè),用细纱线扎成各种鸟兽的造型(zàoxíng),糊上雪白的纸片,再用彩笔勾勒(gōulè)出面孔与翅膀(chìbǎng)的图案(tú'àn)。通常扎得最多的是"老雕""美人儿(měirénr)""花蝴蝶"等。

我们家前院就有位叔叔(shūshu),擅(shàn)扎(zā)风筝,远近闻名。他扎的风筝不只体型好看,色彩艳丽,放飞得高远,还在风筝上绷(bēng)一叶用蒲苇(púwěi)削成的膜片

(mópiàn),经风一吹,发出“嗡嗡(wēngwēng)”的声响,仿佛(fǎngfú)是风筝的歌唱,在蓝天下播扬,给开阔的天地增添了无尽的韵味(yùnwèi),给驰荡的童心带来几分疯狂(fēngkuáng)。

我们那条胡同(hútòngr)的左邻右舍的孩子们放的风筝几乎(jīhū)都是叔叔编扎的。他的风筝不卖钱,谁上门去要,就给谁,他乐意自己贴钱买材料。

后来(hòulái),这位叔叔去了海外,放风筝也渐与孩子们远离了。不过年年叔叔给家乡写信,总不忘提起儿时的放风筝。香港回归之后,他在家信中说到,他这只被故乡放飞到海外的风筝,尽管(jǐnguǎn)飘荡游弋(yóuyì),经沐(mù)风雨,可那线头儿(xiàntóur)一直在故乡和//亲人手中牵着,如今飘得太累了,也该要回归到家乡和亲人身边来了。

是的。我想,不光是叔叔,我们每个人都是风筝,在妈妈手中牵着,从小放到大,再从家乡放到祖国最需要的地方(dìfang)啊!

——节选自李恒瑞《风筝畅想曲》

作品10号

爸不懂得(dǒng·dé)怎样(zěnyàng)表达爱,使我们一家人融洽(róngqià)相处(xiāngchǔ)的是我妈。他只是每天上班下班,而妈则把我们做过的错事开列清单,然后由他来责骂我们。

有一次我偷了一块糖果,他要我把它送回去,告诉(gàosu)卖糖的说是我偷来的,说我愿意(yuàn·yì)替他拆箱卸货(xièhuò)作为赔偿(péicháng)。但妈妈(māma)却明白(míngbai)我只是个孩子(háizi)。

我在运动场打秋千(qiūqiān)跌(diē)断了腿,在前往医院途中一直抱着我的,是我妈。爸把汽车停在急诊室(jízhěnshì)门口,他们叫他驶开,说那空位(kòngwèi)是留给紧急车辆停放的。爸听了便叫嚷道:“你以为(yǐwéi)这是什么(shénme)车?旅游车?”

在我生日(shēng·rì)会上,爸总是显得(xiǎn·dé)有些不大相称(xiāngchèn)。他只是忙于吹气球,布置餐桌,做杂务。把插着蜡烛的蛋糕推过来让我吹的,是我妈。

我翻阅照相册时,人们(rénmen)总是问:“你爸爸(bàba)是什么样子(yàngzi)的?”天晓得(xiǎo·dé)!他老是忙着替别人(bié·rén)拍照。妈和我笑容可掬(xiàoróng-kějū)地一起拍的照片(zhàopiàn),多得不可胜数(bùkě-shèngshǔ)。

我记得(jì·dé)妈有一次叫他教(jiāo)我骑自行车。我叫他别放手,但他却说是应该(yīnggāi)放手的时候(shíhou)了。我摔倒之后,妈跑过来扶我,爸却挥手要她走开。我当时生气极了,决心要给他点儿(diǎnr)颜色看。于是我马上(mǎshàng)爬上自行车,而且自己骑给他看。他只是微笑。

我念大学时,所有的家信都是妈写的。他//除了寄支票外,还寄过一封短柬(duǎnjiǎn)给我,说因为(yīn·wèi)我不在草坪(cǎopíng)上踢足球了,所以他的草坪长得很美。

每次我打电话回家,他似乎(sìhū)都想跟我说话,但结果(jiéguǒ)总是说:“我叫你妈来接。”

我结婚(jiéhūn)时，掉眼泪的是我妈。他只是大声擤(xǐng)了一下鼻子(bízi)，便走出房间。

我从小到大都听他说："你到哪里(nǎ·lǐ)去？什么时候回家？汽车有没有汽油？不，不准去。"爸完全不知道(zhī·dào)怎样表达爱。除非……

会不会是他已经(yǐ·jīng)表达了，而我却未能察觉？

——节选自[美]艾尔玛·邦贝克《父亲的爱》

作品11号

一个大问题一直盘踞(pánjù)在我脑袋(nǎodai)里：

世界杯怎么(zěnme)会有如此巨大的吸引力？除去足球本身的魅力(mèilì)之外，还有什么(shénme)超乎其上而更伟大的东西(dōngxi)？

近来观看世界杯，忽然(hūrán)从中得到(dédào)了答案：是由于一种无上崇高(chónggāo)的精神(jīngshén)情感——国家荣誉(róngyù)感！

地球上的人都会有国家的概念，但未必时时都有国家的感情。往往人到异国，思念家乡，心怀故国，这国家概念就变得有血(xiě)有肉，爱国之情来得非常具体。而现代社会，科技昌达(chāngdá)，信息快捷(kuàijié)，事事上网，世界真是太小太小，国家的界限(jièxiàn)似乎(sìhū)也不那么清晰(qīngxī)了。再说足球正在快速世界化，平日里各国球员频繁(pínfán)转会(zhuǎnhuì)，往来随意，致使越来越多的国家联赛都具有国际的因素。球员们不论国籍(guójí)，只效力(xiàolì)于自己的俱乐部，他们比赛时的激情中完全没有(méi·yǒu)爱国主义的因子(yīnzǐ)。

然而(rán'ér)，到了世界杯大赛，天下大变。各国球员都回国效力，穿上与光荣的国旗同样色彩的服装。在每一场比赛前，还高唱国歌以宣誓(xuānshì)对自己祖国的挚爱(zhì'ài)与(yǔ)忠诚。一种血缘(xuèyuán)情感开始在全身的血管(xuèguǎn)里燃烧起来，而且立刻热血(rèxuè)沸腾。

在历史时代，国家间经常发生对抗，好男儿(nán'ér)戎装(róngzhuāng)卫国。国家的荣誉往往需要以自己的生命(shēngmìng)去换//取。但在和平时代，惟有这种国家之间大规模对抗性的大赛，才可以唤起那种遥远而神圣(shénshèng)的情感，那就是：为祖国而战！

——节选自冯骥才《国家荣誉感》

作品12号

夕阳落山不久，西方的天空，还燃烧(ránshāo)着一片橘(jú)红色的晚霞。大海，也被这霞光染成了红色，而且比天空的景色更要壮观(zhuàngguān)。因为(yīn·wèi)它是活动的，每当一排排波浪涌起的时候(shíhou)，那映照(yìngzhào)在浪峰上的霞光，又红又亮，简直就像一片片霍霍(huòhuò)燃烧着的火焰，闪烁(shǎnshuò)着，消失了。而后面的一排，又闪烁着，滚动(gǔndòng)着，涌了过来。

天空的霞光渐渐地淡下去了，深红的颜色变成了绯红（fēihóng），绯红又变为（biànwéi）浅红。最后，当这一切红光都消失了的时候，那突然显得（xiǎn·dé）高而远了的天空，则呈现（chéngxiàn）出一片肃穆（sùmù）的神色。最早出现的启明星（qǐmíngxīng），在这蓝色的天幕上闪烁起来了。它是那么大，那么亮，整个广漠（guǎngmò）的天幕上只有它在那里放射着令人注目的光辉，活像一盏悬挂在高空的明灯。

夜色加浓，苍空中的"明灯"越来越多了。而城市各处的真的灯火也次第亮了起来，尤其是围绕（wéirào）在海港周围山坡上的那一片灯光，从半空倒映（dàoyìng）在乌蓝的海面上，随着波浪，晃动着，闪烁着，像一串（chuàn）流动着的珍珠，和那一片片密布在苍穹（cāngqióng）里的星斗（xīngdǒu）互相辉映，煞（shà）是好看。

在这幽美（yōuměi）的夜色中，我踏着软绵绵（ruǎnmiánmián）的沙滩，沿着海边，慢慢地向前走去。海水，轻轻地抚摸（fǔmō）着细软的沙滩，发出温柔的//刷刷声。晚来的海风，清新而又凉爽。我的心里，有着说不出的兴奋（xīngfèn）和愉快。

夜风轻飘飘地吹拂（chuīfú）着，空气中飘荡着一种大海和田禾相混合（hùnhé）的香味儿（xiāngwèir），柔软的沙滩上还残留着白天太阳（tài·yáng）炙晒（zhìshài）的余温。那些在各个工作岗位上劳动了一天的人们（rénmen），三三两两地来到这软绵绵的沙滩上，他们浴着凉爽的海风，望着那缀满（zhuìmǎn）了星星的夜空，尽情地说笑，尽情（jìnqíng）地休憩（xiūqì）。

——节选自峻青《海滨仲夏夜》

作品13号

生命（shēngmìng）在海洋里诞生（dànshēng）绝不是偶然（ǒurán）的，海洋的物理和化学性质（xìngzhì），使它成为孕育（yùnyù）原始生命的摇篮。

我们知道（zhī·dào），水是生物的重要组成部分（bùfen），许多动物组织的含水量在百分之八十以上，而一些海洋生物的含水量高达百分之九十五。水是新陈代谢（xīnchén-dàixiè）的重要媒介（méijiè），没有（méi·yǒu）它，体内的一系列（yíxìliè）生理和生物化学反应就无法进行，生命也就停止。因此，在短时期内动物缺水要比缺少食物更加危险。水对今天的生命是如此重要，它对脆弱（cuìruò）的原始生命，更是举足轻重了。生命在海洋里诞生，就不会有缺水之忧。

水是一种良好的溶剂（róngjì）。海洋中含有许多生命所必需的无机盐，如氯（lǜ）化钠、氯化钾、碳酸盐、磷（lín）酸盐，还有溶解氧，原始生命可以毫不费力地从中吸取它所需要的元素。

水具有很高的热容量，加之海洋浩大，任凭（rènpíng）夏季烈日曝晒（pùshài），冬季寒风扫荡，它的温度变化却比较（bǐjiào）小。因此，巨大的海洋就像是天然的"温箱"，是孕育原始生命的温床。

阳光虽然（suīrán）为（wéi）生命所必需，但是阳光中的紫外线却有扼杀（èshā）原始生命的危险。水能有效地吸收紫外线，因而又为原始生命提供（tígōng）了天然的“屏障”（píngzhàng）。

这一切都是原始生命得以产生和发展的必要条件。

——节选自童裳亮《海洋与生命》

作品14号

读小学的时候（shíhou），我的外祖母去世了。外祖母生前最疼爱我，我无法排除（páichú）自己的忧伤（yōushāng），每天在学校的操场上一圈儿（yìquānr）又一圈儿地跑着，跑得累倒在地上，扑在草坪（cǎopíng）上痛哭。

那哀痛的日子（rìzi），断断续续（duànduàn－xùxù）地持续了很久，爸爸（bàba）妈妈（māma）也不知道（zhī·dào）如何安慰我，他们知道与其（yǔqí）骗我说外祖母睡着（shuìzháo）了，还不如对我说实话：外祖母永远不会回来（huí·lái）了。

“什么（shénme）是永远不会回来呢？”我问着。

“所有时间里的事物，都永远不会回来。你的昨天过去（guò·qù），它就永远变成昨天，你不能再回到昨天。爸爸以前也和你一样小，现在也不能回到你这么（zhème）小的童年了；有一天你会长大，你会像外祖母一样老；有一天你度过了你的时间，就永远不会回来了。”爸爸说。

爸爸等于给我一个谜语，这谜语比课本上的“日历挂在墙壁，一天撕去一页，使我心里着急（zháojí）”和“一寸光阴一寸金，寸金难买寸光阴”还让我感到可怕；也比作文本上的“光阴似（sì）箭，日月如梭（suō）”更（gèng）让我觉得（jué·dé）有一种说不出的滋味。

时间过得那么飞快，使我的小心眼儿（xiǎoxīnyǎnr）里不只是着急，还有悲伤。有一天我放学回家，看到太阳（tài·yáng）快落山了，就下决心说：“我要比太阳更快地回家。”我狂奔回去，站在庭院前喘气（chuǎnqì）的时候，看到太阳//还露（lòu）着半边脸，我高兴地跳跃（tiàoyuè）起来，那一天我跑赢（yíng）了太阳。以后我就时常做那样的游戏，有时和太阳赛跑，有时和西北风比快，有时一个暑假（shǔjià）才能做完的作业，我十天就做完了；那时我三年级，常常把哥哥五年级的作业拿来做。每一次比赛胜过时间，我就快乐（kuàilè）得不知道怎么（zěnme）形容。

如果将来我有什么要教（jiāo）给我的孩子（háizi），我会告诉（gàosu）他：假若（jiǎruò）你一直和时间比赛，你就可以成功！

——节选自（台湾）林清玄《和时间赛跑》

作品15号

三十年代初，胡适在北京大学任（rèn）教授。讲课时他常常对白话文大加称赞（chēngzàn），引起一些只喜欢（xǐhuan）文言文而不喜欢白话文的学生（xuésheng）的不满。

一次，胡适正讲得得意(déyì)的时候(shíhou)，一位姓魏的学生突然站了起来，生气地问："胡先生(xiānsheng)，难道说白话文就毫无缺点吗？"胡适微笑着回答说："没有(méi·yǒu)。"那位学生更加激动(jīdòng)了："肯定有！白话文废话太多，打电报用字多，花钱多。"胡适的目光顿时(dùnshí)变亮了。轻声(qīngshēng)地解释说："不一定吧！前几天有位朋友(péngyou)给我打来电报，请我去政府部门工作，我决定不去，就回电拒绝(jùjué)了。复电(fùdiàn)是用白话写的，看来也很省字。请同学们根据我这个意思(yìsi)，用文言文写一个回电，看看究竟(jiūjìng)是白话文省字，还是文言文省字？"胡教授刚说完，同学们立刻认真地写了起来。

十五分钟过去(guò·qù)，胡适让同学举手，报告用字的数目，然后挑了一份用字最少的文言电报稿，电文是这样写的：

"才疏(shū)学浅，恐难胜任(shèngrèn)，不堪(bùkān)从命。"白话文的意思是：学问(xuéwen)不深，恐怕很难担任(dānrèn)这个工作，不能服从安排。

胡适说，这份写得确实不错，仅用了十二个字。但我的白话电报却只用了五个字：

"干不了，谢谢(xièxie)！"

胡适又解释说："干不了"就有才疏学浅、恐难胜任的意思；"谢谢"既//对朋友的介绍表示感谢，又有拒绝的意思。所以，废话多不多，并不看它是文言文还是白话文，只要注意(zhùyì)选用字词，白话文是可以比文言文更省字的。

——节选自陈灼主编《实用汉语中级教程》(上)中《胡适的白话电报》

作品 16 号

很久以前，在一个漆黑(qīhēi)的秋天(qiūtiān)的夜晚，我泛舟(fànzhōu)在西伯利亚一条阴森森(yīnsēnsēn)的河上。船到一个转弯(zhuǎnwān)处，只见前面黑黢黢(hēiqūqū)的山峰下面一星火光蓦地(mò·dì)一闪。

火光又明又亮，好像(hǎoxiàng)就在眼前……

"好啦，谢天谢地！"我高兴地说，"马上(mǎshàng)就到过夜的地方(dìfang)啦！"

船夫扭头(niǔtóu)朝身后的火光望了一眼，又不以为然地划起桨(jiǎng)来。

"远着呢！"

我不相信他的话，因为(yīn·wèi)火光冲破朦胧(ménglóng)的夜色，明明在那儿(nàr)闪烁(shǎnshuò)。不过船夫是对的，事实上，火光的确(díquè)还远着呢。

这些黑夜的火光的特点是：驱散（qūsàn）黑暗，闪闪发亮，近在眼前，令人神往(shénwǎng)。乍(zhà)一看，再划几下就到了……其实却还远着呢！……

我们在漆黑如墨的河上又划了很久。一个个峡谷和悬崖(xuányá)，迎面驶来，又向后移去，仿佛(fǎngfú)消失在茫茫的远方，而火光却依然停在前头，闪闪发亮，令人神往——依然是这么近，又依然是那么远……

现在，无论是这条被悬崖峭壁(qiàobì)的阴影(yīnyǐng)笼罩(lǒngzhào)的漆黑的河流，还是那一星明亮的火光,都经常浮现(fúxiàn)在我的脑际,在这以前和在这以后,曾有许多火光,似乎(sìhū)近在咫尺(zhǐchǐ),不止使我一人心驰神往。可是生活之河却仍然(réngrán)在那阴森森的两岸之间流着,而火光也依旧非常遥远。因此,必须加劲(jiājìn)划桨……

——节选自[俄]柯罗连科《火光》,张铁夫译

作品 17 号

对于一个在北平住惯的人,像我,冬天要是不刮风,便觉得(jué·dé)是奇迹(qíjì);济南(jǐnán)的冬天是没有(méi·yǒu)风声(fēngshēng)的。对于一个刚由伦敦(Lúndūn)回来的人,像我,冬天要能看得见日光,便觉得是怪事;济南的冬天是响晴的。自然,在热带的地方(dìfang),日光永远是那么(nàme)毒,响亮的天气(tiānqì),反有点儿(yǒudiǎnr)叫人害怕。可是,在北方的冬天,而能有温晴的天气,济南真得(děi)算个宝地。

设若单单是有阳光,那也算不了出奇。请闭上眼睛(yǎnjing)想:一个老城,有山有水,全在天底下晒着阳光,暖和(nuǎnhuo)安适地睡着,只等春风来把它们唤醒,这是不是理想的境界?小山整把济南围了个圈儿(quānr),只有北边缺着点口儿(kǒur)。这一圈小山在冬天特别可爱,好像(hǎoxiàng)是把济南放在一个小摇篮里,它们安静不动地低声地说:"你们放心吧,这儿(zhèr)准保暖和。"真的,济南的人们(rénmen)在冬天是面上含笑的。他们一看那些小山,心中便觉得有了着落(zhuóluò),有了依靠(yīkào)。他们由天上看到山上,便不知不觉地想起:明天也许就是春天了吧?这样的温暖,今天夜里山草也许就绿起来了吧?就是这点儿幻想不能一时实现,他们也并不着急(zháojí),因为(yīn·wèi)这样慈善的冬天,干什么(shénme)还希望别的呢!

最妙的是下点儿小雪呀。看吧,山上的矮松越发的青黑,树尖儿(jiānr)上//顶着一髻儿(jìr)白花,好像日本看护妇(kānhùfù)。山尖儿全白了,给蓝天镶(xiāng)上一道银边。山坡上,有的地方雪厚点儿,有的地方草色还露(lòu)着;这样,一道儿(yídàor)白,一道儿暗黄,给山们穿上一件带水纹儿(shuǐwénr)的花衣;看着看着,这件花衣好像被风儿(fēng'·ér)吹动,叫你希望看见(kàn·jiàn)一点儿(yìdiǎnr)更美的山的肌肤。等到快日落的时候(shíhou),微黄的阳光斜射在山腰上,那点儿薄(báo)雪好像忽然害羞,微微露(lòu)出点儿粉色。就是下小雪吧,济南是受不住大雪的,那些小山太秀气(xiùqi)。

——节选自老舍《济南的冬天》

作品 18 号

纯朴(chúnpǔ)的家乡村边有一条河,曲(qū)曲弯弯,河中架一弯石桥,弓样的小桥横跨两岸。

每天,不管是鸡鸣晓月,日丽中天,还是月华泻(xiè)地,小桥都印下串(chuàn)串足迹

(zújì),洒落串串汗珠。那是乡亲(xiāngqīn)为了追求多棱(léng)的希望,兑现(duìxiàn)美好的遐想(xiáxiǎng)。弯弯小桥,不时荡过轻吟(qīngyín)低唱,不时露(lù)出舒心的笑容。

因而,我稚小(zhìxiǎo)的心灵,曾将心声献给小桥:你是一弯银色的新月,给人间普照光辉;你是一把闪亮的镰刀,割刈(gēyì)着欢笑的花果;你是一根晃悠悠的扁担(biǎndan),挑起(tiāoqǐ)了彩色的明天!哦(ò),小桥走进我的梦中。

我在飘泊(piāobó)他乡的岁月,心中总涌动(yǒngdòng)着故乡的河水,梦中总看到弓样的小桥。当我访南疆探北国,眼帘闯进座座雄伟的长桥时,我的梦变得丰满了,增添了赤橙(chéng)黄绿青蓝紫。

三十多年过去(guò·qù),我带着满头霜花回到故乡,第一紧要的便是去看望小桥。

啊!小桥呢?它躲起来了?河中一道长虹,浴着朝霞熠熠(yìyì)闪光。哦,雄浑(xiónghún)的大桥敞开(chǎngkāi)胸怀,汽车的呼啸(hūxiào)、摩托(mótuō)的笛音、自行车的叮铃(dīnglíng),合奏(zòu)着进行交响乐;南来的钢筋(gāngjīn)、花布,北往的柑橙(gānchéng)、家禽(jiāqín),绘出交流欢悦图……

啊!蜕变(tuìbiàn)的桥,传递了家乡进步的消息(xiāoxi),透露(tòulù)了家乡富裕(fùyù)的声音。时代的春风,美好的追求,我蓦地(mò·dì)记起儿时唱//给小桥的歌,哦,明艳艳的太阳(tài·yáng)照耀了,芳香甜蜜的花果捧来了,五彩斑斓(bānlán)的岁月拉开了!

我心中涌动的河水,激荡起甜美的浪花。我仰望一碧蓝天,心底轻声呼喊:家乡的桥啊,我梦中的桥!

——节选自郑莹《家乡的桥》

作品19号

三百多年前,建筑设计师莱伊恩(Láiyī'ēn)受命设计了英国温泽市政府大厅。他运用工程力学的知识(zhīshi),依据自己多年的实践,巧妙地设计了只用一根柱子(zhùzi)支撑(zhīchēng)的大厅天花板。一年以后,市政府权威人士进行工程验收时,却说只用一根柱子支撑天花板太危险,要求莱伊恩再多加几根柱子。

莱伊恩自信只要一根坚固的柱子足以保证大厅安全,他的"固执(gù·zhí)"惹恼(rěnǎo)了市政官员,险些被送上法庭。他非常苦恼(kǔnǎo),坚持自己原先的主张(zhǔzhāng)吧,市政官员肯定(kěndìng)会另找人修改设计;不坚持吧,又有悖(bèi)自己为人(wéirén)的准则(zhǔnzé)。矛盾(máodùn)了很长一段时间,莱伊恩终于想出了一条妙计,他在大厅里增加了四根柱子,不过这些柱子并未与天花板接触,只不过是装装样子(yàngzi)。

三百多年过去(guò·qù)了,这个秘密(mìmì)始终没有(méi·yǒu)被人发现。直到前两年,市政府准备修缮(xiūshàn)大厅的天花板,才发现莱伊恩当年的"弄虚作假"。消息(xiāoxi)传出后,世界各国的建筑专家和游客云集,当地(dāngdì)政府对此也不加掩饰(yǎnshì),在新世纪到来之际,特意(tèyì)将大厅作为一个旅游景点对外开放,旨(zhǐ)在引导人们(rénmen)崇尚(chóngshàng)和相信科学。

作为一名建筑师，莱伊恩并不是最出色的。但作为一个人，他无疑非常伟大，这种//伟大表现在他始终恪守(kèshǒu)着自己的原则，给高贵的心灵一个美丽的住所，哪怕是遭遇到最大的阻力，也要想办法(bànfǎ)抵达胜利。

——节选自游宇明《坚守你的高贵》

作品 20 号

自从传言(chuányán)有人在萨文(Sàwén)河畔(hépàn)散步时无意(wúyì)发现了金子(jīnzi)后，这里便常有来自四面八方的淘金者。他们都想成为富翁，于是寻遍了整个河床，还在河床上挖出很多大坑，希望借助它们找到更多的金子。的确(díquè)，有一些人找到了，但另外一些人因为(yīn·wèi)一无所得而只好扫兴(sǎoxìng)归去。

也有不甘心落空的，便驻扎(zhùzhā)在这里，继续寻找。彼得·弗雷特(BǐdéFúléitè)就是其中一员。他在河床附近买了一块没人要的土地，一个人默默(mòmò)地工作。他为了找金子，已把所有的钱都押在这块土地上。他埋头苦干了几个月，直到土地全变成了坑坑洼洼，他失望了——他翻遍了整块土地，但连一丁点儿(yìdīngdiǎnr)金子都没看见(kàn·jiàn)。

六个月后，他连买面包的钱都没有(méi·yǒu)了。于是他准备离开这儿(zhèr)到别处去谋生。

就在他即将(jíjiāng)离去的前一个晚上(wǎnshang)，天下起了倾盆(qīngpén)大雨，并且一下就是三天三夜。雨终于停了，彼得走出小木屋，发现眼前的土地看上去好像(hǎoxiàng)和以前不一样：坑坑洼洼已被大水冲刷(chōngshuā)平整，松软(sōngruǎn)的土地上长出一层绿茸茸(lǜróngróng)的小草。

“这里没找到金子，”彼得忽有所悟地说，“但这土地很肥沃(féiwò)，我可以用来种花，并且拿到镇上去卖给那些富人(fùrén)，他们一定会买些花装扮(zhuāngbàn)他们华丽的客厅。//如果真是这样的话，那么(nàme)我一定会赚(zhuàn)许多钱，有朝一日我也会成为富人……”

于是他留了下来。彼得花了不少精力培育花苗，不久田地里长满了美丽娇艳的各色鲜花。

五年以后，彼得终于实现了他的梦想——成了一个富翁。“我是唯一的一个找到真金的人！”他时常不无骄傲地告诉(gàosu)别人(bié·rén)，“别人在这儿找不到金子后便远远地离开，而我的‘金子’是在这块土地里，只有诚实的人用勤劳才能采集到。”

——节选自陶猛译《金子》

作品 21 号

我在加拿大学习期间遇到过两次募捐(mùjuān)，那情景(qíngjǐng)至今使我难以忘怀。

一天，我在渥太华(Wòtàihuá)的街上被两个男孩子(háizi)拦住去路。他们十来岁，穿得整整齐齐，每人头上戴着个做工精巧、色彩鲜艳的纸帽，上面写着“为帮助患小儿麻痹(mábì)的伙伴(huǒbàn)募捐”。其中的一个，不由分说(bùyóu-fēnshuō)就坐在小凳上给我擦起皮鞋来，另一个则彬彬有礼(bīnbīn-yǒulǐ)地发问：“小姐，您是哪国人？喜欢(xǐhuan)渥太华吗？”“小姐，在你们国家有没有(méi·yǒu)小孩儿(xiǎoháir)患小儿麻痹？谁给他们医疗费？”一连串(chuàn)的问题，使我这个有生以来头一次在众目睽睽(zhòngmù-kuíkuí)之下让别人(bié·rén)擦鞋的异乡人，从近乎狼狈(lángbèi)的窘态(jiǒngtài)中解脱出来(chū·lái)。我们像朋友(péngyou)一样聊起天儿来……

几个月之后，也是在街上。一些十字路口处或车站坐着几位老人。他们满头银发(yínfà)，身穿各种老式军装，上面布满了大大小小形形色色的徽章(huīzhāng)、奖章，每人手捧一大束鲜花，有水仙、石竹、玫瑰(méi·guī)及叫不出名字(míngzi)的，一色(yísè)雪白。匆匆过往的行人纷纷止步，把钱投进这些老人身旁的白色木箱内，然后向他们微微鞠躬(jūgōng)，从他们手中接过一朵花。我看了一会儿(yíhuìr)，有人投一两元，有人投几百元，还有人掏出支票填好后投进木箱。那些老军人毫不注意(zhùyì)人们(rénmen)捐多少(duō·shǎo)钱，一直不//停地向人们低声道谢。同行(tóngxíng)的朋友告诉(gàosu)我，这是为纪念二次大战中参战的勇士，募捐救济残废军人和烈士遗孀(yíshuāng)，每年一次；认捐的人可谓踊跃(yǒngyuè)，而且秩序(zhìxù)井然，气氛(qì·fēn)庄严。有些地方(dìfang)，人们还耐心地排着队。我想，这是因为(yīn·wèi)他们都知道(zhī·dào)：正是这些老人们的流血(liúxuè)牺牲换来了包括他们信仰自由在内的许许多多。

我两次把那微不足道的一点儿(yìdiǎnr)钱捧给他们，只想对他们说声“谢谢(xièxie)”。

——节选自青白《捐诚》

作品22号

没有(méi·yǒu)一片绿叶，没有一缕(yìlǚ)炊烟(chuīyān)，没有一粒泥土，没有一丝花香，只有水的世界，云的海洋。

一阵(zhèn)台风袭(xí)过，一只孤单的小鸟无家可归，落到被卷到洋里的木板上，乘(chéng)流而下，姗姗(shānshān)而来，近了，近了！……

忽然，小鸟张开翅膀(chìbǎng)，在人们(rénmen)头顶盘旋(pánxuán)了几圈儿，“噗啦(pūlā)”一声落到了船上。许是累了？还是发现了“新大陆”？水手(shuǐshǒu)撵(niǎn)它它不走，抓它，它乖乖地落在掌心。可爱的小鸟和善良的水手结成(jiéchéng)了朋友(péngyou)。

瞧，它多美丽，娇巧的小嘴，啄(zhuó)理着绿色的羽毛，鸭子样的扁脚，呈现出春草的鹅黄。水手们把它带到舱里，给它“搭铺(dāpù)”，让它在船上安家落户，每天，把分到的一塑料(sùliào)筒淡水匀(yún)给它喝，把从祖国带来的鲜美的鱼肉分给它吃，天长日久，小鸟和水手的感情日趋笃厚(dǔhòu)。清晨(qīngchén)，当第一束(shù)阳光射进舷窗

(xiánchuāng)时，它便敞开(chǎngkāi)美丽的歌喉，唱啊唱，嘤嘤(yīngyīng)有韵，宛如(wǎnrú)春水淙淙(cóngcóng)。人类给它以生命(shēngmìng)，它毫不悭吝(qiānlìn)地把自己的艺术青春奉献给了哺育(bǔyù)它的人。可能都是这样？艺术家们的青春只会献给尊敬(zūnjìng)他们的人。

小鸟给远航生活蒙（méng）上了一层浪漫色调（sèdiào）。返航时，人们爱不释手(àibùshìshǒu)，恋恋不舍地想把它带到异乡。可小鸟憔悴(qiáocuì)了，给水，不喝！喂肉，不吃！油亮的羽毛失去了光泽。是啊，我//们有自己的祖国，小鸟也有它的归宿(guīsù)，人和动物都是一样啊，哪儿(nǎr)也不如故乡好！

慈爱的水手们决定放开它，让它回到大海的摇篮去，回到蓝色的故乡去。离别前，这个大自然的朋友与水手们留影纪念。它站在许多人的头上，肩上，掌上，胳膊(gēbo)上，与喂养过它的人们，一起融进那蓝色的画面……

——节选自王文杰《可爱的小鸟》

作品23号

纽约的冬天常有大风雪，扑面(pūmiàn)的雪花不但令人难以睁开眼睛(yǎnjing)，甚至(shènzhì)呼吸都会吸入冰冷(bīnglěng)的雪花。有时前一天晚上(wǎnshang)还是一片晴朗，第二天拉开窗帘，却已经(yǐ·jīng)积雪盈(yíng)尺，连门都推不开了。

遇到这样的情况(qíngkuàng)，公司、商店常会停止上班，学校也通过广播，宣布停课。但令人不解的是，惟有公立小学，仍然(réngrán)开放。只见黄色的校车，艰难地在路边接孩子(háizi)，老师则一大早就口中喷着(pēnzhe)热气，铲去车子(chēzi)前后的积雪，小心翼翼(xiǎoxīn-yìyì)地开车去学校。

据统计，十年来纽约的公立小学只因为(yīn·wèi)超级暴风雪停过七次课。这是多么(duōme)令人惊讶(jīngyà)的事。犯得着(fàndezháo)在大人都无须上班的时候(shíhou)让孩子去学校吗？小学的老师也太倒霉了吧？

于是，每逢大雪而小学不停课时，都有家长打电话去骂。妙的是，每个打电话的人，反应(fǎnyìng)全一样——先是怒气冲冲地责问(zéwèn)，然后满口道歉，最后笑容满面地挂上电话。原因是，学校告诉(gàosu)家长：

在纽约有许多百万富翁，但也有不少贫困（pínkùn）的家庭。后者白天开不起暖气(nuǎnqì)，供(gōng)不起午餐，孩子的营养全靠学校里免费的中饭，甚至可以多拿些回家当(dàng)晚餐。学校停课一天，穷孩子就受一天冻，挨(ái)一天饿，所以老师们宁愿(nìngyuàn)自己苦一点儿(yìdiǎnr)，也不能停//课。

或许有家长会说：何不让富裕(fùyù)的孩子在家里，让贫穷的孩子去学校享受暖气和营养午餐呢？

学校的答复(dá·fù)是：我们不愿让那些穷苦的孩子感到他们是在接受救济，因为施舍(shīshě)的最高原则是保持受施者的尊严(zūnyán)。

——节选自(台湾)刘墉《课不能停》

作品24号

十年，在历史上不过是一瞬间（yíshùnjiān）。只要稍加注意（zhùyì），人们（rénmen）就会发现：在这一瞬间里，各种事物都悄悄经历了自己的千变万化。

这次重新访日，我处处感到亲切和熟悉（shú·xī），也在许多方面（fāngmiàn）发觉了日本的变化。就拿奈良（Nàiliáng）的一个角落（jiǎoluò）来说吧，我重游了为之（wèizhī）感受很深的唐招提寺，在寺内各处匆匆走了一遍，庭院依旧（yījiù），但意想不到还看到了一些新的东西（dōngxi）。其中之一，就是近几年从中国移植来的“友谊（yǒuyì）之莲”。

在存放鉴真遗像的那个院子里，几株中国莲昂然挺立，翠绿的宽大荷叶正迎风而舞，显得（xiǎn·dé）十分愉快。开花的季节已过，荷花朵朵已变为莲蓬（liánpeng）累累（léiléi）。莲子（liánzǐ）的颜色正在由青转紫，看来已经（yǐ·jīng）成熟（chéngshú）了。

我禁不住（jīn·bùzhù）想：“因”已转化为“果”。

中国的莲花开在日本，日本的樱花（yīnghuā）开在中国，这不是偶然（ǒurán）。我希望这样一种盛况（shèngkuàng）延续不衰。可能有人不欣赏花，但决不会有人欣赏落在自己面前的炮弹。

在这些日子（rìzi）里，我看到了不少多年不见的老朋友（péngyou），又结识（jiéshí）了一些新朋友。大家喜欢（xǐhuan）涉及的话题之一，就是古长安和古奈良。那还用得着（yòngdezháo）问吗，朋友们缅怀（miǎnhuái）过去，正是瞩望（zhǔwàng）未来。瞩目于未来的人们必将获得（huòdé）未来。

我不例外，也希望一个美好的未来。

为//了中日人民之间的友谊，我将不浪费今后生命（shēngmìng）的每一瞬间。

——节选自严文井《莲花和樱花》

作品25号

梅雨潭闪闪的绿色招引（zhāoyǐn）着我们，我们开始追捉（zhuīzhuō）她那离合的神光了。揪（jiū）着草，攀着乱石，小心探身下去，又鞠躬（jūgōng）过了一个石穹门（shíqióngmén），便到了汪（wāng）汪一碧的潭边了。

瀑布（pùbù）在襟袖（jīnxiù）之间，但是我的心中已没有（méi·yǒu）瀑布了。我的心随潭水的绿而摇荡（yáodàng）。那醉人的绿呀！仿佛（fǎngfú）一张极大极大的荷叶铺（pū）着，满是奇异的绿呀。我想张开两臂抱住她，但这是怎样（zěnyàng）一个妄想（wàngxiǎng）啊。

站在水边，望到那面，居然（jūrán）觉着（juézhe）有些远呢！这平铺着、厚积着的绿，着实（zhuóshí）可爱。她松松地皱缬（zhòuxié）着，像少妇拖着的裙幅（qúnfú）；她滑滑的明亮着，像涂了“明油”一般，有鸡蛋清那样软，那样嫩；她又不杂些尘滓（chénzǐ），宛然（wǎnrán）一块温润的碧玉，只清清的一色——但你却看不透她！

我曾见过北京什刹海(Shíchàhǎi)拂地(fúdì)的绿杨,脱不了鹅黄的底子,似乎(sìhū)太淡了。我又曾见过杭州虎跑寺(Hǔpáosì)近旁高峻(gāojùn)而深密的"绿壁",丛叠(cóngdié)着无穷的碧草与绿叶的,那又似乎太浓了。其余呢,西湖的波太明了,秦淮河的也太暗了。可爱的,我将什么(shénme)来比拟(bǐnǐ)你呢?我怎么(zěnme)比拟得出呢?大约潭是很深的,故能蕴蓄(yùnxù)着这样奇异的绿;仿佛(fǎngfú)蔚蓝(wèilán)的天融了一块在里面似的(shìde),这才这般的鲜润(xiānrùn)啊。

那醉人的绿呀!我若能裁你以为带,我将赠给那轻盈(qīngyíng)的//舞女,她必能临风飘举了。我若能挹(yì)你以为眼,我将赠给那善歌的盲妹,她必明眸善睐(míngmóu-shànlài)了。我舍不得你,我怎舍得(shě·dé)你呢?我用手拍着你,抚摩(fǔmó)着你,如同一个十二三岁的小姑娘(xiǎogūniang)。我又掬(jū)你入口,便是吻着她了。我送你一个名字(míngzi),我从此叫你"女儿绿",好吗?

第二次到仙岩的时候(shíhou),我不禁(bùjīn)惊诧(jīngchà)于梅雨潭的绿了。

——节选自朱自清《绿》

作品 26 号

我们家的后园有半亩空地(kòngdì),母亲(mǔ·qīn)说:"让它荒着怪可惜(kěxī)的,你们那么(nàme)爱吃花生,就开辟(kāipì)出来(chū·lái)种花生吧。"我们姐弟几个都很高兴,买种(mǎizhǒng),翻地,播种(bōzhǒng),浇水,没过几个月,居然(jūrán)收获了。

母亲说:"今晚我们过一个收获节,请你们父亲(fù·qīn)也来尝尝(chángchang)我们的新花生,好不好?"我们都说好。母亲把花生做成了好几样食品,还吩咐(fēn·fù)就在后园的茅亭里过这个节。

晚上(wǎnshang)天色不太好,可是父亲也来了,实在很难得(nándé)。

父亲说:"你们爱吃花生吗?"

我们争着答应(dāying):"爱!"

"谁能把花生的好处(hǎo·chù)说出来?"

姐姐(jiějie)说:"花生的味美。"

哥哥(gēge)说:"花生可以榨油(zhàyóu)。"

我说:"花生的价钱(jià·qián)便宜(piányi),谁都可以买来吃,都喜欢(xǐhuan)吃。这就是它的好处。"

父亲说:"花生的好处很多,有一样最可贵:它的果实埋在地里,不像桃子(táozi)、石榴(shíliu)、苹果(píngguǒ)那样,把鲜红嫩绿(nènlǜ)的果实高高地挂在枝头上,使人一见就生爱慕(àimù)之心。你们看它矮矮地长在地上,等到成熟(chéngshú)了,也不能立刻分辨(fēnbiàn)出来它有没有(méi·yǒu)果实,必须挖出来才知道(zhī·dào)。"

我们都说是,母亲也点点头。

父亲接下去说:"所以你们要像花生,它虽然(suīrán)不好看(hǎokàn),可是很有用,不是外表好看而没有实用的东西(dōngxi)。"

我说:“那么,人要做有用的人,不要做只讲体面(tǐ·miàn),而对别人(bié·rén)没有好处的人了。”//

父亲说:“对。这是我对你们的希望。”

我们谈到夜深才散。花生做的食品都吃完了,父亲的话却深深地印(yìn)在我的心上。

——节选自许地山《落花生》

作品 27 号

我打猎归来,沿着花园的林阴路(línyīnlù)走着。狗跑在我前边。

突然,狗放慢脚步,蹑足潜行(nièzú-qiánxíng),好像(hǎoxiàng)嗅(xiù)到了前边有什么(shénme)野物。

我顺着林阴路望去,看见(kàn·jiàn)了一只嘴边还带黄色、头上生着柔毛的小麻雀。风猛烈地吹打着林阴路上的白桦(huà)树,麻雀从巢(cháo)里跌落(diēluò)下来,呆呆地伏(fú)在地上,孤立无援地张开两只羽毛还未丰满的小翅膀(chìbǎng)。

我的狗慢慢向它靠近。忽然,从附近一棵树上飞下一只黑胸脯(xiōngpú)的老麻雀,像一颗石子(shízǐr)似的(shìde)落到狗的跟前。老麻雀全身倒竖着羽毛,惊恐(jīngkǒng)万状,发出绝望、凄惨(qīcǎn)的叫声,接着向露出(lòuchū)牙齿、大张着的狗嘴扑去。

老麻雀是猛扑下来救护幼雀的。它用身体掩护(yǎnhù)着自己的幼儿……但它整个小小的身体因恐怖(kǒngbù)而战栗(zhànlì)着,它小小的声音也变得粗暴嘶哑(sīyǎ),它在牺牲自己!

在它看来,狗该是多么(duōme)庞大(pángdà)的怪物啊!然而(rán'ér),它还是不能站在自己高高的、安全的树枝上……一种比它的理智更强烈(qiángliè)的力量(lì·liàng),使它从那儿(nàr)扑(pū)下身来。

我的狗站住了,向后退了退……看来,它也感到了这种力量。

我赶紧唤住惊慌失措(jīnghuāng-shīcuò)的狗,然后我怀着崇敬(chóngjìng)的心情,走开了。

是啊,请不要见笑。我崇敬那只小小的、英勇的鸟儿(niǎo·ér),我崇敬它那种爱的冲动和力量。

爱,我//想,比死和死的恐惧更强大。只有依靠它,依靠这种爱,生命(shēngmìng)才能维持下去,发展下去。

——节选自[俄]屠格涅夫《麻雀》,巴金译

作品 28 号

那年我六岁。离我家仅一箭之遥的小山坡旁,有一个早已被废弃(fèiqì)的采石场,双亲从来不准我去那儿(nàr),其实那儿风景十分迷人。

一个夏季的下午,我随着一群小伙伴偷偷上那儿去了。就在我们穿越了一条孤寂的小路后,他们却把我一个人留在原地,然后奔(bēn)向"更危险的地带"了。

等他们走后,我惊慌失措地发现,再也找不到要回家的那条孤寂的小道了。像只无头的苍蝇(cāngying),我到处乱钻(zuān),衣裤上挂满了芒刺(mángcì)。太阳(tài·yáng)已经(yǐ·jīng)落山,而此时此刻,家里一定开始吃晚餐了,双亲正盼着我回家……想着想着,我不由得背靠着一棵树,伤心地呜呜大哭起来……

突然,不远处传来了声声柳笛(liǔdí)。我像找到了救星,急忙循(xún)声走去。一条小道边的树桩(shùzhuāng)上坐着一位吹笛人,手里还正削(xiāo)着什么(shénme)。走近细看,他不就是被大家称为"乡巴佬儿(xiāngbalǎor)"的卡廷(Kǎtíng)吗?

"你好,小家伙儿(xiǎojiāhuor),"卡廷说,"看天气多美,你是出来(chū·lái)散步的吧?"

我怯生生(qièshēngshēng)地点点头,答道:"我要回家了。"

"请耐心等上几分钟,"卡廷说,"瞧,我正在削一支柳笛,差不多就要做好了,完工后就送给你吧!"

卡廷边削边不时把尚未成形的柳笛放在嘴里试吹一下。没过多久,一支柳笛便递到我手中。我俩在一阵(zhèn)阵清脆(qīngcuì)悦耳(yuè'ěr)的笛音//中,踏上了归途……

当时,我心中只充满感激,而今天,当我自己也成了祖父时,却突然领悟到他用心之良苦!那天当他听到我的哭声时,便判定我一定迷了路,但他并不想在孩子(háizi)面前扮演"救星"的角色(juésè),于是吹响柳笛以便让我能发现他,并跟着他走出困境(kùnjìng)!就这样,卡廷先生(xiānsheng)以乡下(xiāngxia)人的纯朴(chúnpǔ),保护了一个小男孩儿(nánháir)强烈的自尊(zìzūn)。

——节选自唐若水译《迷途笛音》

作品29号

在浩瀚无垠的沙漠里,有一片美丽的绿洲,绿洲里藏着一颗闪光的珍珠。这颗珍珠就是敦煌(Dūnhuáng)莫高窟(kū)。它坐落在我国甘肃(Gānsù)省敦煌市三危山和鸣沙山的怀抱中。

鸣沙山东麓(lù)是平均高度为十七米的崖壁(yábì)。在一千六百多米长的崖壁上,凿(záo)有大小洞窟七百余个,形成了规模宏伟的石窟群。其中四百九十二个洞窟中,共有彩色塑像两千一百余尊(zūn),各种壁画共四万五千多平方米。莫高窟是我国古代无数艺术匠师(jiàngshī)留给人类的珍贵文化遗产(yíchǎn)。

莫高窟的彩塑(cǎisù),每一尊都是一件精美的艺术品。最大的有九层楼那么高,最小的还不如一个手掌大。这些彩塑个性鲜明(xiānmíng),神态各异。有慈眉善目(címéi-shànmù)的菩萨(pú·sà),有威风凛凛(wēifēng-lǐnlǐn)的天王,还有强壮(qiángzhuàng)勇猛(yǒngměng)的力士……

莫高窟壁画的内容丰富多彩,有的是描绘古代劳动人民打猎、捕鱼、耕田(gēngtián)、收割的情景(qíngjǐng),有的是描绘人们(rénmen)奏乐、舞蹈、演杂技(zájì)的场面,还有的是描绘大自然的美丽风光。其中最引人注目的是飞天。壁画上的飞天，有的臂挎(kuà)花篮，采摘(cǎizhāi)鲜花；有的反弹(tán)琵琶(pí·pá)，轻拨银弦(xián)；有的倒悬(xuán)身子，自天而降；有的彩带飘拂(piāofú)，漫天遨游(áoyóu)；有的舒展(shūzhǎn)着双臂，翩翩起舞(piānpiān－qǐwǔ)。看着这些精美动人的壁画，就像走进了∥灿烂辉煌的艺术殿堂。

莫高窟里还有一个面积不大的洞窟——藏经洞。洞里曾藏有我国古代的各种经卷(jīngjuàn)、文书、帛画(bóhuà)、刺绣、铜像等共六万多件。由于清朝政府腐败无能，大量珍贵的文物被外国强盗掠(lüè)走。仅存的部分(bùfen)经卷，现在陈列(chénliè)于北京故宫等处。

莫高窟是举世闻名的艺术宝库。这里的每一尊彩塑、每一幅(fú)壁画、每一件文物，都是中国古代人民智慧的结晶(jiéjīng)。

——节选自小学《语文》第六册中《莫高窟》

作品 30 号

其实你在很久以前并不喜欢(xǐhuan)牡丹(mǔ·dān)，因为(yīn·wèi)它总被人作为(zuòwéi)富贵膜拜(móbài)。后来(hòulái)你目睹(mùdǔ)了一次牡丹的落花，你相信所有的人都会为(wéi)之感动：一阵清风徐来，娇艳鲜嫩的盛期(shèngqī)牡丹忽然整朵整朵地坠落(zhuìluò)，铺撒(pūsǎ)一地绚丽(xuànlì)的花瓣。那花瓣落地时依然鲜艳夺目，如同一只奉上祭坛(jìtán)的大鸟脱落的羽毛，低吟(dīyín)着壮烈(zhuàngliè)的悲歌离去。

牡丹没有(méi·yǒu)花谢花败之时，要么烁(shuò)于枝头，要么归于泥土，它跨越(kuàyuè)萎顿(wěidùn)和衰老，由青春而死亡，由美丽而消遁(xiāodùn)。它虽美却不吝惜(lìnxī)生命(shēngmìng)，即使(jíshǐ)告别也要展示给人最后一次的惊心动魄(jīngxīn－dòngpò)。

所以在这阴冷的四月里，奇迹(qíjì)不会发生。任凭(rènpíng)游人扫兴(sǎoxìng)和诅咒(zǔzhòu)，牡丹依然安之若素(ānzhī－ruòsù)。它不苟且(gǒuqiě)、不俯就(fǔjiù)、不妥协(tuǒxié)、不媚俗(mèisú)，甘愿(gānyuàn)自己冷落(lěngluò)自己。它遵循(zūnxún)自己的花期自己的规律，它有权利（quánlì）为自己选择每年一度的盛大节日。它为什么(wèishénme)不拒绝寒冷？

天南海北的看花人，依然络绎不绝(luòyì－bùjué)地涌入洛阳城。人们(rénmen)不会因牡丹的拒绝而拒绝它的美。如果它再被贬谪(biǎnzhé)十次，也许它就会繁衍(fányǎn)出十个洛阳牡丹城。

于是你在无言的遗憾(yíhàn)中感悟(gǎnwù)到，富贵与高贵只是一字之差(chā)。同人一样，花儿(huā'ér)也是有灵性(língxìng)的，更有品位之高低。品位这东西(dōngxi)为(wéi)气为魂(hún)为∥筋骨(jīngǔ)为神韵(shényùn)，只可意会。你叹服牡丹卓尔不群(zhuó'ěr－bùqún)之姿，方知品位是多么(duōme)容易(róng·yì)被世人忽略(hūlüè)或是漠视(mòshì)的美。

——节选自张抗抗《牡丹的拒绝》

作品 31 号

森林(sēnlín)涵养(hányǎng)水源，保持水土，防止水旱灾害的作用(zuòyòng)非常大。据专家测算，一片十万亩面积(miànjī)的森林，相当于一个两百万立方米的水库，这正如农谚(nóngyàn)所说的:“山上多栽树，等于修水库。雨多它能吞，雨少它能吐(tǔ)。”

说起森林的功劳(gōng·láo)，那还多得很。它除了为人类提供(tígōng)木材及许多种生产、生活的原料之外，在维护生态环境方面也是功劳卓著(zhuózhù)，它用另一种“能吞能吐”的特殊功能孕育(yùnyù)了人类。因为(yīn·wèi)地球在形成之初，大气中的二氧化碳含量很高，氧气很少，气温也高，生物是难以生存(shēngcún)的。大约在四亿年之前，陆地才产生了森林。森林慢慢将大气中的二氧化碳吸收，同时吐出新鲜(xīn·xiān)氧气，调节气温:这才具备了人类生存的条件，地球上才最终有了人类。

森林，是地球生态系统的主体，是大自然的总调度(diàodù)室，是地球的绿色之肺。森林维护地球生态环境的这种“能吞能吐”的特殊功能是其他任何物体都不能取代的。然而(rán’ér)，由于地球上的燃烧(ránshāo)物增多，二氧化碳的排放量急剧(jíjù)增加，使得(shǐ·dé)地球生态环境急剧恶化，主要表现为全球气候变暖，水分蒸发加快，改变了气流的循环(xúnhuán)，使气候变化加剧，从而引发热浪、飓风(jùfēng)、暴雨、洪涝(hónglào)及干旱。

为了//使地球的这个“能吞能吐”的绿色之肺恢复健壮，以改善生态环境，抑制(yìzhì)全球变暖，减少水旱等自然灾害，我们应该(yīnggāi)大力造林、护林，使每一座荒山都绿起来。

——节选自《中考语文课外阅读试题精选》中《“能吞能吐”的森林》

作品 32 号

朋友(péngyou)即将(jíjiāng)远行。

暮春(mùchūn)时节，又邀了几位朋友在家小聚。虽然(suīrán)都是极熟(shú)的朋友，却是终年难得(nándé)一见，偶尔(ǒu’ěr)电话里相遇，也无非是几句寻常(xúncháng)话。一锅小米稀饭，一碟大头菜，一盘自家酿制（niàngzhì）的泡菜（pàocài），一只巷口(xiàngkǒu)买回的烤鸭，简简单单，不像请客，倒(dào)像家人团聚。

其实，友情也好，爱情(àiqíng)也好，久而久之都会转化为亲情。

说也奇怪，和(hé)新朋友会谈文学、谈哲学、谈人生(rénshēng)道理等等，和老朋友却只话家常，柴米油盐，细细碎碎，种种琐事(suǒshì)。很多时候(shíhou)，心灵(xīnlíng)的契合(qìhé)已经(yǐ·jīng)不需要太多的言语(yányǔ)来表达。

朋友新烫了个头，不敢回家见母亲(mǔ·qīn)，恐怕惊骇(jīnghài)了老人家(lǎo·rén·jiā)，却欢天喜地(huāntiān-xǐdì)来见我们(wǒmen)，老朋友颇能以一种趣味性的眼光欣赏(xīnshǎng)这个改变(gǎibiàn)。

年少(niánshào)的时候,我们差不多(chà·bùduō)都在为别人(bié·rén)而活,为苦口婆心的父母活,为循循善诱(xúnxún–shànyòu)的师长活,为许多观念、许多传统的约束(yuēshù)力而活。年岁逐增(zhúzēng),渐渐挣脱(zhèngtuō)外在的限制(xiànzhì)与束缚(shùfù),开始懂得(dǒng·dé)为自己活,照自己的方式做一些自己喜欢(xǐhuan)的事,不在乎(zàihu)别人的批评意见(yì·jiàn),不在乎别人的诋毁(dǐhuǐ)流言,只在乎那一份随心所欲的舒坦(shūtan)自然。偶尔,也能够纵容(zòngróng)自己放浪(fànglàng)一下,并且有一种恶作剧(èzuòjù)的窃喜(qièxǐ)。

就让生命(shēngmìng)顺其自然,水到渠成吧,犹如窗前的//乌桕(wūjiù),自生自落之间,自有一份圆融丰满的喜悦。春雨轻轻落着,没有(méi·yǒu)诗,没有酒,有的只是一份相知(xiāngzhī)相属(xiāngzhǔ)的自在自得。

夜色在笑语中渐渐沉落,朋友起身告辞,没有挽留,没有送别,甚至也没有问归期。

已经过(guò)了大喜大悲的岁月,已经过了伤感流泪的年华,知道(zhī·dào)了聚散(jù–sàn)原来是这样的自然和顺理成章,懂得这点,便懂得珍惜每一次相聚的温馨(wēnxīn),离别便也欢喜。

——节选自(台湾)杏林子《朋友和其他》

作品33号

我们(wǒmen)在田野散步:我,我的母亲(mǔ·qīn),我的妻子(qī·zǐ)和(hé)儿子(érzi)。

母亲本不愿出来(chū·lái)的。她老了,身体不好,走远一点儿(yìdiǎnr)就觉得(jué·dé)很累。我说,正因为(yīn·wèi)如此,才应该(yīnggāi)多走走。母亲信服(xìnfú)地点点头,便去拿外套。她现在很听我的话,就像我小时候(xiǎoshíhou)很听她的话一样。

这南方初春的田野,大块小块的新绿随意(suíyì)地铺(pū)着,有的浓,有的淡,树上的嫩芽也密了,田里的冬水也咕咕地起着水泡。这一切都使人想着一样东西(dōngxi)——生命(shēngmìng)。

我和母亲走在前面(qián·miàn),我的妻子和儿子走在后面(hòu·miàn)。小家伙(jiāhuo)突然叫起来:“前面是妈妈(māma)和儿子,后面也是妈妈和儿子。”我们都笑了。

后来(hòulái)发生了分歧(fēnqí):母亲要走大路,大路平顺(píngshùn);我的儿子要走小路,小路有意思(yìsi)。不过,一切都取决于我。我的母亲老了,她早已习惯听从(tīngcóng)她强壮的儿子;我的儿子还小,他还习惯听从他高大的父亲(fù·qīn);妻子呢,在外面,她总是听我的。一霎时(yíshàshí)我感到了责任的重大。我想找一个两全的办法(bànfǎ),找不出;我想拆散(chāisàn)一家人,分成两路,各得其所,终不愿意(yuàn·yì)。我决定委屈(wěiqu)儿子,因为我伴同他的时日还长。我说:“走大路。”

但是母亲摸摸孙儿的小脑瓜儿(nǎoguār),变了主意[①](zhǔyi):“还是走小路吧。”她的眼随小路望去:那里有金色的菜花,两行整齐的桑树,//尽头(jìntóu)一口水波(shuǐbō)粼粼(línlín)的鱼塘。“我走不过去的地方(dìfang),你就背(bēi)着我。”母亲对我说。

这样(zhèyàng),我们在阳光下,向着那菜花、桑树和鱼塘走去。到了一处,我蹲(dūn)下来,背起了母亲;妻子也蹲下来,背起了儿子。我和妻子都是慢慢地,稳稳地,走得很仔细,好像(hǎoxiàng)我背(bèi)上的同她背上的加起来,就是整个世界。

——节选自莫怀戚《散步》

【注】①主意:口语一般读 zhúyi。

作品 34 号

地球上是否真的存在“无底洞(wúdǐdòng)”?按说地球是圆的,由地壳(dìqiào)、地幔(dìmàn)和地核三层组成,真正(zhēnzhèng)的“无底洞”是不应存在的,我们(wǒmen)所看到的各种山洞、裂口、裂缝(lièfèng),甚至火山口也都只是地壳浅部的一种现象。然而(rán'ér)中国一些古籍(gǔjí)却多次提到海外有个深奥莫测(shēn'ào-mòcè)的无底洞。事实上地球上确实有这样一个“无底洞”。

它位于希腊亚各斯(Yàgèsī)古城的海滨(hǎibīn)。由于濒临(bīnlín)大海,大涨潮(zhǎngcháo)时,汹涌(xiōngyǒng)的海水便会排山倒海般地涌入洞中,形成一股湍(tuān)湍的急流。据测,每天流入洞内的海水量达三万多吨。奇怪的是,如此大量的海水灌入洞中,却从来没有(méi·yǒu)把洞灌满。曾有人怀疑,这个“无底洞”,会不会就像石灰岩地区的漏斗(lòudǒu)、竖井、落水洞一类的地形。然而从二十世纪三十年代以来,人们(rénmen)就做了多种努力,企图(qǐtú)寻找它的出口,却都是枉费心机(wǎngfèi-xīnjī)。

为了揭开这个秘密(mìmì),一九五八年美国地理学会派出一支考察队,他们把一种经久不变的带色染料(rǎnliào)溶解在海水中,观察染料是如何随着海水一起沉下去。接着又察看了附近海面以及岛上的各条河、湖,满怀希望地寻找这种带颜色的水,结果(jiéguǒ)令人失望。难道是海水量太大把有色水(shuǐ)稀释(xīshì)得太淡,以致无法发现?//

至今谁也不知道(zhī·dào)为什么(wèishénme)这里的海水会没完没了(méiwán-méiliǎo)地“漏”下去,这个“无底洞”的出口又在哪里(nǎ·lǐ),每天大量的海水究竟都流到哪里去了?

——节选自罗伯特·罗威尔《神秘的“无底洞”》

作品 35 号

我在俄国见到的景物再没有(méi·yǒu)比托尔斯泰(Tuō'ěrsītài)墓更宏伟(hóngwěi)、更感人的。

完全按照托尔斯泰的愿望,他的坟墓成了世间最美的,给人印象(yìnxiàng)最深刻的坟墓。它只是树林中的一个小小的长方形土丘,上面开满鲜花——没有十字架,没有墓碑(mùbēi),没有墓志铭(mùzhìmíng),连托尔斯泰这个名字(míngzi)也没有。

这位比谁都感到受自己的声名(shēngmíng)所累(suǒlěi)的伟人,却像偶尔(ǒu'ěr)被发现的流浪汉,不为(bùwéi)人知的士兵,不留名姓地被人埋葬(máizàng)了。谁都可以踏进他最后的安息地(ānxīdì),围在四周(sìzhōu)稀疏(xīshū)的木栅栏(mùzhàlan)是不关闭的——保护列夫·托尔斯泰得以安息的没有任何别的东西(dōngxi),惟有人们(rénmen)的敬意(jìngyì);而通常,人们却总是怀着(huáizhe)好奇(hàoqí),去破坏伟人墓地的宁静(níngjìng)。

这里,逼人的朴素(pǔsù)禁锢(jìngù)住任何一种观赏的闲情(xiánqíng),并且不容许(róngxǔ)你大声说话。风儿(fēng'·ér)俯临(fǔlín),在这座无名者之墓的树木之间飒飒(sàsà)响着,和暖(hénuǎn)的阳光在坟头(féntóu)嬉戏(xīxì);冬天,白雪温柔地覆盖(fùgài)这片幽暗(yōu'àn)的土地。无论你在夏天或冬天经过(jīngguò)这儿(zhèr),你都想像不到,这个小小的、隆起的长方体里安放着一位当代最伟大的人物。

然而(rán'ér),恰恰(qiàqià)是这座不留姓名(xìngmíng)的坟墓,比所有挖空(wākōng)心思(xīnsi)用大理石和奢华(shēhuá)装饰建造的坟墓更扣人心弦(kòurénxīnxián)。在今天这个特殊的日子里,//到他的安息地来的成百上千人中间,没有一个有勇气,哪怕(nǎpà)仅仅从这幽暗的土丘上摘下一朵花留作纪念。人们重新感到,世界上再没有比托尔斯泰最后留下的、这座纪念碑式的朴素坟墓,更打动人心的了。

——节选自[奥]茨威格《世间最美的坟墓》,张厚仁译

作品36号

我国的建筑,从古代的宫殿(gōngdiàn)到近代的一般住房,绝大部分是对称(duìchèn)的,左边(zuǒ·biān)怎么(zěnme)样,右边(yòu·biān)怎么样。苏州(Sūzhōu)园林可绝不讲究(jiǎng·jiū)对称,好像(hǎoxiàng)故意避免(bìmiǎn)似的(shìde)。东边有了一个亭子(tíngzi)或者一道回廊,西边决不会来一个同样的亭子或者一道同样的回廊。这是为什么(wèishénme)?我想,用图画来比方(bǐfang),对称的建筑是图案画,不是美术画,而园林是美术画,美术画要求自然之趣,是不讲究对称的。

苏州园林里都有假山和池沼(chízhǎo)。

假山的堆叠(duīdié),可以说是一项艺术而不仅是技术。或者是重峦叠嶂(chóngluán-diézhàng),或者是几座小山配合着竹子(zhúzi)花木,全在乎(zàihu)设计者和匠师们(jiàngshīmen)生平多阅历,胸中有丘壑(qiūhè),才能使游览者攀登的时候(shíhou)忘却苏州城市,只觉得(jué·dé)身在山间。

至于池沼,大多引用活水。有些园林池沼宽敞(kuān·chǎng),就把池沼作为全园的中心,其他景物配合着布置。水面假如成河道模样(múyàng),往往安排桥梁。假如安排两座以上的桥梁,那就一座一个样,决不雷同。

池沼或河道的边沿很少砌(qì)齐整的石岸,总是高低屈曲(qūqū)任其自然。还在那儿(nàr)布置几块玲珑(línglóng)的石头(shítou),或者种些花草。这也是为了取得(qǔdé)从各个角度看都成一幅(fú)画的效果。池沼里养着金鱼或各色鲤鱼,夏秋季节荷

花或睡莲开//放，游览者看“鱼戏莲叶间”，又是入画的一景。

——节选自叶圣陶《苏州园林》

作品 37 号

一位访美中国女作家，在纽约遇到一位卖花的老太太（tàitai）。老太太穿着（chuānzhuó）破旧，身体虚弱（xūruò），但脸上的神情（shénqíng）却是那样祥和（xiánghé）兴奋（xīngfèn）。女作家挑了一朵花（huā）说：“看起来，你很高兴（gāoxìng）。”老太太面带微笑地说：“是的（shìde），一切都这么（zhème）美好，我为什么（wèishénme）不高兴呢？”“对烦恼，你倒（dào）真能看得开。”女作家又说了一句。没料到，老太太的回答更令女作家大吃一惊：“耶稣（Yēsū）在星期五被钉（dìng）上十字架时，是全世界最糟糕（zāogāo）的一天，可三天后就是复活节。所以，当我遇到不幸时，就会等待三天，这样一切就恢复（huīfù）正常了。”

“等待三天，”多么（duōme）富于哲理（zhélǐ）的话语，多么乐观的生活方式。它把烦恼（fánnǎo）和痛苦抛下，全力去收获快乐。

沈从文在“文革”期间，陷入了非人的境地（jìngdì）。可他毫不在意，他在咸宁时给他的表侄、画家黄永玉写信说：“这里的荷花真好，你若来……”身陷苦难却仍（réng）为（wèi）荷花的盛开欣喜赞叹不已，这是一种趋于澄明（chéngmíng）的境界（jìngjiè），一种旷达（kuàngdá）洒脱（sǎ·tuō）的胸襟（xiōngjīn），一种面临（miànlín）磨难（mónàn）坦荡从容（cóngróng）的气度，一种对生活童子般的热爱和对美好事物无限向往的生命（shēngmìng）情感。

由此可见，影响一个人快乐的，有时并不是困境（kùnjìng）及磨难，而是一个人的心态。如果把自己浸泡（jìnpào）在积极、乐观、向上的心态中，快乐必然会//占据（zhànjù）你的每一天。

——节选自《态度创造快乐》

作品 38 号

泰山极顶看日出，历来被描绘成十分壮观（zhuàngguān）的奇景。有人说：登泰山而看不到日出，就像一出大戏没有（méi·yǒu）戏眼（xìyǎn），味儿（wèir）终究有点寡淡（guǎdàn）。

我去爬山那天，正赶上个难得（nándé）的好天，万里长空，云彩（yúncai）丝儿（sīr）都不见。素常（sùcháng），烟雾腾腾的山头，显得（xiǎn·dé）眉目（méi·mù）分明（fēnmíng）。同伴们都欣喜地说：“明天早晨（zǎo·chén）准可以看见（kàn·jiàn）日出了。”我也是抱着这种想头（xiǎngtou），爬上山去。

一路从山脚往上爬，细看山景，我觉得（jué·dé）挂在眼前的不是五岳独尊的泰山，却像一幅规模（guīmó）惊人的青绿山水画，从下面倒（dào）展开来。在画卷（huàjuàn）中最先露(lòu)出的是山根(shāngēnr)底那座明朝建筑岱宗坊(Dàizōngfāng),慢慢地便现出王母池、斗(dǒu)母宫、经石峪(yù)。山是一层比一层深,一叠(dié)比一叠奇,层层叠叠,不知还会有多深多奇。万山丛中,时而(shí'ér)点染(diǎnrǎn)着极其工细的人物。王母池旁的吕祖殿里有不少尊明塑,塑着吕洞宾等一些人,姿态神情是那样有生气,你看了,不禁(bùjīn)会脱口赞叹(zàntàn)说:"活啦。"

画卷继续展开,绿阴(lǜyīn)森森(sēnsēn)的柏洞(Bǎidòng)露面(lòumiàn)不太久,便来到对松山。两面奇峰对峙(duìzhì)着,满山峰都是奇形怪状的老松,年纪怕都有上千岁了,颜色竟那么浓,浓得好像(hǎoxiàng)要流下来似的(shìde)。来到这儿(zhèr),你不妨(bùfáng)权当一次画里的写意人物,坐在路旁的对松亭里,看看山色,听听流//水和松涛。

一时间,我又觉得自己不仅是在看画卷,却又像是在零零乱乱翻着一卷(yíjuàn)历史稿本。

——节选自杨朔《泰山极顶》

作品 39 号

育才小学校长陶行知(Táo Xíngzhī)在校园看到学生(xuésheng)王友用泥块(níkuài)砸(zá)自己班上的同学,陶行知当即(dāngjí)喝止(hèzhǐ)了他,并令他放学后到校长室去。无疑,陶行知是要好好(hǎohǎo)教育这个"顽皮"的学生。那么他是如何教育的呢?

放学后,陶行知来到校长室,王友已经(yǐ·jīng)等在门口准备挨(ái)训了。可一见面,陶行知却掏出一块糖果送给王友,并说:"这是奖给你的,因为(yīn·wèi)你按时来到这里,而我却迟到了。"王友惊疑(jīngyí)地接过糖果。

随后,陶行知又掏出一块糖果放到他手里,说:"这第二块糖果也是奖给你的,因为当我不让你再打人时,你立即(lìjí)就住手了,这说明你很尊重(zūnzhòng)我,我应该(yīnggāi)奖你。"王友更惊疑了,他眼睛(yǎnjing)睁得大大的。

陶行知又掏出第三块糖果塞(sāi)到王友手里,说:"我调查过了,你用泥块砸那些男生,是因为他们不守游戏规则,欺负(qīfu)女生;你砸他们,说明你很正直善良,且有批评不良行为的勇气,应该奖励你啊!"王友感动极了,他流着眼泪后悔地喊道:"陶……陶校长你打我两下吧!我砸的不是坏人,而是自己的同学啊……"

陶行知满意地笑了,他随即(suíjí)掏出第四块糖果递给王友,说:"为(wèi)你正确地认识错误,我再奖给你一块糖果,只可惜我只有这一块糖果了。我的糖果//没有(méi·yǒu)了,我看我们的谈话也该结束了吧!"说完,就走出了校长室。

——节选自《教师博览·百期精华》中《陶行知的"四块糖果"》

作品 40 号

享受幸福是需要学习的,当它即将(jíjiāng)来临的时刻需要提醒。人可以自然而然地学会感官（gǎnguān）的享乐（xiǎnglè），却无法天生地掌握幸福的韵律（yùnlǜ）。灵魂（línghún）的快意同器官的舒适像一对孪生（luánshēng）兄弟，时而相傍（xiāngbàng）相依，时而南辕北辙（nányuán-běizhé）。

幸福是一种心灵（xīnlíng）的震颤（zhènchàn）。它像会倾听（qīngtīng）音乐的耳朵（ěrduo）一样，需要不断地训练（xùnliàn）。

简而言之，幸福就是没有（méi·yǒu）痛苦的时刻。它出现的频率（pínlǜ）并不像我们想像的那样少。人们（rénmen）常常只是在幸福的金马车已经（yǐ·jīng）驶过去很远时，才拣起地上的金鬃毛（jīnzōngmáo）说，原来我见过它。

人们喜爱回味幸福的标本（biāoběn），却忽略（hūlüè）它披着露水（lù·shuǐ）散发（sànfā）清香的时刻。那时候我们往往步履（bùlǚ）匆匆（cōngcōng），瞻前顾后（zhānqián-gùhòu）不知在忙着什么（shénme）。

世上有预报台风的，有预报蝗灾（huángzāi）的，有预报瘟疫（wēnyì）的，有预报地震的。没有人预报幸福。

其实幸福和世界万物一样，有它的征兆（zhēngzhào）。

幸福常常是朦胧（ménglóng）的，很有节制（jiézhì）地向我们喷洒（pēnsǎ）甘霖（gānlín）。你不要总希望轰轰烈烈（hōnghōng-lièliè）的幸福，它多半只是悄悄地扑面而来。你也不要企图（qǐtú）把水龙头（shuǐlóngtóu）拧（nǐng）得更大，那样它会很快地流失。你需要静静地以平和之心，体验它的真谛（zhēndì）。

幸福绝大多数是朴素（pǔsù）的。它不会像信号弹似的（shìde），在很高的天际闪烁（shǎnshuò）红色的光芒（guāngmáng）。它披着本色的外//衣，亲切温暖地包裹（bāoguǒ）起我们。

幸福不喜欢（xǐhuan）喧嚣（xuānxiāo）浮华，它常常在暗淡中降临。贫困中相濡以沫（xiāngrúyǐmò）的一块糕饼，患难中心心相印（xīnxīn-xiāngyìn）的一个眼神，父亲（fù·qīn）一次粗糙（cūcāo）的抚摸（fǔmō），女友一张温馨（wēnxīn）的字条……这都是千金难买的幸福啊。像一粒粒缀（zhuì）在旧绸子上的红宝石，在凄凉（qīliáng）中愈发熠（yì）熠夺目。

——节选自毕淑敏《提醒幸福》

作品 41 号

在里约热内卢的一个贫民窟（pínmínkū）里，有一个男孩子（nánháizi），他非常喜欢（xǐhuan）足球，可是又买不起，于是就踢塑料盒（sùliàohér），踢汽水瓶，踢从垃圾（lājī）箱里拣（jiǎn）来的椰子壳（yēzikér）。他在胡同（hútòngr）里踢，在能找到的任何（rènhé）一片空地（kòngdì）上踢。

有一天，当他在一处干涸（gānhé）的水塘里猛踢一个猪膀胱（pángguāng）时，被一位足球教练看见（kàn·jiàn）了。他发现这个（zhège）男孩踢得很像是那么（nàme）回事，就主动提出要送给他一个足球。小男孩儿（nánháir）得到足球后踢得更卖劲（màijìnr）了。不久，他就能准确（zhǔnquè）地把球踢进远处随意（suíyì）摆放（bǎifàng）的一个水桶里。

圣诞节到了，孩子的妈妈说："我们没有（méi·yǒu）钱买圣诞礼物送给我们的恩人（ēnrén），就让我们为他祈祷（qídǎo）吧。"

小男孩儿跟随妈妈祈祷完毕，向妈妈要了一把铲子（chǎnzi）便跑了出去。他来到一座别墅（biéshù）前的花园里，开始挖坑。

就在他快要挖好坑的时候（shíhou），从别墅里走出一个人来，问小孩儿在干什么（shénme），孩子抬起满是汗珠的脸蛋儿（liǎndànr），说："教练，圣诞节到了，我没有礼物送给您，我愿给您的圣诞树挖一个树坑。"

教练把小男孩儿从树坑里拉上来，说，我今天得到了世界上最好的礼物。明天你就到我的训练（xùnliàn）场去吧。

三年后，这位十七岁的男孩儿在第六届足球锦标赛（jǐnbiāosài）上独进二十一球，为巴西第一次捧回了金杯。一个原//来不为（wéi）世人所知的名字（míngzi）——贝利，随之传遍世界。

——节选自刘燕敏《天才的造就》

作品 42 号

记得（jì·dé）我十三岁时，和母亲（mǔ·qīn）住在法国东南部的耐斯城。母亲没有（méi·yǒu）丈夫（zhàngfu），也没有亲戚（qīnqi），够清苦（qīngkǔ）的，但她经常能拿出令人吃惊的东西（dōngxi），摆在我面前（miànqián）。她从来不吃肉，一再说自己是素食者。然而（rán'ér）有一天，我发现母亲正仔细地用一小块碎面包擦那给我煎牛排用的油锅。我明白了她称（chēng）自己为（wéi）素食者的真正（zhēnzhèng）原因。

我十六岁时，母亲成了耐斯市美蒙旅馆的女经理。这时，她更忙碌了。一天，她瘫（tān）在椅子上，脸色苍白，嘴唇发灰。马上（mǎshàng）找来医生，做出诊断（zhěnduàn）：她摄取（shèqǔ）了过多的胰岛素（yídǎosù）。直到这时我才知道（zhī·dào）母亲多年一直对我隐瞒（yǐnmán）的疾痛（jítòng）——糖尿病。

她的头歪向枕头（zhěntou）一边，痛苦地用手抓挠（zhuānao）胸口（xiōngkǒu）。床架上方，则挂着一枚我一九三二年赢得（yíngdé）耐斯市少年乒乓球冠军的银质奖章。

啊，是对我的美好前途的憧憬（chōngjǐng）支撑（zhīchēng）着她活下去，为了给她那荒唐（huāng·táng）的梦至少加一点真实的色彩，我只能继续努力，与时间竞争（jìngzhēng），直至一九三八年我被征入空军。巴黎很快失陷（shīxiàn），我辗转（zhǎnzhuǎn）调到英国皇家空军。刚到英国就接到了母亲的来信。这些信是由在瑞士的一个朋友（péngyou）秘密地转（zhuǎn）到伦敦，送到我手中的。

现在我要回家了，胸前佩带（pèidài）着醒目（xǐngmù）的绿黑两色的解放十字绶//带（shòudài），上面挂着五六枚我终身难忘的勋章（xūnzhāng），肩上还佩带着军官肩章。到达旅馆时，没有一个人跟我打招呼（zhāohu）。原来，我母亲在三年半以前就已经（yǐ·jīng）离开人间了。

在她死前的几天中，她写了近二百五十封信，把这些信交给她在瑞士的朋友，请这个朋友定时寄给我。就这样(zhèyàng),在母亲死后的三年半时间里,我一直从她身上吸取着力量(lì·liàng)和勇气(yǒngqì)——这使我能够继续(jìxù)战斗到胜利那一天。

——节选自[法]罗曼·加里《我的母亲独一无二》

作品 43 号

生活对于任何人都非易事,我们(wǒmen)必须有坚韧不拔(jiānrèn-bùbá)的精神。最要紧(yàojǐn)的,还是我们自己要有信心。我们必须相信,我们对每一件事情(shìqing)都具有天赋(tiānfù)的才能,并且,无论付出任何代价(dàijià),都要把这件事完成。当事情结束(jiéshù)的时候(shíhou),你要能问心无愧(wènxīn-wúkuì)地说:"我已经(yǐ·jīng)尽我所能了。"

有一年的春天,我因病被迫在家里休息(xiūxi)数(shù)周。我注视着我的女儿们所养的蚕正在结茧(jiéjiǎn),这使我很感兴趣。望着这些蚕执著(zhízhuó)地、勤奋(qínfèn)地工作,我感到我和它们非常相似(xiāngsì)。像它们一样,我总是耐心地把自己的努力集中在一个目标上。我之所以如此,或许是因为(yīn·wèi)有某种力量(lì·liàng)在鞭策(biāncè)着我——正如蚕被鞭策着去结茧一般。

近五十年来,我致力于科学研究,而研究,就是对真理的探讨(tàntǎo)。我有许多美好快乐的记忆。少女时期我在巴黎大学,孤独地过着求学的岁月;在后来(hòulái)献身科学的整个时期,我丈夫(zhàngfu)和我专心致志(zhuānxīn-zhìzhì),像在梦幻中一般,坐在简陋(jiǎnlòu)的书房里艰辛(jiānxīn)地研究,后来我们就在那里发现了镭(léi)。

我永远追求安静的工作和简单的家庭生活。为了实现这个理想,我竭力(jiélì)保持宁静(níngjìng)的环境,以免受人事的干扰(gānrǎo)和盛名的拖累(tuōlěi)。

我深信,在科学方面我们有对事业而不//是对财富的兴趣。我的惟一奢望(shēwàng)是在一个自由国家中,以一个自由学者的身份从事研究工作。

我一直沉醉(chénzuì)于世界的优美之中,我所热爱的科学也不断增加它崭新(zhǎnxīn)的远景。我认定科学本身就具有伟大的美。

——节选自[波兰]玛丽·居里《我的信念》,剑捷译

作品 44 号

我为什么(wèishéme)非要教书(jiāoshū)不可?是因为(yīn·wèi)我喜欢(xǐhuan)当教师的时间安排表和生活节奏(jiézòu)。七、八、九三个月给我提供(tígōng)了进行回顾、研究、写作的良机,并将三者有机融合(rónghé),而善于回顾、研究和总结正是优秀教师素质(sùzhì)中不可缺少的成分(chéng·fèn)。

干这行(háng)给了我多种多样的"甘泉"去品尝(pǐncháng),找优秀的书籍去研读,到"象牙塔"和实际世界里去发现。教学工作给我提供了继续(jìxù)学习的时间保证,以及多

种途径(tújìng)、机遇和挑战(tiǎozhàn)。

然而(rán'ér),我爱这一行的真正原因,是爱我的学生(xuēsheng)。学生们在我的眼前成长、变化。当教师意味着亲历“创造”过程的发生——恰似(qiàsì)亲手赋予(fùyǔ)一团泥土以生命(shēngmìng),没有(méi·yǒu)什么比目睹它开始呼吸更激动人心的了。

权利(quánlì)我也有了:我有权利去启发诱导(yòudǎo),去激发智慧的火花,去问费心思考的问题(wèntí),去赞扬回答的尝试,去推荐(tuījiàn)书籍,去指点(zhǐdiǎn)迷津(míjīn)。还有什么别的权利能与之相比呢?

而且,教书还给我金钱和权利之外的东西(dōngxi),那就是爱心。不仅有对学生的爱,对书籍的爱,对知识(zhīshi)的爱,还有教师才能感受到的对“特别”学生的爱。这些学生,有如冥顽不灵(míngwán-bùlíng)的泥块(níkuài),由于接受了老师的炽爱(chì'ài)才勃发(bófā)了生机。

所以,我爱教书,还因为,在那些勃发生机的“特别”学//生身上,我有时发现自己和他们呼吸相通,忧乐与(yǔ)共。

——节选自[美]彼得·基·贝得勒《我为什么当教师》

作品 45 号

中国西部我们通常是指黄河与秦岭相连一线以西,包括西北和西南的十二个省、市、自治区。这块广袤(guǎngmào)的土地面积(miànjī)为五百四十六万平方公里,占国土总面积的百分之五十七;人口二点八亿,占全国总人口的百分之二十三。

西部是华夏文明的源头(yuántóu)。华夏祖先的脚步是顺着水边走的:长江上游出土过元谋人牙齿化石,距今约一百七十万年;黄河中游出土过蓝田人头盖骨,距今约七十万年。这两处古人类都比距今约五十万年的北京猿人资格更老。

西部地区是华夏文明的重要发源地。秦皇汉武以后，东西方文化在这里交汇融合(rónghé),从而有了丝绸之路的驼铃(tuólíng)声声,佛院深寺(shēnsì)的暮鼓晨钟(mùgǔ-chénzhōng)。敦煌(Dūnhuáng)莫高窟是世界文化史上的一个奇迹(qíjì),它在继承汉晋艺术传统的基础上,形成了自己兼收并蓄(jiānshōu-bìngxù)的恢宏(huīhóng)气度,展现出精美绝伦（jīngměi-juélún）的艺术形式和博大精深的文化内涵。秦始皇兵马俑(Bīngmǎyǒng)、西夏王陵、楼兰古国、布达拉宫、三星堆、大足石刻等历史文化遗产,同样为(wéi)世界所瞩目(zhǔmù),成为中华文化重要的象征。

西部地区又是少数民族及其文化的集萃(jícuì)地,几乎(jīhū)包括了我国所有的少数民族。在一些偏远的少数民族地区,仍(réng)保留//了一些久远时代的艺术品种,成为珍贵的“活化石”,如纳西古乐、戏曲、剪纸、刺绣、岩画等民间艺术和宗教艺术,特色鲜明、丰富多彩,犹如一个巨大的民族民间文化艺术宝库。

我们要充分重视和利用这些得天独厚的资源优势，建立良好的民族民间文化生态环境,为西部大开发做出贡献。

——节选自《中考语文课外阅读试题精选》中《西部文化和西部开发》

作品 46 号

高兴(gāoxìng),这是一种具体的被看得到摸得着的事物所唤起的情绪(qíng·xù)。它是心理的,更是生理的。它容易(róng·yì)来也容易去,谁也不应该(yīnggāi)对它视而不见失之交臂(shīzhījiāobì),谁也不应该总是做那些使自己不高兴也使旁人不高兴的事。让我们说一件最容易做也最令人高兴的事吧,尊重(zūnzhòng)你自己,也尊重别人(bié·rén),这是每一个人的权利(quánlì),我还要说这是每一个人的义务。

快乐,它是一种富有概括性的生存(shēngcún)状态(zhuàngtài)、工作状态。它几乎(jīhū)是先验的,它来自生命(shēngmìng)本身的活力,来自宇宙、地球和人间的吸引,它是世界的丰富、绚丽(xuànlì)、阔大、悠久的体现。快乐还是一种力量(lì·liàng),是埋在地下的根脉(gēnmài)。消灭一个人的快乐比挖掘(wājué)掉一棵大树的根要难得多。

欢欣,这是一种青春的、诗意的情感。它来自面向着未来伸开双臂(shuāngbì)奔跑的冲力,它来自一种轻松而又神秘、朦胧(ménglóng)而又隐秘(yǐnmì)的激动,它是激情即将(jíjiāng)到来的预兆(yùzhào),它又是大雨过后的比下雨还要美妙得多也久远得多的回味……

喜悦,它是一种带有形而上色彩的修养和境界(jìngjiè)。与其(yǔqí)说它是一种情绪,不如说它是一种智慧、一种超拔(chāobá)、一种悲天悯人(bēitiān-mǐnrén)的宽容和理解,一种饱经沧桑(bǎojīng-cāngsāng)的充实和自信,一种光明的理性,一种坚定//的成熟(chéngshú),一种战胜了烦恼和庸俗(yōngsú)的清明澄澈(chéngchè)。它是一潭清水,它是一抹(yìmǒ)朝霞,它是无边的平原,它是沉默的地平线。多一点儿(yìdiǎnr)、再多一点儿喜悦吧,它是翅膀(chìbǎng),也是归巢(cháo)。它是一杯美酒,也是一朵永远开不败的莲花。

——节选自王蒙《喜悦》

作品 47 号

在湾仔(Wānzǎi)),香港最热闹(rènao)的地方(dìfang),有一棵榕树,它是最贵的一棵树,不光在香港,在全世界,都是最贵的。

树,活的树,又不卖何言其贵?只因它老,它粗,是香港百年沧桑(cāngsāng)的活见证,香港人不忍看着它被砍伐,或者被移走,便跟要占用(zhànyòng)这片山坡的建筑者谈条件:可以在这儿(zhèr)建大楼盖商厦(shāngshà),但一不准砍树,二不准挪(nuó)树,必须把它原地精心(jīngxīn)养起来,成为香港闹市中的一景。太古大厦的建设者最后签了合同(hétong),占用这个大山坡建豪华商厦的先决条件是同意保护这棵老树。

树长在半山坡上,计划将树下面的成千上万吨山石全部掏空(tāokōng)取走,腾出地方来盖楼,把树架在大楼上面,仿佛(fǎngfú)它原本是长在楼顶上似的(shìde)。建设者就地(jiùdì)造了一个直径十八米、深十米的大花盆,先固定好这棵老树,再在大花盆底下盖楼。光这一项就花了两千三百八十九万港币，堪称（kānchēng）是最昂贵的保护措施(cuòshī)了。

太古大厦落成之后,人们(rénmen)可以乘(chéng)滚动(gǔndòng)扶梯一次到位,来到太古大厦的顶层,出后门,那儿(nàr)是一片自然景色。一棵大树出现在人们面前,树干(shùgàn)有一米半粗,树冠(shùguān)直径足有二十多米,独木成林,非常壮观,形成一座以它为中心的小公园,取名叫"榕圃(róngpǔ)"。树前面//插着铜牌,说明原由。此情此景,如不看铜牌的说明,绝对想不到巨树根底下还有一座宏伟的现代大楼。

——节选自舒乙《香港:最贵的一棵树》

作品 48 号

我们(wǒmen)的船渐渐地逼近(bījìn)榕树了。我有机会(jī·huì)看清它的真面目(miànmù):是一棵大树,有数不清的丫枝,枝上又生根,有许多根一直垂到地上,伸进泥土里。一部分(bùfen)树枝垂到水面,从远处看,就像一棵大树斜躺在水面上一样。

现在正是枝繁叶茂的时节。这棵榕树好像（hǎoxiàng）在把它的全部生命力(shēngmìnglì)展示给我们看。那么(nàme)多的绿叶,一簇(yícù)堆在另一簇的上面,不留一点儿(yìdiǎnr)缝隙(fèngxì)。翠绿的颜色明亮地在我们的眼前闪耀(shǎnyào),似乎(sìhū)每一片树叶上都有一个新的生命在颤动(chàndòng),这美丽的南国的树!

船在树下泊(bó)了片刻,岸上很湿,我们没有(méi·yǒu)上去。朋友(péngyou)说这里是"鸟的天堂",有许多鸟在这棵树上做窝,农民不许人去捉它们。我仿佛(fǎngfú)听见(tīng·jiàn)几只鸟扑翅的声音,但是等到我的眼睛(yǎnjing)注意(zhùyì)地看那里时,我却看不见一只鸟的影子(yǐngzi)。只有无数的树根立在地上,像许多根木桩。地是湿的,大概涨潮(zhǎngcháo)时河水常常冲上岸去。"鸟的天堂"里没有一只鸟,我这样想到。船开了,一个朋友拨(bō)着船,缓缓地流到河中间去。

第二天,我们划着船到一个朋友的家乡去,就是那个有山有塔的地方(dìfang)。从学校出发,我们又经过那"鸟的天堂"。

这一次是在早晨(zǎo·chén),阳光照在水面上,也照在树梢(shùshāo)上。一切都//显得(xiǎn·dé)非常光明。我们的船也在树下泊了片刻。

起初四周围非常清静。后来(hòulái)忽然起了一声鸟叫。我们把手一拍,便看见(kàn·jiàn)一只大鸟飞了起来,接着又看见第二只,第三只。我们继续拍掌,很快地这个树林就变得很热闹(rènao)了。到处(dàochù)都是鸟声,到处都是鸟影。大的,小的,花的,黑的,有的站在枝上叫,有的飞起来,在扑翅膀(chìbǎng)。

——节选自巴金《小鸟的天堂》

作品 49 号

有这样一个故事(gùshi)。

有人问:世界上什么(shénme)东西(dōngxi)的气力(qìlì)最大?回答纷纭(fēnyún)得很,有的说"象",有的说"狮",有人开玩笑似的(shìde)说:是"金刚",金刚有多少(duō·shǎo)气力,当然大家全不知道(zhī·dào)。

结果(jiéguǒ),这一切答案完全不对,世界上气力最大的,是植物的种子。一粒种子所可以显现(xiǎnxiàn)出来的力,简直是超越一切。

人的头盖骨,结合(jiéhé)得非常致密与(yǔ)坚固,生理学家和解剖(jiěpōu)学者用尽了一切的方法(fāngfǎ),要把它完整地分出来,都没有(méi·yǒu)这种力气(lìqi)。后来(hòulái)忽然有人发明了一个方法,就是把一些植物的种子放在要剖析(pōuxī)的头盖骨里,给它以温度与湿度,使它发芽。一发芽,这些种子便以可怕的力量(lì·liàng),将一切机械(jīxiè)力所不能分开的骨骼(gǔgé),完整地分开了。植物种子的力量之大,如此如此。

这,也许特殊了一点儿(yìdiǎnr),常人不容易(róng·yì)理解。那么,你看见(kàn·jiàn)过笋(sǔn)的成长吗?你看见过被压在瓦砾(wǎlì)和石块(shíkuài)下面的一棵小草的生长吗?它为着向往(xiàngwǎng)阳光,为着达成它的生之意志,不管上面的石块如何重,石与石之间如何狭,它必定要曲曲折折地,但是顽强不屈地透到地面上来。它的根往土壤钻,它的芽往地面挺,这是一种不可抗拒(kàngjù)的力,阻止它的石块,结果也被它掀翻(xiānfān),一粒种子的力量之大,如//此如此。

没有一个人将小草叫做"大力士",但是它的力量之大,的确(díquè)是世界无比。这种力是一般人看不见的生命力(shēngmìnglì)。只要生命存在,这种力就要显现。上面(shàng·miàn)的石块,丝毫不足以阻挡。因为(yīn·wèi)它是一种"长期抗战"的力;有弹性,能屈能伸的力;有韧性(rènxìng),不达目的不止的力。

——节选自夏衍《野草》

作品 50 号

燕子(yànzi)去了,有再来的时候(shíhou);杨柳枯了,有再青的时候;桃花谢了,有再开的时候。但是,聪明(cōng·míng)的,你告诉(gàosu)我,我们的日子(rìzi)为什么(wèishénme)一去不复返呢?——是有人偷了他们罢(ba):那是谁?又藏在何处呢?是他们自己逃走了罢:现在又到了哪里(nǎ·lǐ)呢?

去的尽管(jǐnguǎn)去了,来的尽管来着;去来的中间,又怎样(zěnyàng)地匆匆呢?早上(zǎoshang)我起来(qǐ·lái)的时候,小屋里射进两三方斜斜的太阳(tài·yáng)。太阳他有脚啊,轻轻悄悄地挪移(nuóyí)了;我也茫茫然(mángmángrán)跟着旋转(xuánzhuǎn)。于是——洗手的时候,日子从水盆里过去(guò·qù);吃饭的时候,日子从饭碗(fànwǎn)里过去；默默时，便从凝然（níngrán）的双眼前过去。我觉察（juéchá）他去的匆匆了，伸出手遮挽（zhēwǎn）时，他又从遮挽着的手边过去；天黑时，我躺在床上（chuáng·shàng），他便伶伶俐俐地从我身上（shēn·shàng）跨（kuà）过，从我脚边飞去了。等我睁开眼和太阳再见，这算又溜走了一日。我掩着面叹息。但是新来的日子的影儿又开始在叹息里闪过了。

在逃去如飞的日子里，在千门万户的世界（shìjiè）里的我能做些什么呢？只有徘徊（páihuái）罢了，只有匆匆罢了；在八千多日的匆匆里，除徘徊外，又剩些什么呢？过去的日子如轻烟，被微风吹散了，如薄雾（bówù），被初阳蒸融（zhēngróng）了；我留着些什么痕迹（hénjì）呢？我何曾留着像游丝样的痕迹呢？我赤裸裸（chìluǒluǒ）来//到这世界，转眼间也将赤裸裸的回去（huí·qù）罢？但不能平的，为什么偏白白走这一遭（zāo）啊？

你聪明的，告诉我，我们的日子为什么一去不复返呢？

——节选自朱自清《匆匆》

作品51号

有个塌鼻子（bízi）的小男孩儿（nánháir），因为（yīn·wèi）两岁时得过脑炎，智力受损（shòusǔn），学习起来很吃力。打个比方（bǐfang），别人（bié·rén）写作文能写二三百字，他却只能写三五行。但即便（jíbiàn）这样的作文，他同样能写得很动人。

那是一次作文课，题目是《愿望》（yuànwàng）。他极其认真地想了半天，然后极认真地写，那作文极短。只有三句话：我有两个愿望，第一个是，妈妈（māma）天天笑眯眯（xiàomīmī）地看着我说："你真聪明（cōng·míng），"第二个是，老师天天笑眯眯地看着我说："你一点儿（yìdiǎnr）也不笨。"

于是，就是这篇作文，深深地打动了他的老师，那位妈妈式的老师不仅给了他最高分，在班上带感情地朗读了这篇作文，还一笔一画地批道：你很聪明，你的作文写得非常感人，请放心，妈妈肯定（kěndìng）会格外喜欢（xǐhuan）你的，老师肯定会格外喜欢你的，大家肯定会格外喜欢你的。

捧着作文本，他笑了，蹦蹦跳跳地回家了，像只喜鹊（xǐ·què）。但他并没有（méi·yǒu）把作文本拿给妈妈看，他是在等待（děngdài），等待着一个美好的时刻。

那个时刻终于到了，是妈妈的生日（shēng·rì）——一个阳光灿烂（cànlàn）的星期天：那天，他起得特别早，把作文本装在一个亲手做的美丽的大信封（xìnfēng）里，等着妈妈醒来。妈妈刚刚睁眼醒来，他就笑眯眯地走到妈妈跟前说："妈妈，今天是您的生日，我要//送给您一件礼物。"

果然，看着这篇作文，妈妈甜甜地涌出了两行（háng）热泪，一把搂住小男孩，搂得很紧很紧。

是的，智力可以受损，但爱永远不会。

——节选自张玉庭《一个美丽的故事》

作品 52 号

小学的时候(shíhou),有一次我们(wǒmen)去海边远足,妈妈(māma)没有(méi·yǒu)做便饭,给了我十块钱买午餐。好像(hǎoxiàng)走了很久,很久,终于到海边了,大家坐下来便(biàn)吃饭,荒凉(huāngliáng)的海边没有商店,我一个人跑到防风林(fángfēnglín)外面(wài·miàn)去,级任老师要大家把吃剩的饭菜分给我一点儿(yìdiǎnr)。有两三个男生留下一点儿给我,还有一个女生,她的米饭拌了酱油(jiàngyóu),很香。我吃完的时候,她笑眯眯(xiàomīmī)地看着我,短头发(tóufa),脸圆圆的。

她的名字(míngzi)叫翁(wēng)香玉。

每天放学的时候,她走的是经过我们家的一条小路,带着一位比她小的男孩儿(nánháir),可能是弟弟(dìdi)。小路边是一条清澈(qīngchè)见底的小溪,两旁竹阴覆盖(fùgài),我总是远远地跟在她后面,夏日的午后特别炎热(yánrè),走到半路她会停下来,拿手帕(shǒupà)在溪水里浸湿(jìnshī),为小男孩儿擦脸。我也在后面(hòu·miàn)停下来,把肮脏(āngzāng)的手帕弄湿(nòngshī)了擦脸,再一路远远跟着她回家。

后来(hòulái)我们家搬到镇上去了,过几年我也上了中学。有一天放学回家,在火车上,看见(kàn·jiàn)斜对面一位短头发、圆圆脸的女孩儿,一身素净(sùjing)的白衣黑裙。我想她一定不认识(rènshi)我了。火车很快到站了,我随着人群(rénqún)挤向门口,她也走近了,叫我的名字。这是她第一次和我说话。

她笑眯眯的,和我一起走过月台。以后就没有再见过//她了。

这篇文章收在我出版的《少年心事》这本书里。

书出版后半年,有一天我忽然收到出版社转来的一封信,信封(xìnfēng)上是陌生(mòshēng)的字迹(zìjì),但清楚(qīngchu)地写着我的本名。

信里面说她看到了这篇文章心里非常激动,没想到在离开家乡,漂泊(piāobó)异地这么(zhème)久之后,会看见自己仍然(réngrán)在一个人的记忆里,她自己也深深记得(jì·dé)这其中(qízhōng)的每一幕,只是没想到越过遥远的时空,竟然另一个人也深深记得。

——节选自苦伶《永远的记忆》

作品 53 号

在繁华(fánhuá)的巴黎大街的路旁,站着一个衣衫褴褛(lánlǚ)、头发(tóufa)斑白、双目失明的老人。他不像其他乞丐(qǐgài)那样伸手向过路行人乞讨(qǐtǎo),而是在身旁立一块木牌,上面(shàng·miàn)写着:"我什么(shénme)也看不见!"街上过往的行人很多,看了木牌上的字都无动于衷(zhōng),有的还淡淡一笑,便姗姗(shānshān)而去了。

这天中午,法国著名诗人让·彼浩勒也经过这里。他看看木牌上的字,问盲老人:"老人家(lǎo·rén·jiā)今天(jīntiān)上午有人给你钱吗?"

盲老人叹息着回答:“我，我什么也没有（méi·yǒu）得到。” 说着，脸上的神情(shénqíng)非常悲伤(bēishāng)。

让·彼浩勒听了,拿起笔悄悄地在那行字的前面添上了“春天(chūntiān)到了,可是”几个字,就匆匆地离开了。

晚上(wǎnshang),让·彼浩勒又经过这里,问那个盲老人下午的情况(qíngkuàng)。盲老人笑着回答说:“先生(xiānsheng),不知为什么,下午给我钱的人多极了! ”让·彼浩勒听了,摸着胡子(húzi)满意(mǎnyì)地笑了。

“春天到了,可是我什么也看不见! ”这富有诗意的语言,产生这么大的作用(zuòyòng),就在于它有非常浓厚的感情色彩。是的,春天是美好的,那蓝天白云,那绿树红花,那莺歌燕舞,那流水人家(rénjiā),怎么(zěnme)不叫人陶醉呢? 但这良辰美景,对于一个双目失明的人来说,只是一片漆黑(qīhēi)。当人们(rénmen)想到这个(zhège)盲老人,一生中竟连万紫千红的春天//都不曾看到,怎能不对他产生同情之心呢?

——节选自小学《语文》第六册中《语言的魅力》

作品 54 号

有一次,苏东坡的朋友(péngyou)张鹗(è)拿着一张宣纸(xuānzhǐ)来求他写一幅字,而且希望他写一点儿(yìdiǎnr)关于养生方面(fāngmiàn)的内容。苏东坡思索(sīsuǒ)了一会儿(yíhuìr),点点头说:“我得到(dédào)了一个养生长寿古方,药只有四味,今天就赠给你吧。”于是,东坡的狼毫(lángháo)在纸上挥洒(huīsǎ)起来,上面写着:“一曰(yuē)无事以当(dàng)贵,二曰早寝(qǐn)以当富,三曰安步以当车,四曰晚食以当肉。”

这哪里(nǎ·lǐ)有药? 张鹗一脸茫然(mángrán)地问。苏东坡笑着解释说,养生长寿的要诀,全在这四句里面。

所谓“无事以当贵”,是指人不要把功名利禄(lìlù)、荣辱(róngrǔ)过失(guòshī)考虑得太多,如能在情志上潇洒(xiāosǎ)大度(dàdù),随遇而安(suíyù'ér'ān),无事以求,这比富贵更能使人终其天年。

“早寝以当富”,指吃好穿好、财货充足,并非就能使你长寿。对老年人来说,养成良好的起居习惯,尤其(yóuqí)是早睡早起,比获得(huòdé)任何财富更加宝贵。

“安步以当车”,指人不要过于讲求安逸(ānyì)、肢体不劳,而应多以步行来替代骑马乘车(chéngchē),多运动才可以强健体魄(tǐpò),通畅(tōngchàng)气血(qìxuè)。

“晚食以当肉”，意思是人应该（yīnggāi）用已饥方食、未饱先止代替对美味佳肴(jiāyáo)的贪吃无厌。他进一步解释,饿了以后才进食,虽然(suīrán)是粗茶淡饭,但其香甜可口会胜(shèng)过山珍;如果饱了还要勉强(miǎnqiǎng)吃,即使(jíshǐ)美味佳肴摆在眼前也难以//下咽(xiàyàn)。

苏东坡的四味“长寿药”,实际上是强调了情志、睡眠、运动、饮食四个方面对养生长寿的重要性,这种养生观点即使在今天仍然(réngrán)值得(zhí·dé)借鉴(jièjiàn)。

——节选自蒲昭和《赠你四味长寿药》

作品55号

人活着，最要紧的是寻觅(xúnmì)到那片代表着生命(shēngmìng)绿色和(hé)人类希望的丛林，然后选一高高的枝头(zhītóu)站在那里观览(guānlǎn)人生，消化(xiāohuà)痛苦，孕育(yùnyù)歌声，愉悦(yúyuè)世界！

这可真是一种潇洒(xiāosǎ)的人生态度(tài·dù)，这可真是一种心境(xīnjìng)爽朗(shuǎnglǎng)的情感风貌。

站在历史的枝头微笑，可以减免(jiǎnmiǎn)许多烦恼(fánnǎo)。在那里，你可以从众生相(zhòngshēngxiàng)所包含的甜酸苦辣、百味人生中寻找你自己；你境遇中的那点儿苦痛，也许相比之下，再也难以占据(zhànjù)一席之地；你会较(jiào)容易(róng·yì)地获得(huòdé)从不悦中解脱(jiětuō)灵魂(línghún)的力量(lì·liàng)，使之不致变得灰色。

人站得高些，不但能有幸早些领略(lǐnglüè)到希望的曙光(shǔguāng)，还能有幸发现生命的立体的诗篇。每一个人的人生，都是这诗篇中的一个词、一个句子或者一个标点。你可能没有(méi·yǒu)成为一个美丽的词，一个引人注目的句子，一个惊叹号，但你依然是这生命的立体诗篇中的一个音节、一个停顿(tíngdùn)、一个必不可少的组成部分(bùfen)。这足以使你放弃前嫌(qiánxián)，萌生(méngshēng)为人类孕育(yùnyù)新的歌声的兴致(xìngzhì)，为世界带来更多的诗意。

最可怕的人生见解，是把多维的生存(shēngcún)图景看成平面。因为(yīn·wèi)那平面上刻下的大多是凝固(nínggù)了的历史——过去的遗迹(yíjì)；但活着的人们(rénmen)，活得却是充满着新生(xīnshēng)智慧的，由//不断逝去(shìqù)的"现在"组成的未来。人生不能像某些鱼类躺着游，人生也不能像某些兽类爬着走，而应该(yīnggāi)站着向前行，这才是人类应有的生存姿态。

——节选自[美]本杰明·拉什《站在历史的枝头微笑》

作品56号

中国的第一大岛、台湾省的主岛台湾，位于中国大陆架的东南方，地处(dìchǔ)东海和南海之间，隔(gé)着台湾海峡和大陆相望。天气晴朗(qínglǎng)的时候(shíhou)，站在福建沿海较(jiào)高的地方(dìfang)，就可以隐隐约约地望见岛上的高山和云朵(yúnduǒ)。

台湾岛形状狭长(xiácháng)，从东到西，最宽处只有一百四十多公里；由南至北，最长的地方约有三百九十多公里。地形像一个纺织用的梭子(suōzi)。

台湾岛上的山脉(shānmài)纵贯南北，中间的中央山脉犹如(yóurú)全岛的脊梁(jǐliang)。西部为海拔近四千米的玉山山脉，是中国东部的最高峰。全岛约有三分之一的地方是平地，其余为山地。岛内有缎带(duàndài)般的瀑布(pùbù)，蓝宝石似的(shìde)湖泊(húpō)，四季常青的森林(sēnlín)和果园，自然景色十分优美。西南部的阿里山和日月潭，台北市郊的大屯（tún）山风景区，都是闻名（wénmíng）世界的游览（yóulǎn）胜地（shèngdì）。

台湾岛地处热带和温带之间，四面环海，雨水充足（chōngzú），气温受到海洋的调剂（tiáojì），冬暖夏凉，四季如春，这给水稻和果木生长提供（tígōng）了优越的条件。水稻、甘蔗（gānzhe）、樟脑（zhāngnǎo）是台湾的"三宝"。岛上还盛产（shèngchǎn）鲜果和鱼虾。

台湾岛还是一个闻名世界的"蝴蝶王国"。岛上的蝴蝶共有四百多个品种，其中有不少是世界稀有的珍贵品种。岛上还有不少鸟语花香的蝴//蝶谷，岛上居民利用蝴蝶制作的标本和艺术品，远销许多国家。

——节选自《中国的宝岛——台湾》

作品57号

对于中国的牛，我有着一种特别尊敬（zūnjìng）的感情（gǎnqíng）。

留给我印象（yìnxiàng）最深的，要算在田垄（tiánlǒng）上的一次"相遇"。

一群朋友（péngyou）郊游（jiāoyóu），我领头（lǐngtóu）在狭窄（xiázhǎi）的阡陌（qiānmò）上走，怎料迎面（yíngmiàn）来了几头耕牛（gēngniú），狭道容不下人和牛，终有一方要让路。它们（tāmen）还没有（méi·yǒu）走近，我们已经（yǐ·jīng）预计（yùjì）斗不过畜牲（chùsheng），恐怕（kǒngpà）难免踩到田地泥水里，弄（nòng）得鞋袜又泥又湿了。正踟蹰（chíchú）的时候（shíhou），带头的一头牛，在离我们不远的地方（dìfang）停下来，抬起头看看（kànkan），稍迟疑（chíyí）一下，就自动走下田去。一队耕牛，全跟着它离开阡陌，从我们（wǒmen）身边经过。

我们都呆（dāi）了，回过头来，看着深褐色（shēnhèsè）的牛队，在路的尽头（jìntóu）消失，忽然觉得（jué·dé）自己受了很大的恩惠（ēnhuì）。

中国的牛，永远沉默（chénmò）地为人做着沉重（chénzhòng）的工作。在大地上，在晨光或烈日下，它拖着沉重的犁（lí），低头一步又一步，拖出了身后一列又一列松土，好让人们（rénmen）下种（xiàzhǒng）。等到满地金黄或农闲时候，它可能还得（háiděi）担当（dāndāng）搬运负重的工作；或终日绕（rào）着石磨（shímò），朝同一方向，走不计程的路。

在它沉默的劳动中，人便得到应得（yīngdé）的收成（shōucheng）。

那时候，也许，它可以松一肩重担，站在树下，吃几口嫩（nèn）草。偶尔（ǒu'ěr）摇摇尾巴（wěiba），摆摆耳朵（ěrduo），赶走飞附身上的苍蝇（cāngying），已经算是它最闲适（xiánshì）的生活了。

中国的牛，没有成群（chéngqún）奔跑的习//惯，永远沉沉实实的，默默地工作，平心静气。这就是中国的牛！

——节选自小思《中国的牛》

作品 58 号

不管(bùguǎn)我的梦想(mèngxiǎng)能否成为事实(shìshí),说出来总是好玩儿的:

春天,我将要住在杭州。二十年前,旧历的二月初,在西湖我看见(kàn·jiàn)了嫩柳与菜花,碧浪与翠竹。由我看到的那点儿春光,已经(yǐ·jīng)可以断定(duàndìng),杭州的春天必定会教(jiào)人整天生活在诗与图画之中。所以,春天我的家应当(yīngdāng)是在杭州。

夏天,我想青城山应当算作最理想的地方(dìfang)。在那里,我虽然(suīrán)只住过十天,可是它的幽静(yōujìng)已拴住(shuānzhù)了我的心灵(xīnlíng)。在我所看见过的山水中,只有这里没有(méi·yǒu)使我失望。到处都是绿,目之所及,那片淡而光润的绿色都在轻轻地颤动(chàndòng),仿佛(fǎngfú)要流入空中与心中似的(shìde)。这个绿色会像音乐,涤清(díqīng)了心中的万虑。

秋天一定要住北平。天堂是什么(shénme)样子(yàngzi),我不知道(zhī·dào),但是从我的生活经验去判断,北平之秋便是天堂。论天气(tiānqì),不冷不热。论吃的,苹果(píngguǒ)、梨、柿子(shìzi)、枣儿(zǎor)、葡萄(pú·táo),每样都有若干种。论花草,菊花种类之多,花式之奇,可以甲天下。西山有红叶可见,北海可以划船——虽然(suīrán)荷花已残,荷叶可还有一片清香。衣食住行,在北平的秋天,是没有一项不使人满意的。

冬天,我还没有打好主意①(zhǔyi),成都或者相当的合适,虽然并不怎样(zěnyàng)和暖(hénuǎn),可是为了水仙,素心腊梅,各色的茶花,仿佛就受一点儿(yìdiǎnr)寒//冷,也颇值得(zhí·dé)去了。昆明的花也多,而且天气比成都好,可是旧书铺(pù)与精美而便宜(piányi)的小吃远不及成都那么多。好吧,就暂这么规定:冬天不住成都便住昆明(Kūnmíng)吧。

在抗战中,我没能发国难(guónàn)财。我想,抗战胜利以后,我必能阔起来。那时候(shíhou),假若飞机减价,一二百元就能买一架的话,我就自备一架,择黄道吉日慢慢地飞行。

——节选自老舍《住的梦》

【注】①主意:口语一般读 zhúyi。

作品 59 号

我不由得(bùyóude)停住了脚步。

从未见过开得这样盛(shèng)的藤萝(téngluó),只见一片辉煌(huīhuáng)的淡紫色,像一条瀑布(pùbù),从空中垂下,不见其发端(fāduān),也不见其终极,只是深深浅浅的紫,仿佛(fǎngfú)在流动,在欢笑,在不停地生长。紫色的大条幅(tiáofú)上,泛着点点银光，就像迸溅（bèngjiàn）的水花。仔细看时，才知那是每一朵紫花中的最浅淡的部分（bùfen），在和阳光互相挑逗（tiǎodòu）。

这里除了光彩，还有淡淡的芳香。香气似乎（sìhū）也是浅紫色的，梦幻一般轻轻地笼罩（lǒngzhào）着我。忽然记起十多年前，家门外也曾有过一大株紫藤萝，它依傍（yībàng）一株枯槐（kūhuái）爬得很高，但花朵从来都稀落（xīluò），东一穗（suì）西一串伶仃（língdīng）地挂在树梢，好像（hǎoxiàng）在察颜观色，试探（shìtàn）什么（shénme）。后来（hòulái）索性（suǒxìng）连那稀零（xīlíng）的花串也没有（méi·yǒu）了。园中别的紫藤花架也都拆掉，改种（zhòng）了果树。那时的说法（shuō·fǎ）是，花和生活腐化（fǔhuà）有什么必然关系。我曾遗憾（yíhàn）地想：这里再看不见藤萝花了。

过了这么（zhème）多年，藤萝又开花了，而且开得这样盛，这样密，紫色的瀑布遮住了粗壮的盘虬（pánqiú）卧龙般的枝干（zhīgàn），不断地流着，流着，流向人的心底。

花和人都会遇到各种各样的不幸，但是生命（shēngmìng）的长河是无止境的。我抚摸（fǔmō）了一下那小小的紫色的花舱，那里满装了生命的酒酿（niàng），它张满了帆（fān），在这//闪光的花的河流上航行。它是万花中的一朵，也正是由每一个一朵，组成了万花灿烂的流动的瀑布。

在这浅紫色的光辉和浅紫色的芳香中，我不觉加快了脚步。

——节选自宗璞《紫藤萝瀑布》

作品 60 号

在一次名人访问中，被问及上个世纪最重要的发明是什么（shénme）时，有人说是电脑，有人说是汽车，等等。但新加坡的一位知名人士却说是冷气机。他解释（jiěshì），如果没有（méi·yǒu）冷气，热带地区如东南亚国家，就不可能有很高的生产力，就不可能达到今天的生活水准。他的回答实事求是，有理有据。

看了上述报道（bàodào），我突发奇想：为什么没有记者问："二十世纪最糟糕（zāogāo）的发明是什么？"其实二〇〇二年十月中旬，英国的一家报纸就评出了"人类最糟糕的发明"。获此"殊荣（shūróng）"的，就是人们（rénmen）每天大量使用的塑料（sùliào）袋。

诞生（dànshēng）于上个世纪三十年代的塑料袋，其家族包括用塑料制成的快餐饭盒、包装纸、餐用杯盘、饮料瓶、酸奶杯、雪糕杯等等。这些废弃（fèiqì）物形成的垃圾（lājī），数量多、体积（tǐjī）大、重量（zhòngliàng）轻、不降解（jiàngjiě），给治理工作带来很多技术难题和社会问题（wèntí）。

比如，散落（sànluò）在田间、路边及草丛中的塑料餐盒，一旦被牲畜（shēngchù）吞食（tūnshí），就会危及健康甚至导致死亡。填埋（tiánmái）废弃塑料袋、塑料餐盒的土地，不能生长庄稼（zhuāngjia）和树木，造成土地板结（bǎnjié），而焚烧（fénshāo）处理（chǔlǐ）这些塑料垃圾，则会释放出多种化学有毒气体，其中一种称为（wéi）二噁英（èr'èyīng）的化合物，毒性极大。

此外，在生产塑料袋、塑料餐盒的//过程中使用的氟利昂（fúlì'áng），对人体免疫(miǎnyì)系统和生态环境造成的破坏也极为严重。

——节选自林光如《最糟糕的发明》

第四章　命题说话

第一节　命题说话的基本要求

“命题说话”是普通话水平测试的最后一项，所占分值为总分的40%，可谓普通话水平测试的“重头戏”。说话话题由国家普通话培训测试中心拟定，共30则。应试人从给定的两个话题中任选一个，围绕选定的话题，在3分钟内说一段连贯的话。这项测试主要考查在没有文字材料依托的情况下，应试人语音的标准化程度，词汇、语法的规范程度以及口语表达的自然流畅水平。说话的具体内容由应试者选择组织，只要凭借自己的语言思维，围绕所选定的话题，巧妙构思，表达清楚即可。尽管如此，绝大多数应试人或多或少会产生畏惧心理，难免暴露出一些问题，造成失分。由此可见，说话项测试不仅是对应试人语言水平的考查，同时也检验了他的心理素质、思维能力、应变能力等构成的整体素质。因此，应试人不仅要注意语音的训练，还应注意积累词汇，不断增加语言信息储备，锻炼快速选词组句的能力，同时也要注意训练敏捷的思维和准确的语言表达能力。

参加测试者对“命题说话”往往有多种误解，把它当成命题作文、即兴演讲、朗诵等有表演性质的行为。这些都与命题说话的要求差异很大。如何调整自己的语言行为，以适应普通话水平测试这个特定条件、特定要求，是每个应试人首先要解决的问题。命题说话的基本要求是：

一、语音标准规范

说话项测试最重要的内容就是检测应试人在说话时普通话语音是否标准规范。现阶段，绝大多数应试人“读”比“说”普通话运用得好。可见，衡量普通话水平主要应考查口语的语音规范程度。因此，说话项40分中，语音分值为25分，占该项总分值的62.5%。语音标准规范不仅指单个音节的声、韵、调要发音正确，更是指整段话所表现的普通话语音系统要正确规范，即还要掌握轻声、儿化、变调等音变要素的正确发音，掌握双音词的轻重音格式，掌握句子的停连、重音、句调、节奏等语调要素。说话时，应试人是在一种自然状态下发挥，自由度加大，选用词语的不确定性增多，就有可能将一些自己没有准确掌握其语音的词语误读，形成语音“错误”或“缺陷”，也会不自觉地流露出方言声调和语调，这些都会影响普通话语音的规范程度。

二、遣词造句准确规范

说话项要对应试人词汇、语法规范程度进行考查。这就是说，在说话中，除注意语音标准外，还要注意用词规范和造句规范。词汇、语法规范的最根本要求是以北方方言为基础方言，以典范的现代白话文著作为语法规范。朗读的短文不存在这类问题，但是即兴说话时，遣词造句都必须由应试人即时完成，就可能出现词汇、语法不够规范的问题，所以应当注意用词规范和造句规范。用词规范是指使用普通话词语，不使用方言词语和生造词。造句规范是指组织句子和选用句式要按照普通话语法规则进行，不要使用方言语法句式或杜撰的句法模式，少用社会上流行的有待规范的“时髦语”“网络语”。由于即兴说话，应试人会下意识地使用方言词语或句式，有人为追求语言生动有感染力，特意使用一些不规范的词语，这些现象都应注意避免。

三、内容丰满，紧扣话题

命题说话对说话内容的立意、选材、布局、谋篇并未提出具体要求，但布局谋篇、内容丰满也是题中应有之义。围绕话题说话如同口头作文，也需要做好审题、选材、布局等方面的前期工作。审题是说话的关键，审题不当，无的放矢或偏离话题是说不好话的。选材不当，说话内容空洞无物、漫无边际，或者层次不明、杂沓繁冗、主次不分，效果就差。一段话内容丰满、结构合理、层次分明，会给人留下深刻的印象，否则就会使人感到残缺不全，甚至不知所云。所以，准备时应紧扣所选题目确定内容范围进行构思，大致形成主题，选材要适合并紧紧围绕主题，这样说话就不会离题。材料要真实准确，并根据情况尽量使材料具体、新颖，使说话内容丰富、主题鲜明。

四、语速适中，流畅自然

语速适中是说话自然流畅的重要表征，正常语速大约 240 个音节/分钟。若每分钟超过 270 个音节，即视为过快；若每分钟在 180–210 个音节之间，即等同于朗读。如果因说话内容、情节、语气的要求偶尔使用十来个稍快或稍慢的音节视为正常。语速和语言流畅程度是成正比的，说话效果也取决于应试人普通话的自然流畅程度。一般说来，语速越快，流畅程度越高。但语速过快会导致口腔开口度不够，复元音韵母动程不够、归音不准确，增加差错率。语速过慢，容易导致语流凝滞，说话不够连贯。围绕话题说话是应试人单向的独白，说话之前会有一个短暂的准备过程，最好列一个提纲或打一个腹稿，做到心里有谱儿。有的应试人为了不在声、韵、调上出错，说话时一个字、一个字地往外蹦，听起来非常生硬；有的应试人吞吞吐吐，说一句，想一句，思路和语流都不畅通；有的应试人背事先准备好的稿子，因遗忘而重复某些字句。这些都影响了语速和流畅程度。因此应试人不仅要注意成句、成段语音的自然度，同时也应选用真实而熟悉的素材，理清思路，用亲切平和的语气语调，保证语句通畅。另外还要做好应试心理调适，从容自然，不慌不忙，顺畅完整地表达。

五、不凭借文字材料，表达口语化

命题说话要求应试人在没有文字凭借的情况下，把内部语言转化为自然、准确、流畅的外部语言。和朗读相比,说话可以有效地考查应试人在自然状态下,灵活运用普通话语音、词汇、语法的能力。说话是一种口语表达,口语就应该自然、平实,不刻意修饰,要按日常讲述时的自然语调来说话,不必像书面语那样讲求句子结构的尽善尽美和表意的详尽周密。应避免使用容易引起歧义的同音词,少用文言词和书面色彩较浓的词语,多用短句,力求口语化,力求通俗易懂。应试人说什么、怎么说,完全由自己根据选定的题目临时酌定。可以在备测的几分钟内列出提纲,但不能把事先准备好的书面材料带进考场。因为说话项测试不能依赖“文字凭借”,既不允许背诵稿子,更不允许照本宣科。若背诵事先准备好的书面材料,必然会露出朗读或背诵的腔调,失去口语表达的特点。再者,若死记硬背,会因遗忘造成思维混乱,语无伦次,不能自然流畅地表达,还有可能增加语音、词汇、语法方面的失误。

第二节　命题说话常见的失误及应进行的训练

一、命题说话中常见的失误

(一)语音错误、缺陷过多,方音明显

普通话水平测试的前三项都是“读”,但是“读”并不能完全反映应试人运用普通话的能力。因为“读”是在有文字材料依托的前提下进行的,且大多数应试人在测试前也接受了相关辅导或做了一定准备,因此,在测试中会尽量避免语音“错误”和“缺陷”。在一定程度上,“说话”才是应试人普通话水平的真实反映。尽管应试人早已知道测试用的30个说话题目,并或多或少地做了准备,但由于说话是自由表达,有一定的随意性,说话人免不了要随时补充或更改“腹稿”内容,所以更容易失误,显露出较多的语音错误、语音缺陷,严重的还会显露出方音。常见的语音错误、缺陷在前面章节已有介绍,此处不再赘述。

(二)遣词造句不合规范

在说话项测试中,绝大多数应试人都能很好地运用普通话词语和语法规则进行口语表达,但是,一些人由于精神紧张,一些人认为既然是口语表达,就不必像书面语那样讲求严密,都会下意识地使用一些不规范的词语或不合语法规范的句子。常见的失误为:

1.语法错误

(1)搭配不当。例如:“我在大家的鼓励和关怀中得到了力量。”本句的语病在于状语和中心语搭配不当。句中的“在……中”应改为“从……中”。又如:“要提高大家保持共产党员先进性教育的意识”,这句话动宾搭配不当,并缺少必要的介词。可改为“提高大家对保持共产党员先进性教育的认识”或“增强大家保持共产党员先进性的意识”。

(2)成分残缺或赘余。例如:“这次旅游拓宽了境界”,句中缺定语,“境界”前应加个定语“我的精神(思想)”。又如:“我的目标及前途打算如何?我也不清楚。”这个句子犯了赘余的毛病,“目标”“前途”都是“打算”的内容,只用其中一个就可以了。

(3)语序不当。例如:“在医院里许多同学前天都关切地问我好些了吗?”此句的状语次序不当,应改为“前天,在医院里,许多同学都关切地问我,‘好些了吗?’”

(4)句式杂糅,结构混乱。例如:“妈妈个子不高,留着短发,虽然不到五十岁,但已是鬓染银丝记录着生活对她的磨砺。”句中“鬓染银丝”既是对妈妈外貌的描绘,又用它作“记录”的主语,造成句子牵连杂糅。应在“银丝”后面略加停顿,再说“这缕缕银丝”,补出“记录”的主语。

2.使用方言词汇和语法格式

应试人词汇、语法规范与否,常常表现在话语中是否有方言成分。由于平时讲惯了方言,不少应试人往往下意识地用普通话的语音来说方言词和方言句子。例如:“打盹儿”说成“丢盹”,“对眼儿”说成“对对眼”,“要紧”说成“紧要”,“膝盖”说成“圪膝盖”,“生病”说成“难活”,“搅拌”说成“圪搅”,“馒头”说成“馍馍”,“客气”说成“作假”。把“不想理你”说成“不待理你”,“我从河西来”说成“我赶河西来”,“走了一个小时”说成“走唠一个小时咧”,“他比我高”说成“他赶我高”,“那东西重不重?”说成“外东西重咧不?”,“买上什么了?”说成“买下甚咧?”,“我去商店”说成“我去商店呀么。”“你还没到那儿?”说成“你还没到那儿嘞哇?”

3.滥用网络词语或生造词语

有些大学生在说话时,不时穿插几句时髦语或网络语(尤其是字母简缩形式)。这些词语虽然在一些年轻人中流行,但它们是有待规范和需要历史检验的,应尽量少用。另外,有少数人说话时一时卡壳,想不出恰当的词语,就编造一个让人费解的词语代替。这些都是在说话时应着意避免的。

(三)内容贫乏,不达时限

应试人在开口说话之前,心中应该有一个说话提纲,这样便可以“胸有成竹”“出口成章”了。然而,有些应试人在测试准备阶段,没有意识到说话的难度,根本不对所选话题作分析、列提纲。临测时又没能静下心来,围绕选定的话题进行思考和组织语言。因此,说话时没有一个确定的中心,想一句,说一句。由于思维混乱,很难说出一段相对完整的话。选词不时“卡壳”,急不择语时,又表现得吞吞吐吐。有的人借助口头禅“嗯”“啊”“呃”“啦”“呢”“这个”“的话”“那个”等词语,搪塞或拖延时间。有的人不善于临场应变发挥,机械地、无意义地重复着某一句话,这些都属于无效话语,会被扣分处理。例如有位同学在谈《学习普通话的感受》时,反复说着:“说普通话其实是一件很有意义的事……”还有人在说话中将话题引到某篇朗读短文中,背诵起其中的一些句子。如谈着《难忘的旅行》,却整段地背起了《香山红叶》。有人在说《我最爱听的一首歌》时没有谈出他为什么喜欢这首歌,怎样喜欢并喜欢到何种程度,却背诵起歌词来,甚至索性唱了起来,竟忘记了此时是在考查语言表达。由于内容贫乏,无话可谈,为尽快结束尴尬局面,多数人草草收场,说话不达时限。

(四)说话拉杂,偏离话题

口语与书面语相比,最大的特点就是可以边说边修正或补充。有时在脱口而出之后,觉得说得不够清楚,可以穿插一些内容,作补充说明。但有的应试人为了解释某一个问题,穿插了相关的内容,说着说着就偏离到另一个话题上去了。例如:有人在谈《我心目中的教师职业》时,刚说了句:自已最喜欢的莫过于教师这一职业,话题一转,便谈到了他的一节物理实习课,讲开了“光学原理”。没有涉及他对教师这一职业的看法,更没有对辛勤园丁的赞美。审题不当会跑题偏题,而剪裁不当,当详不详就会表达不清,当简不简又会显得啰嗦。在说话时要紧扣中心选材，既要防止无话可说，又要避免拉拉杂杂，离题万里。例如：有人在讲《我最尊敬的人》时，把所尊敬的人性格中的优缺点，为人处事的长处、短处一股脑倒出。谈到两人曾闹过矛盾时，竟说有时自己也很讨厌他。他越说越糊涂，始终没说清楚他是尊敬这个人呢，还是讨厌这个人。这就是取材芜杂造成的结果。

(五)过分紧张，语流不畅

应试人事后谈论自己在测试中的表现，大多对说话部分的发挥不满意。究其原因，普遍有心理紧张的因素。有的说话时心情紧张，担心不拿稿子说不好，或是无话可说；有的追求完美，认为要说就得说好，致使自己一时“金口难开”；还有的过于自卑，认为自己来自方言区，担心说不好，被人笑话，为回避难点音，出现思维障碍，语流不畅，吞吞吐吐；有的初次经历这样的口语考试，面对考官和话筒，大脑骤然高度紧张，造成呼吸急促，心跳加快，血压升高，大汗淋漓，肌肉颤抖等现象，甚至一开口便声音发颤，断断续续，话不流畅，语不成调，方言迭出，出现许多不该出现的错误；还有个别人竟坐在那里一时回不过神来，不知如何是好。如此种种，都需要纾解紧张心理。事先把困难估计充分，把材料准备充分，是避免或纾解紧张心理最有效的办法。

(六)背诵底稿，书面语色彩过重，内容雷同

有些应试人将若干个说话题目分别写成了短文，或利用测试站提供的模本，事先背好，用背诵代替说话。受测时，虽然未看稿子，但说出话来书面语色彩很重，或有明显的背诵腔调。更有甚者，在一个测试组里，十几个人所说的话题虽然不同，但内容相似。他们把老师辅导过的内容杂糅到一起，牵强附会地往所抽取的题目中套，直接导致说话内容雷同。这样千篇一律地背诵着别人的话，说着别人的事，缺乏真情实感，当然更谈不上自然流畅地说话了。另一种现象是应试人说得很流畅，但没有朴实、自然的感情，话语中不乏书面语词，这也有背稿之嫌。要是将“诸如”说成“比方说”，“无须乎”说成“不必”，“我女儿很美丽”说成“我女儿很漂亮”，会显得自然活泼；将“午后二时许”改为“下午两点多”会更平实顺口；将“大家畅所欲言地谈论着心中的感受”改为“大家尽情地谈论着心中的感受”会更亲切生动。

二、应进行的训练

针对以上常见问题，我们建议应试人在测试前要做好以下几项训练和准备。

(一)多读文章，培养语感

语音标准、词汇语法规范是命题说话项最重要的判分标准，也是普通话水平测试的基本要求。针对语音问题，应试人应在平时就有意识地训练，同时多读一些名家的文章，培养语感，才能在说话时减少不合乎汉语语法规范的情况，整体提高自己的普通话水平。

(二)打腹稿，列提纲

命题说话是应试人单向的独白，说话之前会有一个短暂的准备过程，最好列一个提纲，想好说话要点，再想好开头语和结束语，做到心中有数。

如果时间允许，应该在测试前一周的时间内，对规定的 30 个话题进行准备。由于《普通话水平测试大纲》对说话内容没有做具体要求，且 30 个话题并不避免部分内容有重合，因此没有必要准备 30 组材料，某一素材也许能用在几个话题上。例如：“童年的记忆”与

“我的成长之路”“我知道的风俗”与“我喜欢的节日”“我的愿望”与“我喜爱的职业”“我的业余生活”与“我的假日生活”等话题都可以用大体相同的素材。大家尽可“举一反三，触类旁通”。

（三）保持自然流畅

自然流畅是口语表达最重要的特点，所以宁可牺牲一些准确率也要尽力保证。这就要求应试人在说话时尽量不带着朗读或背诵的腔调。有的应试人为了不在声、韵、调上出错，说话时一字一顿，听起来非常生硬；有的应试人吞吞吐吐，说一句，想一句，思路和语流都不畅通；有的应试人背事先准备好的稿子，因遗忘而重复某些字句。这些都影响了语速和流畅程度，应当尽量避免。

（四）有技巧地准备语言材料

首先，话题内容尽量选择自己熟悉或感触较深的材料，这样可以避免临场遗忘难以为继，保证不会缺时，也可以避免与别人雷同。

其次，语言材料不要选择大喜或大悲的内容，以免在说话过程中出现大哭大笑导致的测试中断。

第三，议论、说明类话题，尽量少理论，多事实，向叙述转化。这样就可以将预先准备好的语言素材更完美地融入说话过程，节省准备时间和精力。

第四，了解自身的语音缺陷，尽量回避自身难点音的密集使用。

第五，适当放慢语速，这样不仅可以避免不达时限，还可以放松紧张的心情，更好地完成测试。

说话是一种语言表达和交际活动，需要人的综合能力支撑。命题说话既需要较好的普通话口语表达能力，更需要应试人有正确的价值取向、丰富的生活积累、广博的文化积淀、良好的心理素质、敏捷的思维能力和应变能力等构成的整体素质。提高整体素质，是“会说话”“说得对”“说得好”的治本之策。测试前深入思考，充分准备，调整心态，则是应试人争取在测试中正常发挥，取得较好成绩必要的治标之策。普通话水平测试仅仅是手段，不是目的。取得合格证书仅仅是阶段性目标，不是最高目标。愿我们始终坚定信心，标本兼治，在测试和日常生活中充分展示和提高自己的普通话水平。

附　普通话水平测试用话题

说　明

1.30 则话题供普通话水平测试第四项——命题说话测试使用。全部从国家《普通话水平测试实施纲要》中的“普通话水平测试用话题”照录，话题顺序也保持一致。

2.30 则话题仅是对话题范围的规定，并不规定话题的具体内容。

1.我的愿望(或理想)
2.我的学习生活
3.我尊敬的人
4.我喜爱的动物(或植物)
5.童年的记忆
6.我喜爱的职业
7.难忘的旅行
8.我的朋友
9.我喜爱的文学(或其他)艺术形式
10.谈谈卫生与健康
11.我的业余生活
12.我喜欢的季节(或天气)
13.学习普通话的体会
14.谈谈服饰
15.我的假日生活
16.我的成长之路
17.谈谈科技发展与社会生活
18.我知道的风俗
19.我和体育
20.我的家乡(或熟悉的地方)
21.谈谈美食
22.我喜欢的节日
23.我所在的集体(学校、机关、公司等)
24.谈谈社会公德(或职业道德)
25.谈谈个人修养
26.我喜欢的明星(或其他知名人士)
27.我喜爱的书刊

28.谈谈对环境保护的认识

29.我向往的地方

30.购物(消费)的感受

附录1　普通话水平测试用必读轻声词语表

说　明

1.本表在普通话水平测试国家指导用书《普通话水平测试实施纲要》中《普通话测试用必读轻声词语表》基础上增补而成，供普通话水平测试多音节词语（100个音节）测试使用，也可供测试项朗读短文和命题说话参照使用。

2.增补内容包括条目和释义：(1)轻声词如有词形相同的非轻声词且意义有明显差别，增补非轻声词条目，并前加★标识，列在轻声词之后，共用同一序号。(2)对比的轻声词和非轻声词、轻声词词形相同但音义不同、可能被误读误解的轻声词，都在条目之后增加释义，以帮助读者区别意义，正确使用。

3.本表共收词549条，按汉语拼音顺序排列。

4.本表条目中的轻声音节，注音不标调号；非轻声音节只标本调，不标变调。

1．爱人 àiren：丈夫或妻子；恋爱中男女的一方。

* 爱人 àirén：关爱他人。

2．案子 ànzi

3．巴掌 bāzhang

4．把子 bǎzi：把东西扎在一起的捆子；人一群、一帮；一手抓起的数量；抽象事物的数量；戏曲中使用的武器的总称；开打的动作；由朋友结义而成的兄弟姐妹。

5．把子 bàzi：器具上便于用手拿的部分；花、叶或果实的柄。

6．爸爸 bàba

7．白净 báijing

8．班子 bānzi

9．板子 bǎnzi

10．帮手 bāngshou

11．梆子 bāngzi

12．膀子 bǎngzi

13．棒槌 bàngchui

14．棒子 bàngzi

15．包袱 bāofu

16．包涵 bāohan

17．包子 bāozi

18．豹子 bàozi

19．杯子 bēizi

20．被子 bèizi

21．本事 běnshi：本领。

* 本事 běnshì：文学作品主题所根据的故事情节。

22．本子 běnzi

23．鼻子 bízi

24．比方 bǐfang

25．鞭子 biānzi

26．扁担 biǎndan

27．辫子 biànzi

28．别扭 bièniu

29．饼子 bǐngzi

30．拨弄 bōnong

31．脖子 bózi

32．簸箕 bòji

33．补丁 bǔding

34．部分 bùfen

35．不由得 bùyóude

36．不在乎 bùzàihu

37. 步子 bùzi

38. 裁缝 cáifeng：以做衣服为职业的人。

* 裁缝 cáiféng：剪裁缝制衣服。

39. 财主 cáizhu

40. 苍蝇 cāngying

41. 差事 chāishi

42. 柴火 cháihuo

43. 肠子 chángzi

44. 厂子 chǎngzi

45. 场子 chǎngzi

46. 车子 chēzi

47. 称呼 chēnghu

48. 池子 chízi

49. 尺子 chǐzi

50. 虫子 chóngzi

51. 绸子 chóuzi

52. 除了 chúle

53. 锄头 chútou

54. 畜生 chùsheng

55. 窗户 chuānghu

56. 窗子 chuāngzi

57. 锤子 chuízi

58. 刺猬 cìwei

59. 凑合 còuhe

60. 村子 cūnzi

61. 耷拉 dāla

62. 答应 dāying

63. 打扮 dǎban

64. 打点 dǎdian

65. 打发 dǎfa

66. 打量 dǎliang

67. 打算 dǎsuan

68. 打听 dǎting

69. 大方 dàfang：对于财物不计较；不吝啬；（言谈、举止）自然；不拘束；（样式、颜色等）不俗气。

* 大方 dàfāng：专家学者；内行人；绿茶的一种，产于安徽歙县、浙江淳安等地。

70. 大爷 dàye：伯父；尊称年长的男子（一般指年纪大于父亲的）。

* 大爷 dàyé：指不好劳动、傲慢任性的男子。

71. 大夫 dàifu

72. 带子 dàizi

73. 袋子 dàizi

74. 耽搁 dānge

75. 耽误 dānwu

76. 单子 dānzi

77. 胆子 dǎnzi

78. 担子 dànzi

79. 刀子 dāozi

80. 道士 dàoshi

81. 稻子 dàozi

82. 灯笼 dēnglong

83. 凳子 dèngzi

84. 提防 dīfang

85. 笛子 dízi

86. 底子 dǐzi

87. 地道 dìdao：真正是有名产地出产的；真正的；实在；材料、工艺、品质上乘，够标准。

* 地道 dìdào：在地面下掘成的交通坑道（多用于军事）。

88. 地方 dìfang：某一区域；空间的一部分；部位；部分。

* 地方 dìfáng：中央下属的各级行政区划的统称（与“中央”相对）；军队方面指军队以外的部门、团体。

89. 弟弟 dìdi

90. 弟兄 dìxiong：弟弟和哥哥；同父（母）男孩子的合称，也泛指亲近的男性伙伴。

91. 点心 diǎnxin

92. 调子 diàozi

93. 钉子 dīngzi

94. 东家 dōngjia

95. 东西 dōngxi：泛指各种具体的或抽象的事物；特指人或动物（多含厌恶或喜爱的感情）。

* 东西 dōngxī：方位词，东边和西边；从东到西的距离。

96. 动静 dòngjing

97. 动弹 dòngtan

98. 豆腐 dòufu

99. 豆子 dòuzi

100. 嘟囔 dūnang

101. 肚子 dǔzi：用作食品的动物的胃。

102. 肚子 dùzi：腹的通称；物体圆而凸起像肚子的部分。

103. 缎子 duànzi

104. 对付 duìfu

105. 对头 duìtou：仇敌；敌对的方面；对手。

* 对头 duìtóu：正确；合适；正常（多用于否定式）；合得来（多用于否定式）。

106. 队伍 duìwu

107. 多么 duōme

108. 蛾子 ézi

109. 儿子 érzi

110. 耳朵 ěrduo

111. 贩子 fànzi

112. 房子 fángzi

113. 废物 fèiwu

114. 份子 fènzi

115. 风筝 fēngzheng

116. 疯子 fēngzi

117. 福气 fúqi

118. 斧子 fǔzi

119. 盖子 gàizi

120. 甘蔗 gānzhe

121. 杆子 gānzi：有一定用途的细长的木头或类似的东西（多直立在地上，上端较细）；结伙抢劫的土匪。

122. 杆子 gǎnzi：器物的像棍子的细长的部分（包括中空的）；用于有杆的器物。

123. 干事 gànshi

124. 杠子 gàngzi

125. 高粱 gāoliang

126. 膏药 gāoyao

127. 稿子 gǎozi

128. 告诉 gàosu：说给人；使人知道。

* 告诉 gàosù：在刑事诉讼中，被害人或其法定代理人向法院提起诉讼。

129. 疙瘩 gēda

130. 哥哥 gēge

131. 胳膊 gēbo

132. 鸽子 gēzi

133. 格子 gézi

134. 个子 gèzi

135. 根子 gēnzi

136. 跟头 gēntou

137. 工夫 gōngfu：占用的时间；空闲时间；时候。

138. 弓子 gōngzi

139. 公公 gōnggong

140. 功夫 gōngfu：本领；造诣；武术；（做事）所耗费的时间和精力。

141. 钩子 gōuzi

142. 姑姑 gūgu

143. 姑娘 gūniang

144. 谷子 gǔzi

145. 骨头 gǔtou

146. 故事 gùshi：真实的或虚构的用作讲述对象的事情，有连贯性，富吸引力，能感染人；文艺作品中用来体现主题的情节。

* 故事 gùshì：旧日的行事制度；例行的事。

147. 寡妇 guǎfu

148. 褂子 guàzi

149. 怪物 guàiwu

150. 关系 guānxi

151. 官司 guānsi

152. 罐头 guàntou

153. 罐子 guànzi

154. 规矩 guīju

155. 闺女 guīnü

156. 鬼子 guǐzi

157. 柜子 guìzi

158. 棍子 gùnzi

159. 锅子 guōzi

160. 果子 guǒzi

161. 蛤蟆 háma

162. 孩子 háizi

163. 含糊 hánhu

164. 汉子 hànzi

165. 行当 hángdang：行业；戏曲演员专业分工的类别。

166. 合同 hétong

167. 和尚 héshang

168. 核桃 hétao

169. 盒子 hézi

170. 红火 hónghuo

171. 猴子 hóuzi

172. 后头 hòutou

173. 厚道 hòudao

174. 狐狸 húli

175. 胡琴 húqin

176. 糊涂 hútu

177. 皇上 huángshang
178. 幌子 huǎngzi
179. 胡萝卜 húluóbo
180. 活泼 huópo
181. 火候 huǒhou
182. 伙计 huǒji
183. 护士 hùshi
184. 机灵 jīling
185. 脊梁 jǐliang
186. 记号 jìhao
187. 记性 jìxing
188. 夹子 jiāzi
189. 家伙 jiāhuo
190. 架势 jiàshi
191. 架子 jiàzi
192. 嫁妆 jiàzhuang
193. 尖子 jiānzi
194. 茧子 jiǎnzi
195. 剪子 jiǎnzi
196. 见识 jiànshi
197. 毽子 jiànzi
198. 将就 jiāngjiu
199. 交情 jiāoqing
200. 饺子 jiǎozi
201. 叫唤 jiàohuan
202. 轿子 jiàozi
203. 结实 jiēshi:坚固;牢固;健壮。
* 结实 jiēshí:长出果实。
204. 街坊 jiēfang
205. 姐夫 jiěfu
206. 姐姐 jiějie
207. 戒指 jièzhi
208. 金子 jīnzi
209. 精神 jīngshen:表现出来的活力;活跃;有生气;英俊;相貌好,身材好。
* 精神 jīngshén:人的意识、思维活动和一般心理状态;宗旨;主要的意思。
210. 镜子 jìngzi
211. 舅舅 jiùjiu
212. 橘子 júzi
213. 句子 jùzi
214. 卷子 juànzi
215. 咳嗽 késou
216. 客气 kèqi
217. 空子 kòngzi
218. 口袋 kǒudai
219. 口子 kǒuzi
220. 扣子 kòuzi
221. 窟窿 kūlong
222. 裤子 kùzi
223. 快活 kuàihuo
224. 筷子 kuàizi
225. 框子 kuàngzi
226. 困难 kùnnan
227. 阔气 kuòqi
228. 喇叭 lǎba
229. 喇嘛 lǎma
230. 篮子 lánzi
231. 懒得 lànde
232. 浪头 làngtou
233. 老婆 lǎopo
234. 老实 lǎoshi
235. 老太太 lǎotàitai
236. 老头子 lǎotóuzi
237. 老爷 lǎoye
238. 老子 lǎozi
239. 姥姥 lǎolao
240. 累赘 léizhui
241. 篱笆 líba
242. 里头 lǐtou
243. 力气 lìqi
244. 厉害 lìhai
245. 利落 lìluo
246. 利索 lìsuo
247. 例子 lìzi
248. 栗子 lìzi
249. 痢疾 lìji
250. 连累 liánlei
251. 帘子 liánzi
252. 凉快 liángkuai
253. 粮食 liángshi
254. 两口子 liǎngkǒuzi
255. 料子 liàozi
256. 林子 línzi
257. 翎子 língzi
258. 领子 lǐngzi
259. 溜达 liūda
260. 聋子 lóngzi

261. 笼子 lóngzi
262. 炉子 lúzi
263. 路子 lùzi
264. 轮子 lúnzi
265. 萝卜 luóbo
266. 骡子 luózi
267. 骆驼 luòtuo
268. 妈妈 māma
269. 麻烦 máfan
270. 麻利 máli
271. 麻子 mázi
272. 马虎 mǎhu
273. 码头 mǎtou
274. 买卖 mǎimai
275. 麦子 màizi
276. 馒头 mántou
277. 忙活 mánghuo
278. 冒失 màoshi
279. 帽子 màozi
280. 眉毛 méimao
281. 媒人 méiren
282. 妹妹 mèimei
283. 门道 méndao:门路;奥秘;诀窍。
   * 门道 méndào:门洞儿。
284. 眯缝 mīfeng
285. 迷糊 míhu
286. 面子 miànzi
287. 苗条 miáotiao
288. 苗头 miáotou
289. 名堂 míngtang
290. 名字 míngzi
291. 明白 míngbai
292. 蘑菇 mógu
293. 模糊 móhu
294. 木匠 mùjiang
295. 木头 mùtou
296. 那么 nàme
297. 奶奶 nǎinai
298. 难为 nánwei
299. 脑袋 nǎodai
300. 脑子 nǎozi
301. 能耐 néngnai
302. 你们 nǐmen
303. 念叨 niàndao
304. 念头 niàntou
305. 娘家 niángjia
306. 镊子 nièzi
307. 奴才 núcai
308. 女婿 nǚxu
309. 暖和 nuǎnhuo
310. 疟疾 nüèji
311. 拍子 pāizi
312. 牌楼 páilou
313. 牌子 páizi
314. 盘算 pánsuan
315. 盘子 pánzi
316. 胖子 pàngzi
317. 狍子 páozi
318. 盆子 pénzi
319. 朋友 péngyou
320. 棚子 péngzi
321. 脾气 píqi
322. 皮子 pízi
323. 痞子 pǐzi
324. 屁股 pìgu
325. 片子 piānzi:电影胶片,泛指影片;X光感光成像的底片;唱片。
326. 便宜 piányi
327. 片子 piànzi:片;名片
328. 骗子 piànzi
329. 票子 piàozi
330. 漂亮 piàoliang
331. 瓶子 píngzi
332. 婆家 pójia
333. 婆婆 pópo
334. 铺盖 pūgai:褥子和被子;代指行李、家当。
   * 铺盖 pūgài:铺的盖的,泛指炕(床)上的寝具。
335. 欺负 qīfu
336. 旗子 qízi
337. 前头 qiántou
338. 钳子 qiánzi
339. 茄子 qiézi
340. 亲戚 qīnqi
341. 勤快 qínkuai
342. 清楚 qīngchu
343. 亲家 qìngjia

344. 曲子 qǔzi
345. 圈子 quānzi
346. 拳头 quántou
347. 裙子 qúnzi
348. 热闹 rènao
349. 人家 rénjia：自己或某人以外的人；别人；某个人或某些人，意思与“他”“他们”相近；自己（有亲热或俏皮的意味）。

* 人家 rénjiā：住户；家庭；女子未来的丈夫家。

350. 人们 rénmen
351. 认识 rènshi
352. 日子 rìzi
353. 褥子 rùzi
354. 塞子 sāizi
355. 嗓子 sǎngzi
356. 嫂子 sǎozi
357. 扫帚 sàozhou
358. 沙子 shāzi
359. 傻子 shǎzi
360. 扇子 shànzi
361. 商量 shāngliang
362. 晌午 shǎngwu
363. 上司 shàngsi
364. 上头 shàngtou：上面。

* 上头 shàngtóu：旧时女子出嫁时把头发结成发髻；喝酒后引起头晕、头疼。

365. 烧饼 shāobing
366. 勺子 sháozi
367. 少爷 shàoye
368. 哨子 shàozi
369. 舌头 shétou
370. 身子 shēnzi
371. 什么 shénme
372. 婶子 shěnzi
373. 生意 shēngyi：商业经营；职业。

* 生意 shēngyì：富有生命力的气象；生机。

374. 牲口 shēngkou
375. 绳子 shéngzi
376. 师父 shīfu
377. 师傅 shīfu
378. 虱子 shīzi
379. 狮子 shīzi
380. 石匠 shíjiang
381. 石榴 shíliu
382. 石头 shítou
383. 时候 shíhou
384. 实在 shízai：扎实；地道；不马虎。

* 实在 shízài：诚实；不虚假；的确；其实。

385. 拾掇 shíduo
386. 使唤 shǐhuan
387. 世故 shìgu：圆滑，不得罪人。

* 世故 shìgù：处世经验。

388. 似的 shìde
389. 事情 shìqing
390. 柿子 shìzi
391. 收成 shōucheng
392. 收拾 shōushi
393. 首饰 shǒushi
394. 叔叔 shūshu
395. 梳子 shūzi
396. 舒服 shūfu
397. 舒坦 shūtan
398. 疏忽 shūhu
399. 爽快 shuǎngkuai
400. 思量 sīliang
401. 算计 suànji
402. 岁数 suìshu
403. 孙子 sūnzi
404. 他们 tāmen
405. 它们 tāmen
406. 她们 tāmen
407. 台子 táizi
408. 太太 tàitai
409. 摊子 tānzi
410. 坛子 tánzi
411. 毯子 tánzi
412. 桃子 táozi
413. 特务 tèwu：经过特殊训练，从事刺探情报、颠覆、破坏等活动的人。

* 特务 tèwù：军队中担任警卫、通信、运输等特殊任务的。

414. 梯子 tīzi
415. 蹄子 tízi
416. 挑剔 tiāoti
417. 挑子 tiāozi

418. 条子 tiáozi
419. 跳蚤 tiàozao
420. 铁匠 tiějiang
421. 亭子 tíngzi
422. 头发 tóufa
423. 头子 tóuzi
424. 兔子 tùzi
425. 妥当 tuǒdang
426. 唾沫 tuòmo
427. 挖苦 wāku
428. 娃娃 wáwa
429. 袜子 wàzi
430. 晚上 wǎnshang
431. 尾巴 wěiba
432. 委屈 wěiqu
433. 为了 wèile
434. 位置 wèizhi
435. 位子 wèizi
436. 蚊子 wénzi
437. 稳当 wěndang
438. 我们 wǒmen
439. 屋子 wūzi
440. 稀罕 xīhan
441. 席子 xízi
442. 媳妇 xífu
443. 喜欢 xǐhuan
444. 瞎子 xiāzi
445. 匣子 xiázi
446. 下巴 xiàba
* 下巴颏儿 xiàbakēr
447. 吓唬 xiàhu
448. 先生 xiānsheng
449. 乡下 xiāngxia
450. 箱子 xiāngzi
451. 相声 xiàngsheng
452. 消息 xiāoxi
453. 小伙子 xiǎohuǒzi
454. 小气 xiǎoqi
455. 小子 xiǎozi
456. 笑话 xiàohua
457. 谢谢 xièxie
458. 心思 xīnsi
459. 星星 xīngxing:星
* 星星 xīngxīng:细小的点儿
460. 猩猩 xīngxing
461. 行李 xíngli
462. 性子 xìngzi
463. 兄弟 xiōngdi:弟弟;称呼年纪比自己小的男子(亲切口气);男子跟辈分相同的人或对众人说话时的谦称。
* 兄弟 xiōngdì:哥哥和弟弟
464. 休息 xiūxi
465. 秀才 xiùcai
466. 秀气 xiùqi
467. 袖子 xiùzi
468. 靴子 xuēzi
469. 学生 xuésheng
470. 学问 xuéwen
471. 丫头 yātou
472. 鸭子 yāzi
473. 衙门 yámen
474. 哑巴 yǎba
475. 胭脂 yānzhi
476. 烟筒 yāntong
477. 眼睛 yǎnjing
478. 燕子 yànzi
479. 秧歌 yāngge
480. 养活 yǎnghuo
481. 样子 yàngzi
482. 吆喝 yāohe
483. 妖精 yāojing
484. 钥匙 yàoshi
485. 椰子 yēzi
486. 爷爷 yéye
487. 叶子 yèzi
488. 一辈子 yībèizi
489. 衣服 yīfu
490. 衣裳 yīshang
491. 椅子 yǐzi
492. 意思 yìsi
493. 银子 yínzi
494. 影子 yǐngzi
495. 应酬 yìngchou
496. 柚子 yòuzi
497. 冤枉 yuānwang
498. 院子 yuànzi
499. 月饼 yuèbing
500. 月亮 yuèliang

501. 云彩 yúncai

502. 运气 yùnqi：命运；幸运。

* 运气 yùnqì：把力气贯注到身体某一部位。

503. 在乎 zàihu

504. 咱们 zánmen

505. 早上 zǎoshang

506. 怎么 zěnme

507. 扎实 zhāshi

508. 眨巴 zhǎba

509. 栅栏 zhàlan

510. 宅子 zháizi

511. 寨子 zhàizi

512. 张罗 zhāngluo

513. 丈夫 zhàngfu：男女结婚，男子是女子的丈夫。

* 丈夫 zhàngfū：成年男子。

514. 帐篷 zhàngpeng

515. 丈人 zhàngren：岳父。

* 丈人 zhàngrén：古时对老年男子的尊称。

516. 帐子 zhàngzi

517. 招呼 zhāohu

518. 招牌 zhāopai

* 招牌菜 zhāopáicài

519. 折腾 zhēteng

520. 这个 zhège

521. 这么 zhème

522. 枕头 zhěntou

523. 镇子 zhènzi

524. 芝麻 zhīma

525. 知识 zhīshi

526. 侄子 zhízi

527. 指甲 zhǐjia（口语多读 zhījia）

528. 指头 zhǐtou（口语多读 zhítou）

529. 种子 zhǒngzi

530. 珠子 zhūzi

531. 竹子 zhúzi

532. 主意 zhǔyi（口语多读 zhúyi）

533. 主子 zhǔzi

534. 柱子 zhùzi

535. 爪子 zhuǎzi

536. 转悠 zhuànyou

537. 庄稼 zhuāngjia

538. 庄子 zhuāngzi

539. 壮实 zhuàngshi

540. 状元 zhuàngyuan

541. 锥子 zhuīzi

542. 桌子 zhuōzi

543. 字号 zìhao：商店的名称；商店。

* 字号 zìhào：表示事物次序的文字和数码；排版印刷上用来标示汉字大小的编号。

544. 自在 zìzai：安闲舒适。

* 自在 zìzài：自然存在；自由；不受拘束。

545. 粽子 zòngzi

546. 祖宗 zǔzong

547. 嘴巴 zuǐba

548. 作坊 zuōfang

549. 琢磨 zuómo：思索；考虑。

* 琢磨 zhuómó：雕刻和打磨（玉石）；加工使精美（指文章等）。

附录 2　普通话水平测试用儿化词语表

说　明

1.本表参照普通话水平测试国家指导用书《普通话水平测试实施纲要》中《普通话水平测试用普通话词语表》及《现代汉语词典》编制。加 * 的是以上二者未收，根据测试需要酌增的条目。

2.本表供普通话水平测试读多音节词语（100 个音节）测试使用，也可供测试项朗读短文和命题说话参照使用。

3.本表所列儿化词语，在书面上用汉字书写一律加“儿”，但并不表明所列词语在任何语用场合都必须儿化，如：“号码儿”用于“电话号码”时，不儿化。

4.本表共收词 189 条，按儿化韵母的汉语拼音字母顺序排列。

5.本表列出原形韵母和所对应的儿化韵，其间用>连接，>后用拼音符号表示韵母儿化的实际发音，和通常在音节注音后加 r 的儿化音节注音不同。

一

a>ar
刀把儿 dāobàr
号码儿 hàomàr
戏法儿 xìfàr
在哪儿 zàinàr
找茬儿 zhǎochár
打杂儿 dǎzár
板擦儿 bǎncār

ai>ar
名牌儿 míngpáir
鞋带儿 xiédàir
壶盖儿 húgàir
小孩儿 xiáoháir
加塞儿 jiāsāir

an>ar
快板儿 kuàibǎnr
老伴儿 lǎobànr
蒜瓣儿 suànbànr
脸盘儿 lǎnpǎnr
脸蛋儿 liǎndànr
收摊儿 shōutānr
栅栏儿 zhàlanr
包干儿 bāogānr
笔杆儿 bǐgǎnr
门槛儿 ménkǎnr

二

ang>ar（鼻化）
药方儿 yàofāngr
赶趟儿 gǎntàngr
香肠儿 xiāngchángr
瓜瓤儿 guārángr

三

ia>iar

掉价儿 diàojiàr
一下儿 yīxiàr
豆芽儿 dòuyár

ian>iar

小辫儿 xiǎobiànr
照片儿 zhàopiānr
扇面儿 shànmiànr
差点儿 chàdiǎnr
一点儿 yīdiǎnr
雨点儿 yǔdiǎnr
聊天儿 liáotiānr
拉链儿 lāliànr
冒尖儿 màojiānr
坎肩儿 kǎnjiānr
牙签儿 yáqiānr
露馅儿 lòuxiànr
心眼儿 xīnyǎnr

四

iang>iar(鼻化)

鼻梁儿 bíliángr
透亮儿 tòuliàngr
花样儿 huāyàngr

五

ua>uar

脑瓜儿 nǎoguār
大褂儿 dàguàr
麻花儿 máhuār
笑话儿 xiàohuar
牙刷儿 yáshuār

uai>uar

一块儿 yīkuàir

uan>uar

茶馆儿 cháguǎnr
饭馆儿 fànguǎnr
火罐儿 huǒguànr
落款儿 luòkuǎnr
打转儿 dàzhuànr
拐弯儿 guǎiwānr
好玩儿 hǎowánr
大腕儿 dàwànr

六

uang>uar(鼻化)

蛋黄儿 dànhuángr
打晃儿 dǎhuàngr
天窗儿 tiānchuāngr

七

üan>üar

烟卷儿 yānjuǎnr
手绢儿 shǒujuànr
出圈儿 chūquānr
包圆儿 bāoyuánr
人缘儿 rényuánr
绕远儿 ràoyuǎnr
杂院儿 záyuànr

八

ei>er

刀背儿 dāobèir
摸黑儿 mōhēir

en>er

老本儿 lǎoběnr
花盆儿 huāpénr
嗓门儿 sǎngménr
把门儿 bǎménr
哥们儿 gēmenr
纳闷儿 nàmènr
后跟儿 hòugēnr
高跟儿鞋 gāogēnrxié
别针儿 biézhēnr
一阵儿 yīzhènr
走神儿 zǒushénr
大婶儿 dàshěnr
小人儿书 xiǎorénrshū
杏仁儿 xìngrénr
刀刃儿 dāorènr

九

eng>er(鼻化)
钢镚儿 gāngbèngr
夹缝儿 jiāfèngr
脖颈儿 bógěngr
提成儿 tíchéngr

十

ie>ier
半截儿 bànjiér
小鞋儿 xiǎoxiér

üe>üer
旦角儿 dànjuér
主角儿 zhǔjuér

十一

uei>uer
跑腿儿 pǎotuǐr
一会儿 yīhuìr
耳垂儿 ěrchuír
墨水儿 mòshuǐr
围嘴儿 wéizuǐr
走味儿 zǒuwèir

uen>uer
打盹儿 dǎdǔnr
胖墩儿 pàngdūnr
砂轮儿 shālúnr
冰棍儿 bīnggùnr
没准儿 méizhǔnr
开春儿 kāichūnr

ueng>uer(鼻化)
* 小瓮儿 xiǎowèngr

十二

-i(前)>er
瓜子儿 guāzǐr
石子儿 shízǐr
没词儿 méicír
挑刺儿 tiāocìr

-i(后)>er
墨汁儿 mòzhīr
锯齿儿 jùchǐr
记事儿 jìshìr

十三

i>i:er
针鼻儿 zhēnbír
垫底儿 diàndǐr
肚脐儿 dùqír
玩意儿 wányìr

in>i:er
有劲儿 yǒujìnr
送信儿 sòngxìnr
脚印儿 jiǎoyìnr

十四

ing>i:er(鼻化)
花瓶儿 huāpíngr
打鸣儿 dǎmíngr
图钉儿 túdīngr
门铃儿 ménlíngr
眼镜儿 yǎnjìngr
蛋清儿 dànqīngr
火星儿 huǒxīngr
人影儿 rényǐngr

十五

ü>ü:er
毛驴儿 máolǘr
小曲儿 xiǎoqǔr
痰盂儿 tányúr

üe>ü:er
合群儿 héqúnr

十六

e>er
模特儿 mótèr
逗乐儿 dòulèr
唱歌儿 chànggēr
挨个儿 āigèr

打嗝儿 dăgér
饭盒儿 fànhér
在这儿 zàizhèr

十七

u>ur
碎步儿 suìbùr
没谱儿 méipŭr
儿媳妇儿 érxífur
梨核儿 líhúr
泪珠儿 lèizhūr
有数儿 yŏushùr

十八

ong>or(鼻化)
果冻儿 guŏdòngr
门洞儿 méndòngr
胡同儿 hútòngr
抽空儿 chōukòngr
酒盅儿 jiŭzhōngr
小葱儿 xiăocōngr

iong>ior(鼻化)
* 小熊儿 xiăoxióngr

十九

ao>aor
红包儿 hóngbāor
灯泡儿 dēngpàor
半道儿 bàndàor
手套儿 shŏutàor
跳高儿 tiàogāor
叫好儿 jiàohăor
口罩儿 kŏuzhàor
绝着儿 juézhăor
口哨儿 kŏusàor
蜜枣儿 mìzăor

二十

iao>iaor
鱼漂儿 yúpiāor
火苗儿 huŏmiáor
跑调儿 păodiàor
面条儿 miàntiáor
豆角儿 dòujiăor
开窍儿 kāiqiàor

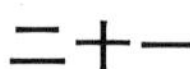

二十一

ou>our
衣兜儿 yīdōur
老头儿 lăotóur
年头儿 niántóur
小偷儿 xiăotōur
门口儿 ménkŏur
纽扣儿 niŭkòur
线轴儿 xiànzhóur
小丑儿 xiăochŏur

二十二

iou>iour
顶牛儿 dĭngniúr
抓阄儿 zhuājiūr
棉球儿 miánqiúr
加油儿 jiāyóur

二十三

uo>uor
火锅儿 huŏguōr
做活儿 zuòhuór
大伙儿 dàhuŏr
邮戳儿 yóuchuōr
小说儿 xiăoshuōr
被窝儿 bèiwōr

(o)>or
耳膜儿 ĕrmór
粉末儿 fĕnmòr

附录3　普通话水平测试用易错读字词表

说　明

1. 本表供普通话水平测试第一项——单音节字词（100个音节）测试和第二项——多音节词语(100个音节)测试使用,也可供测试朗读短文参照使用。

2.本表收录了普通话水平测试第一项和第二项中常被错读的字词,不表示字词本身的客观难易度。只标注字词的正确读音,不涉及错误情况和原因。

3.本表包括单音节字词和多音节词语两个部分,均按照汉语拼音顺序排列。

4.条目中的轻声音节,注音不标调号;非轻声音节只标本调,不标变调。

5.条目中儿化音节的注音,采用通行的方式,在音节后加r,不标语音的实际变化。

单音节字词

庵 ān	黯 àn	鳌 áo		
拔 bá	膘 biāo	鬓 bìn	禀 bǐng	拨 bō
钵 bō	箔 bó	铂 bó	柏 bó*	跛 bǒ
哺 bǔ	埠 bù			
蚕 cán	蹭 cèng	巢 cháo	澈 chè	撤 chè
惩 chéng	嗤 chī	炽 chì	舂 chōng	雏 chú
踹 chuài	疮 chuāng	戳 chuō	蹿 cuān	啐 cuì
挫 cuò				
掸 dǎn	堤 dī	嫡 dí	貂 diāo	滇 diān
迭 dié	犊 dú	兑 duì	踱 duó	吨 dūn
帆 fān	吠 fèi	氛 fēn	酚 fēn	焚 fén
敷 fū	孵 fū	符 fú	幅 fú	甫 fǔ
秆 gǎn	篙 gāo	膏 gāo	槁 gǎo	庚 gēng
汞 gǒng	龚 gōng			
氦 hài	颌 hé	痕 hén	侯 hóu	候 hòu
桦 huà	混 hùn			
即 jí	脊 jǐ	髻 jì	迹 jì	荚 jiá
颊 jiá	谏 jiàn	窖 jiào	秸 jiē	谨 jǐn

---

* 译音用字,柏林,德国首都;柏拉图,古希腊哲学家。

靳 jìn　茎 jīng　荆 jīng　灸 jiǔ　厩 jiù
窘 jiǒng　矩 jǔ　绢 juàn　撅 juē　噘 juē
厥 jué　蕨 jué　矍 jué　攫 jué　郡 jùn
揩 kāi　抠 kōu　框 kuàng　奎 kuí　坤 kūn
敛 liǎn　咧 liē / liě　劣 liè　拎 līn　绫 líng
伶 líng　龄 líng　绺 liǔ　陇 lǒng　垄 lǒng
掳 lǔ　峦 luán　缕 lǚ　掠 lüè
鳗 mán　昧 mèi　觅 mì　幂 mì　篾 miè
闽 mǐn　谬 miù　摹 mó
捺 nà　囊 náng　拟 nǐ　拈 niān　蔫 niān
黏 nián　镍 niè
胚 pēi　裴 péi　坯 pī　纰 pī　脾 pí
癖 pǐ　匹 pǐ　扁(舟)piān　瞟 piǎo　瞥 piē
剖 pōu　浦 pǔ　圃 pǔ
畦 qí　鳍 qí　契 qì　砌 qì　潜 qián
跷 qiāo　锹 qiāo　怯 qiè　沁 qìn　倾 qīng
卿 qīng　擎 qíng　顷 qǐng　磬 qìng　裘 qiú
祛 qū　蜷 quán　券 quàn
仍 réng　冗 rǒng　儒 rú　汝 rǔ　蕊 ruǐ
缫 sāo　僧 sēng　霎 shà　赦 shè　砷 shēn
矢 shǐ　束 shù　涮 shuàn　烁 shuò　吮 shǔn
舜 shùn　髓 suǐ
塌 tā　榻 tà　廷 tíng　佟 tóng　臀 tún
屯 tún
枉 wǎng　韦 wéi　瓮 wèng　吾 wú　唔 wú
梧 wú　毋 wú　坞 wù
弦 xián　饷 xiǎng　械 xiè　馨 xīn　癣 xuǎn
穴 xué　熏 xūn　薰 xūn　驯 xùn
焉 yān　衍 yǎn　砚 yàn　赝 yàn　曳 yè
吟 yín　寅 yín　壅 yōng　铀 yóu　酉 yǒu
釉 yòu　淤 yū　迂 yū　逾 yú　虞 yú
禹 yǔ　粤 yuè　匀 yún　允 yǔn
咂 zā　栽 zāi　凿 záo　仄 zè　憎 zēng
铡 zhá　眨 zhǎ　昭 zhāo　召 zhào　辙 zhé
褶 zhě　蔗 zhè　浙 zhè　脂 zhī　冢 zhǒng
诸 zhū　贮 zhù　撰 zhuàn　篆 zhuàn　拙 zhuō
酌 zhuó　鬃 zōng　奏 zòu　纂 zuǎn　攥 zuàn

多音节词语

盎然 àngrán
婢女 bìnǚ
编纂 biānzuǎn
濒临 bīnlín
濒于 bīnyú
脖颈儿 bógěngr
参与 cānyù
苍穹 cāngqióng
创伤 chuāngshāng
纯粹 chúncuì
摧残 cuīcán
挫折 cuòzhé
肚脐儿 dùqír
恶劣 èliè
方兴未艾 fāngxīng-wèi'ài
妨害 fánghài
分散 fēnsàn
佛教 fójiào
佛寺 fósì
高涨 gāozhǎng
给以 gěiyǐ
骨髓 gǔsuǐ
汗流浃背 hànliú-jiābèi
候鸟 hòuniǎo
荒谬 huāngmiù
混合 hùnhé
给予 jǐyǔ
家畜 jiāchù
家眷 jiājuàn
眷恋 juànliàn
角色 juésè
绝着儿 juézhāor
快乐 kuàilè
框子 kuàngzi
梨核儿 líhúr
勉强 miǎnqiǎng
谬论 miùlùn
模型 móxíng
模板 múbǎn
脑髓 nǎosuǐ
霓虹灯 níhóngdēng
年龄 niánlíng
年头儿 niántóur
涅槃 nièpán
宁肯 nìngkěn
牛仔裤 niúzǎikù
虐待 nüèdài
胚胎 pēitāi
撇开 piēkāi
频率 pínlǜ
乒乓球 pīngpāngqiú
葡萄糖 pútaotáng
恰当 qiàdàng
前仆后继 qiánpū-hòujì
潜移默化 qiányí-mòhuà
强求 qiǎngqiú
悄声 qiǎoshēng
情不自禁 qíngbùzìjīn
曲解 qūjiě
仍然 réngrán
散落 sànluò
似的 shìde
思维 sīwéi
饲料 sìliào
铁锨 tiěxiān
挖潜 wāqián
未遂 wèisuì
细菌 xìjūn
纤维 xiānwéi
舷窗 xiánchuāng
兴奋 xīngfèn
兴衰 xīngshuāi
胸脯 xiōngpú
旋转 xuánzhuǎn
血液 xuèyè
血管 xuèguǎn
小瓮儿 xiǎowèngr
窈窕 yǎotiǎo
抑扬顿挫 yìyáng-dùncuò
婴儿 yīng'ér
应届 yīngjiè
应用 yìngyòng
有的放矢 yǒudì-fàngshǐ

幼儿园 yòu'éryuán

憎恨 zēnghèn	召开 zhàokāi	照片 zhàopiàn
照片儿 zhàopiānr	症结 zhēngjié	症状 zhèngzhuàng
主人翁 zhǔrénwēng	抓阄儿 zhuājiūr	啄木鸟 zhuómùniǎo
卓越 zhuóyuè	总得 zǒngděi	钻头 zuàntóu

附录 4　普通话异读词审音表

中国文字改革委员会普通话审音委员会，于 1957 年、1959 年至 1962 年先后发布了《普通话异读词审音表初稿》正编、续编和三编，1963 年发布《普通话异读词三次审音总表初稿》。经过二十多年的实际应用，普通话审音委员会在总结经验的基础上，于 1982 年至 1985 年组织专家学者对《普通话异读词三次审音总表初稿》进行审核修订，制定了《普通话异读词审音表》，经过国家语言文字工作委员会、国家教育委员会、广播电视部审查通过，于 1985 年 12 月联合发布。

说　明

一、本表所审，主要是普通话有异读的词和有异读的作为“语素”的字。不列出多音多义字的全部读音和全部义项，与字典、词典形式不同，例如：“和”字有多种义项和读音，而本表仅列出原有异读的八条词语，分列于 hè 和 huo 两种读音之下（有多种读音，较常见的在前。下同）；其余无异读的音、义均不涉及。

二、在字后注明“统读”的，表示此字不论用于任何词语中只读一音（轻声变读不受此限），本表不再举出词例。例如：“阀”字注明“fá（统读）”，原表“军阀”“学阀”“财阀”条和原表所无的“阀门”等词均不再举。

三、在字后不注“统读”的，表示此字有几种读音，本表只审订其中有异读的词语的读音。例如“艾”字本有 ài 和 yì 两音，本表只举“自怨自艾”一词，注明此处读 yì 音；至于 ài 音及其义项，并无异读，不再赘列。

四、有些字有文白二读，本表以“文”和“语”作注。前者一般用于书面语言，用于复音词和文言成语中；后者多用于口语中的单音词及少数日常生活事物的复音词中。这种情况在必要时各举词语为例。例如：“杉”字下注“（一）shān（文）：紫～、红～、水～；（二）shā（语）：～篙、～木”。

五、有些字除列举词例之外，酌加简单说明，以便读者分辨。说明或按具体字义，或按“动作义”“名物义”等区分，例如：“畜”字下注“（一）chù（名物义）：～力、家～、牲～、幼～；（二）xù（动作义）：～产、～牧、～养”。

六、有些字的几种读音中某音用处较窄，另音用处甚宽，则注“除××（较少的词）念乙音外，其他都念甲音”，以避免列举词条繁而未尽、挂一漏万的缺点。例如：“结”字下注“除‘～了个果子’‘开花～果’‘～巴’‘～实’念 jiē 之外，其他都念 jié”。

七、由于轻声问题比较复杂，除《初稿》涉及的部分轻声词之外，本表一般不予审订，并删去部分原审的轻声词，例如“麻刀（dao）”“容易（yi）”等。

八、本表酌增少量有异读的字或词，作了审订。

九、除因第二、六、七各条说明中所举原因而删略的词条之外，本表又删汰了部分词条。主要原因是：1.现已无异读（如“队伍”“理会”）；2.罕用词语（如“俵分”“仔密”）；3.方言土音（如“归里包堆〔zuī〕”“告送〔song〕”）；4.不常用的文言词语（如“刍荛”“氍毹”）；5.音变现象（如“胡里八涂〔tū〕”“毛毛腾腾〔tēngtēng〕”）；6.重复累赘（如原表“色”字的有关词语分列达23条之多）。删汰条目不再编入。

十、人名、地名的异读审订，除原表已涉及的少量词条外，留待以后再审。

1985年12月

A

阿（一）ā ~訇 ~罗汉 ~木林 ~姨
（二）ē ~谀 ~附 ~胶 ~弥陀佛
挨（一）āi ~个 ~近
（二）ái ~打 ~说
癌 ái （统读）
霭 ǎi （统读）
蔼 ǎi （统读）
隘 ài （统读）
谙 ān （统读）
埯 ǎn （统读）
昂 áng （统读）
凹 āo （统读）
拗（一）ào ~口
（二）niù 执~ 脾气很~
坳 ào （统读）

B

拔 bá （统读）
把 bà 印~子
白 bái （统读）
膀 bǎng 翅~
蚌（一）bàng 蛤~
（二）bèng ~埠
傍 bàng （统读）
磅 bàng 过~
龅 bāo （统读）
胞 bāo （统读）
薄（一）báo（语） 常单用，如“纸很~”。
（二）bó（文） 多用于复音词。
~弱 稀~ 淡~ 尖嘴~舌 单~ 厚~
堡（一）bǎo 碉~ ~垒
（二）bǔ ~子 吴~ 瓦窑~ 柴沟~
（三）pù 十里~
暴（一）bào ~露
（二）pù 一~（曝）十寒
爆 bào （统读）
焙 bèi （统读）
惫 bèi （统读）
背 bèi ~脊 ~静
鄙 bǐ （统读）
俾 bǐ （统读）
笔 bǐ （统读）
比 bǐ （统读）
臂（一）bì 手~ ~膀
（二）bei 胳~
庇 bì （统读）
髀 bì （统读）
避 bì （统读）
辟 bì 复~
裨 bì ~补 ~益
婢 bì （统读）
痹 bì （统读）
壁 bì （统读）
蝙 biān （统读）
遍 biàn （统读）
骠（一）biāo 黄~马
（二）piào ~骑 ~勇
傧 bīn （统读）
缤 bīn （统读）

濒 bīn （统读）
髌 bìn （统读）
屏（一）bǐng ~除 ~弃 ~气 ~息
（二）píng ~藩 ~风
柄 bǐng （统读）
波 bō （统读）
播 bō （统读）
菠 bō （统读）
剥（一）bō（文） ~削
（二）bāo（语）
泊（一）bó 淡~ 飘~ 停~
（二）pō 湖~ 血~
帛 bó （统读）
勃 bó （统读）
钹 bó （统读）
伯（一）bó ~~（bo） 老~
（二）bǎi 大~子（丈夫的哥哥）
箔 bó （统读）
簸（一）bǒ 颠~
（二）bò ~箕
膊 bo 胳~
卜 bo 萝~
醭 bú （统读）
哺 bǔ （统读）
捕 bǔ （统读）
鵏 bǔ （统读）
埠 bù （统读）

C

残 cán （统读）
惭 cán （统读）
灿 càn （统读）
藏（一）cáng 矿~
（二）zàng 宝~
糙 cāo （统读）
嘈 cáo （统读）
螬 cáo （统读）
厕 cè （统读）
岑 cén （统读）
差（一）chā（文） 不~累黍 不~什么
偏~ 色~ ~别 视~ 误~
电势~ 一念之~ ~池 ~错
言~语错 一~二错 阴错阳~
~等 ~额 ~价 ~强人意
~数 ~异
（二）chà（语） ~不多 ~不离
~点儿
（三）cī 参~
猹 chá （统读）
搽 chá （统读）
阐 chǎn （统读）
羼 chàn （统读）
颤（一）chàn ~动 发~
（二）zhàn ~栗（战栗） 打~（打战）
韂 chàn （统读）
伥 chāng （统读）
场（一）chǎng ~合 ~所 冷~ 捧~
（二）cháng 外~ 圩~ ~院 一~雨
（三）chang 排~
钞 chāo （统读）
巢 cháo （统读）
嘲 cháo ~讽 ~骂 ~笑
耖 chào （统读）
车（一）chē 安步当~ 杯水~薪
闭门造~ 螳臂当~
（二）jū （象棋棋子名称）
晨 chén （统读）
称 chèn ~心 ~意 ~职 对~ 相~
撑 chēng （统读）
乘（动作义，念 chéng） 包~制 ~便
~风破浪 ~客 ~势 ~兴
橙 chéng （统读）
惩 chéng （统读）
澄（一）chéng（文） ~清（如“~清混乱”
“~清问题”）
（二）dèng（语） 单用，如“把水~清了”。
痴 chī （统读）
吃 chī （统读）
弛 chí （统读）
褫 chǐ （统读）
尺 chǐ ~寸 ~头
豉 chǐ （统读）
侈 chǐ （统读）
炽 chì （统读）
舂 chōng （统读）
冲 chòng ~床 ~模
臭（一）chòu 遗~万年

（二）xiù　乳～　铜～
储 chǔ　（统读）
处 chǔ（动作义）　～罚　～分　～决　～理　～女　～置
畜（一）chù（名物义）　～力　家～　牲～　幼～
（二）xù（动作义）　～产　～牧　～养
触 chù　（统读）
搐 chù　（统读）
绌 chù　（统读）
黜 chù　（统读）
闯 chuáng　（统读）
创（一）chuàng　草～　～举　首～　～造　～作
（二）chuāng　～伤　重～
绰（一）chuò　～～有余
（二）chuo　宽～
疵 cī　（统读）
雌 cí　（统读）
赐 cì　（统读）
伺 cì　～候
枞（一）cōng　～树
（二）zōng　～阳〔地名〕
从 cóng　（统读）
丛 cóng　（统读）
攒 cuán　万头～动　万箭～心
脆 cuì　（统读）
撮（一）cuō　～儿　一～儿盐　一～儿匪帮
（二）zuǒ　一～儿毛
措 cuò　（统读）

D

搭 dā　（统读）
答（一）dá　报～　～复
（二）dā　～理　～应
打 dá　苏～　一～（十二个）
大（一）dà　～夫（古官名）　～王（如爆破～王、钢铁～王）
（二）dài　～夫（医生）　～黄　～王（如山～王）　～城〔地名〕
呆 dāi　（统读）
傣 dǎi　（统读）
逮（一）dài（文）　如"～捕"。
（二）dǎi（语）　单用，如"～蚊子""～特务"。
当（一）dāng　～地　～间儿　～年（指过去）　～日（指过去）　～天（指过去）　～时（指过去）　螳臂～车
（二）dàng　一个～俩　安步～车　适～　～年（同一年）　～日（同一天）　～天（同一天）
档 dàng　（统读）
蹈 dǎo　（统读）
导 dǎo　（统读）
倒（一）dǎo　颠～　颠～是非　颠～黑白　颠三～四　倾箱～箧　排山～海　～板　～嚼　～仓　～嗓　～戈　潦～
（二）dào　～粪（把粪弄碎）
悼 dào　（统读）
纛 dào　（统读）
凳 dèng　（统读）
羝 dī　（统读）
氐 dī　〔古民族名〕
堤 dī　（统读）
提 dī　～防
的 dí　～当　～确
抵 dǐ　（统读）
蒂 dì　（统读）
缔 dì　（统读）
谛 dì　（统读）
点 dian　打～（收拾、贿赂）
跌 diē　（统读）
蝶 dié　（统读）
订 dìng　（统读）
都（一）dōu　～来了
（二）dū　～市　首～　大～（大多）
堆 duī　（统读）
吨 dūn　（统读）
盾 dùn　（统读）
多 duō　（统读）
咄 duō　（统读）
掇（一）duō　（"拾取、采取"义）
（二）duo　撺～　掂～
裰 duō　（统读）

踱 duó　（统读）
度 duó　忖～　～德量力

E

婀 ē　（统读）

F

伐 fá　（统读）
阀 fá　（统读）
砝 fǎ　（统读）
法 fǎ　（统读）
发 fà　理～　脱～　结～
帆 fān　（统读）
藩 fān　（统读）
梵 fàn　（统读）
坊(一)fāng　牌～　～巷
　(二)fáng　粉～　磨～　碾～　染～
　　油～　谷～
妨 áng　（统读）
防 fáng　（统读）
肪 fáng　（统读）
沸 fèi　（统读）
汾 fén　（统读）
讽 fěng　（统读）
肤 fū　（统读）
敷 fū　（统读）
俘 fú　（统读）
浮 fú　（统读）
服 fú　～毒　～药
拂 fú　（统读）
辐 fú　（统读）
幅 fú　（统读）
甫 fǔ　（统读）
复 fù　（统读）
缚 fù　（统读）

G

噶 gá　（统读）
冈 gāng　（统读）
刚 gāng　（统读）
岗 gǎng　～楼　～哨　～子　门～　站～
　　山～子
港 gǎng　（统读）
葛(一)gé　～藤　～布　瓜～
　(二)gě〔姓〕(包括单、复姓)
隔 gé　（统读）
革 gé　～命　～新　改～
合 gě　（一升的十分之一）
给(一)gěi(语)　单用。
　(二)jǐ(文)　补～　供～　供～制
　　～予　配～　自～自足
亘 gèn　（统读）
更 gēng　五～　～生
颈 gěng　脖～子
供(一)gōng　～给　提～　～销
　(二)gòng　口～　翻～　上～
佝 gōu　（统读）
枸 gǒu　～杞
勾 gòu　～当
估(除"～衣"读 gù 外，都读 gū)
骨(除"～碌""～朵"读 gū 外，都读 gǔ)
谷 gǔ　～雨
锢 gù　（统读）
冠(一)guān(名物义)　～心病
　(二)guàn(动作义)　沐猴而～　～军
犷 guǎng　（统读）
庋 guǐ　（统读）
桧(一)guì(树名)
　(二)huì(人名)　秦～
刽 guì　（统读）
聒 guō　（统读）
蝈 guō　（统读）
过(除姓氏读 guō 外，都读 guò)

H

虾 há　～蟆
哈(一)hǎ　～达
　(二)hà　～什蚂
汗 hán　可～
巷 hàng　～道
号 háo　寒～虫
和(一)hè　唱～　附～　曲高～寡
　(二)huo　搀～　搅～　暖～　热～
　　软～

貉(一)hé(文) 一丘之~
(二)háo(语) ~绒 ~子
壑 hè (统读)
褐 hè (统读)
喝 hè ~采 ~道 ~令 ~止 呼幺~六
鹤 hè (统读)
黑 hēi (统读)
亨 hēng (统读)
横(一)héng ~肉 ~行霸道
(二)hèng 蛮~ ~财
訇 hōng (统读)
虹(一)hóng(文) ~彩 ~吸
(二)jiàng(语) 单说。
讧 hòng (统读)
囫 hú (统读)
瑚 hú (统读)
蝴 hú (统读)
桦 huà (统读)
徊 huái (统读)
踝 huái (统读)
浣 huàn (统读)
黄 huáng (统读)
荒 huang 饥~(指经济困难)
诲 huì (统读)
贿 huì (统读)
会 huì 一~儿 多~儿 ~厌(生理名词)
混 hùn ~合 ~乱 ~凝土 ~淆
~血儿 ~杂
蠖 huò (统读)
霍 huò (统读)
豁 huò ~亮
获 huò (统读)

J

羁 jī (统读)
击 jī (统读)
奇 jī ~数
芨 jī (统读)
缉(一)jī 通~ 侦~
(二)qī ~鞋口
几 jī 茶~ 条~
圾 jī (统读)
戢 jí (统读)
疾 jí (统读)
汲 jí (统读)
棘 jí (统读)
藉 jí 狼~(籍)
嫉 jí (统读)
脊 jǐ (统读)
纪(一)jǐ (姓)
(二)jì ~念 ~律 纲~ ~元
偈 jì ~语
绩 jì (统读)
迹 jì (统读)
寂 jì (统读)
箕 ji 簸~
辑 ji 逻~
茄 jiā 雪~
夹 jiā ~带藏掖 ~道儿 ~攻 ~棍
~生 ~杂 ~竹桃 ~注
浃 jiā (统读)
甲 jiǎ (统读)
歼 jiān (统读)
鞯 jiān (统读)
间(一)jiān ~不容发 中~
(二)jiàn 中~儿 ~道 ~谍 ~断
~或 ~接 ~距 ~隙 ~续 ~阻
~作 挑拨离~
趼 jiǎn (统读)
俭 jiǎn (统读)
缰 jiāng (统读)
膙 jiǎng (统读)
嚼(一)jiáo(语) 味同~蜡 咬文~字
(二)jué(文) 咀~ 过屠门而大~
(三)jiào 倒~(倒嚼)
侥 jiǎo ~幸
角(一)jiǎo 八~(大茴香) ~落 独~戏
~膜 ~度 ~儿(犄~) ~楼
勾心斗~ 号~ 口~(嘴~) 鹿~
菜头~
(二)jué ~斗 ~儿(脚色) 口~(吵嘴)
主~儿 配~儿 ~力 捧~儿
脚(一)jiǎo 根~
(二)jué ~儿(也作“角儿”,脚色)
剿(一)jiǎo 围~
(二)chāo ~说 ~袭
校 jiào ~勘 ~样 ~正

较 jiào （统读）
酵 jiào （统读）
嗟 jiē （统读）
疖 jiē （统读）
结(除"~了个果子""开花~果""~巴""~实"念 jiē 之外,其他都念 jié)
睫 jié （统读）
芥 jiè ~菜(一般的芥菜) ~末
矜 jīn ~持 自~ ~怜
仅 jǐn ~~ 绝无~有
馑 jǐn （统读）
觐 jìn （统读）
浸 jìn （统读）
斤 jin 千~(起重的工具)
茎 jīng （统读）
粳 jīng （统读）
鲸 jīng （统读）
境 jìng （统读）
痉 jìng （统读）
劲 jìng 刚~
窘 jiǒng （统读）
究 jiū （统读）
纠 jiū （统读）
鞠 jū （统读）
鞫 jū （统读）
掬 jū （统读）
苴 jū （统读）
咀 jǔ ~嚼
矩(一)jǔ ~形
(二)ju 规~
俱 jù （统读）
龟 jūn ~裂(也作"皲裂")
菌(一)jūn 细~ 病~ 杆~ 霉~
(二)jùn 香~ ~子
俊 jùn （统读）

K

卡(一)kǎ ~宾枪 ~车 ~介苗 ~片 ~通
(二)qiǎ ~子 关~
揩 kāi （统读）
慨 kǎi （统读）
忾 kài （统读）
勘 kān （统读）
看 kān ~管 ~护 ~守
慷 kāng （统读）
拷 kǎo （统读）
坷 kē ~拉(垃)
疴 kē （统读）
壳(一)ké(语) ~儿 贝~儿 脑~ 驳~枪
(二)qiào(文) 地~ 甲~ 躯~
可(一)kě ~~儿的
(二)kè ~汗
恪 kè （统读）
刻 kè （统读）
克 kè ~扣
空(一)kōng ~心砖 ~城计
(二)kòng ~心吃药
眍 kōu （统读）
矻 kū （统读）
酷 kù （统读）
框 kuàng （统读）
矿 kuàng （统读）
傀 kuǐ （统读）
溃(一)kuì ~烂
(二)huì ~脓
篑 kuì （统读）
括 kuò （统读）

L

垃 lā （统读）
邋 lā （统读）
罱 lǎn （统读）
缆 lǎn （统读）
蓝 lan 苤~
琅 lǎng （统读）
捞 lāo （统读）
劳 láo （统读）
醪 láo （统读）
烙(一)lào ~印 ~铁 ~饼
(二)luò 炮(páo)~(古酷刑)
勒(一)lè(文) ~逼 ~令 ~派 ~索 悬崖~马
(二)lēi(语) 多单用。
擂(除"~台""打~"读 lèi 外,都读 léi)

礌 léi （统读）
羸 léi （统读）
蕾 lěi （统读）
累(一)lèi(辛劳义,如“受~”〔受劳~〕)
(二)léi(如“~赘”)
(三)lěi(牵连义,如“带~”“~及”“连~”“赔~”“牵~”“受~”〔受牵~〕)
蠡(一)lí 管窥~测
(二)lǐ ~县 范~
喱 lí （统读）
连 lián （统读）
敛 liǎn （统读）
恋 liàn （统读）
量(一)liàng ~入为出 忖~
(二)liang 打~ 掂~
踉 liàng ~跄
潦 liáo ~草 ~倒
劣 liè （统读）
捩 liè （统读）
趔 liè （统读）
拎 līn （统读）
遴 lín （统读）
淋(一)lín ~浴 ~漓 ~巴
(二)lìn ~硝 ~盐 ~病
蛉 líng （统读）
榴 liú （统读）
馏(一)liú(文) 如“干~”“蒸~”。
(二)liù(语) 如“~馒头”。
镏 liú ~金
碌 liù ~碡
笼(一)lóng(名物义) ~子 牢~
(二)lǒng(动作义) ~络 ~括 ~统 ~罩
偻(一)lóu 佝~
(二)lǚ 伛~
瞜 lou 眍~
虏 lǔ （统读）
掳 lǔ （统读）
露(一)lù(文) 赤身~体 ~天 ~骨 ~头角 藏头~尾 抛头~面 ~头(矿)
(二)lòu(语) ~富 ~苗 ~光 ~相 ~马脚 ~头
榈 lǘ （统读）
捋(一)lǚ ~胡子
(二)luō ~袖子
绿(一)lǜ(语)
(二)lù(文) ~林 鸭~江
孪 luán （统读）
挛 luán （统读）
掠 lüè （统读）
囵 lún （统读）
络 luò ~腮胡子
落(一)luò(文) ~膘 ~花生 ~魄 涨~ ~槽 着~
(二)lào(语) ~架 ~色 ~炕 ~枕 ~儿 ~子(一种曲艺)
(三)là(语) 遗落义。丢三~四 ~在后面

M

脉(除“~~”念 mòmò 外,一律念 mài)
漫 màn （统读）
蔓(一)màn(文) ~延 不~不支
(二)wàn(语) 瓜~ 压~
牤 māng （统读）
氓 máng 流~
芒 máng （统读）
铆 mǎo （统读）
瑁 mào （统读）
虻 méng （统读）
盟 méng （统读）
祢 mí （统读）
眯(一)mí ~了眼(灰尘等入目,也作“迷”)
(二)mī ~了一会儿(小睡) ~缝着眼(微微合目)
靡(一)mí ~费
(二)mǐ 风~ 委~ 披~
秘(除“~鲁”读 bì 外,都读 mì)
泌(一)mì(语) 分~
(二)bì(文) ~阳〔地名〕
娩 miǎn （统读）
缈 miǎo （统读）
皿 mǐn （统读）
闽 mǐn （统读）
茗 míng （统读）
酩 mǐng （统读）

谬 miù （统读）
摸 mō （统读）
模(一)mó ~范 ~式 ~型 ~糊
~特儿 ~棱两可
(二)mú ~子 ~具 ~样
膜 mó （统读）
摩 mó 按~ 抚~
嬷 mó （统读）
墨 mò （统读）
耱 mò （统读）
沫 mò （统读）
缪 móu 绸~

N

难(一)nán 困~(或变轻声) ~兄~弟
(难得的兄弟，现多用作贬义)
(二)nàn 排~解纷 发~ 刁~ 责~
~兄~弟(共患难或同受苦难的人)
蝻 nǎn （统读）
蛲 náo （统读）
讷 nè （统读）
馁 něi （统读）
嫩 nèn （统读）
恁 nèn （统读）
妮 nī （统读）
拈 niān （统读）
鲇 nián （统读）
酿 niàng （统读）
尿(一)niào 糖~症
(二)suī(只用于口语名词)
尿(niào)~ ~脬
嗫 niè （统读）
宁(一)níng 安~
(二)nìng ~可 无~〔姓〕
忸 niǔ （统读）
脓 nóng （统读）
弄(一)nòng 玩~
(二)lòng ~堂
暖 nuǎn （统读）
衄 nǜ （统读）
疟(一)nüè(文) ~疾
(二)yào(语) 发~子
娜(一)nuó 婀~ 袅~
(二)nà （人名）

O

殴 ōu （统读）
呕 ǒu （统读）

P

杷 pá （统读）
琶 pá （统读）
牌 pái （统读）
排 pǎi ~子车
迫 pǎi ~击炮
湃 pài （统读）
爿 pán （统读）
胖 pán 心广体~(~为安舒貌)
蹒 pán （统读）
畔 pàn （统读）
乓 pāng （统读）
滂 pāng （统读）
脬 pāo （统读）
胚 pēi （统读）
喷(一)pēn ~嚏
(二)pèn ~香
(三)pen 嚏~
澎 péng （统读）
坯 pī （统读）
披 pī （统读）
匹 pǐ （统读）
僻 pì （统读）
譬 pì （统读）
片(一)piàn ~子 唱~ 画~ 相~
影~ ~儿会
(二)piān （口语一部分词） ~子
~儿 唱~儿 画~儿 相~儿
影~儿
剽 piāo （统读）
缥 piāo ~缈(飘渺)
撇 piē ~弃
聘 pìn （统读）
乒 pīng （统读）
颇 pō （统读）
剖 pōu （统读）

仆(一)pū　前~后继
　(二)pú　~从
扑 pū　(统读)
朴(一)pǔ　俭~　~素　~质
　(二)pō　~刀
　(三)pò　~硝　厚~
蹼 pǔ　(统读)
瀑 pù　~布
曝(一)pù　一~十寒
　(二)bào　~光(摄影术语)

Q

栖 qī　两~
戚 qī　(统读)
漆 qī　(统读)
期 qī　(统读)
蹊 qī　~跷
蛴 qí　(统读)
畦 qí　(统读)
萁 qí　(统读)
骑 qí　(统读)
企 qǐ　(统读)
绮 qǐ　(统读)
杞 qǐ　(统读)
槭 qì　(统读)
洽 qià　(统读)
签 qiān　(统读)
潜 qián　(统读)
荨(一)qián(文)　~麻
　(二)xún(语)　~麻疹
嵌 qiàn　(统读)
欠 qian　打哈~
戕 qiāng　(统读)
镪 qiāng　~水
强(一)qiáng　~渡　~取豪夺　~制　博闻~识
　(二)qiǎng　勉~　牵~　~词夺理　~迫　~颜为笑
　(三)jiàng　倔~
襁 qiǎng　(统读)
跄 qiàng　(统读)
悄(一)qiāo　~~儿的
　(二)qiǎo　~默声儿的
橇 qiāo　(统读)
翘(一)qiào(语)　~尾巴
　(二)qiáo(文)　~首　~楚　连~
怯 qiè　(统读)
挈 qiè　(统读)
趄 qie　趔~
侵 qīn　(统读)
衾 qīn　(统读)
噙 qín　(统读)
倾 qīng　(统读)
亲 qìng　~家
穹 qióng　(统读)
黢 qū　(统读)
曲(麴)qū　大~　红~　神~
渠 qú　(统读)
瞿 qú　(统读)
蠼 qú　(统读)
苣 qǔ　~荬菜
龋 qǔ　(统读)
趣 qù　(统读)
雀 què　~斑　~盲症

R

髯 rán　(统读)
攘 rǎng　(统读)
桡 ráo　(统读)
绕 rào　(统读)
任 rén　〔姓,地名〕
妊 rèn　(统读)
扔 rēng　(统读)
容 róng　(统读)
糅 róu　(统读)
茹 rú　(统读)
孺 rú　(统读)
蠕 rú　(统读)
辱 rǔ　(统读)
挼 ruó　(统读)

S

靸 sǎ　(统读)
噻 sāi　(统读)
散(一)sǎn　懒~　零零~~　~漫

（二）san 零~
丧 sang 哭~着脸
扫（一）sǎo ~兴
（二）sào ~帚
埽 sào （统读）
色（一）sè（文）
（二）shǎi（语）
塞（一）sè（文） 动作义，如“把洞~住”。
（二）sāi（语） 名物义，如：“活~”“瓶~”。
森 sēn （统读）
煞（一）shā ~尾 收~
（二）shà ~白
啥 shá （统读）
厦（一）shà（语）
（二）xià（文） ~门 噶~
杉（一）shān（文） 紫~ 红~ 水~
（二）shā（语） ~篙 ~木
衫 shān （统读）
姗 shān （统读）
苫（一）shàn 动作义，如“~布”
（二）shán 名物义，如“草~子”
墒 shāng （统读）
猞 shē （统读）
舍 shè 宿~
慑 shè （统读）
摄 shè （统读）
射 shè （统读）
谁 shéi，又音 shuí
娠 shēn （统读）
什（甚）shén ~么
蜃 shèn （统读）
葚（一）shèn（文） 桑~
（二）rèn（语） 桑~儿
胜 shèng （统读）
识 shí 常~ ~货 ~字
似 shì ~的
室 shì （统读）
螫（一）shì（文）
（二）zhē（语）
匙 shi 钥~
殊 shū （统读）
蔬 shū （统读）
疏 shū （统读）
叔 shū （统读）
淑 shū （统读）
菽 shū （统读）
熟（一）shú（文）
（二）shóu（语）
署 shǔ （统读）
曙 shǔ （统读）
漱 shù （统读）
戍 shù （统读）
蟀 shuài （统读）
孀 shuāng （统读）
说 shuì 游~
数 shuò ~见不鲜
硕 shuò （统读）
蒴 shuò （统读）
艘 sōu （统读）
嗾 sǒu （统读）
速 sù （统读）
塑 sù （统读）
虽 suī （统读）
绥 suí （统读）
髓 suǐ （统读）
遂（一）suì 不~ 毛~自荐
（二）suí 半身不~
隧 suì （统读）
隼 sǔn （统读）
莎 suō ~草
缩（一）suō 收~
（二）sù ~砂密（一种植物）
嗍 suō （统读）
索 suǒ （统读）

T

趿 tā （统读）
鳎 tǎ （统读）
獭 tǎ （统读）
沓（一）tà 重~
（二）ta 疲~
（三）dá 一~纸
苔（一）tái（文）
（二）tāi（语）
探 tàn （统读）
涛 tāo （统读）

悌 tì （统读）
佻 tiāo （统读）
调 tiáo ~皮
帖(一)tiē 妥~ 伏伏~~ 俯首~耳
(二)tiě 请~ 字~儿
(三)tiè 字~ 碑~
听 tīng （统读）
庭 tíng （统读）
骰 tóu （统读）
凸 tū （统读）
突 tū （统读）
颓 tuí （统读）
蜕 tuì （统读）
臀 tún （统读）
唾 tuò （统读）

W

娲 wā （统读）
挖 wā （统读）
瓦 wà ~刀
喎 wāi （统读）
蜿 wān （统读）
玩 wán （统读）
惋 wǎn （统读）
脘 wǎn （统读）
往 wǎng （统读）
忘 wàng （统读）
微 wēi （统读）
巍 wēi （统读）
薇 wēi （统读）
危 wēi （统读）
韦 wéi （统读）
违 wéi （统读）
唯 wéi （统读）
圩(一)wéi ~子
(二)xū ~(墟)场
纬 wěi （统读）
委 wěi ~靡
伪 wěi （统读）
萎 wěi （统读）
尾(一)wěi ~巴
(二)yǐ 马~儿
尉 wèi ~官
文 wén （统读）
闻 wén （统读）
紊 wěn （统读）
喔 wō （统读）
蜗 wō （统读）
硪 wò （统读）
诬 wū （统读）
梧 wú （统读）
牾 wǔ （统读）
乌 wù ~拉(也作“靰鞡”） ~拉草
杌 wù （统读）
鹜 wù （统读）

X

夕 xī （统读）
汐 xī （统读）
晰 xī （统读）
析 xī （统读）
皙 xī （统读）
昔 xī （统读）
溪 xī （统读）
悉 xī （统读）
熄 xī （统读）
蜥 xī （统读）
螅 xī （统读）
惜 xī （统读）
锡 xī （统读）
樨 xī （统读）
袭 xí （统读）
檄 xí （统读）
峡 xiá （统读）
暇 xiá （统读）
吓 xià 杀鸡~猴
鲜 xiān 屡见不~ 数见不~
锨 xiān （统读）
纤 xiān ~维
涎 xián （统读）
弦 xián （统读）
陷 xiàn （统读）
霰 xiàn （统读）
向 xiàng （统读）
相 xiàng ~机行事
淆 xiáo （统读）

哮 xiào　(统读)
些 xiē　(统读)
颉 xié　~颃
携 xié　(统读)
偕 xié　(统读)
挟 xié　(统读)
械 xiè　(统读)
馨 xīn　(统读)
囟 xìn　(统读)
行 xíng　操~　德~　发~　品~
省 xǐng　内~　反~　~亲　不~人事
芎 xiōng　(统读)
朽 xiǔ　(统读)
宿 xiù　星~　二十八~
煦 xù　(统读)
蓿 xu　苜~
癣 xuǎn　(统读)
削(一)xuē(文)　剥~　~减　瘦~
(二)xiāo(语)　切~　~铅笔　~球
穴 xué　(统读)
学 xué　(统读)
雪 xuě　(统读)
血(一)xuè(文)　用于复音词及成语,如“贫~”“心~”“呕心沥~”“~泪史”“狗~喷头”等。
(二)xiě(语)　口语多单用,如“流了点儿~”及几个口语常用词,如:“鸡~”“~晕”“~块子”等。
谑 xuè　(统读)
寻 xún　(统读)
驯 xùn　(统读)
逊 xùn　(统读)
熏 xùn　煤气~着了
徇 xùn　(统读)
殉 xùn　(统读)
蕈 xùn　(统读)

Y

押 yā　(统读)
崖 yá　(统读)
哑 yǎ　~然失笑
亚 yà　(统读)
殷 yān　~红
芫 yán　~荽
筵 yán　(统读)
沿 yán　(统读)
焰 yàn　(统读)
夭 yāo　(统读)
肴 yáo　(统读)
杳 yǎo　(统读)
舀 yǎo　(统读)
钥(一)yào(语)　~匙
(二)yuè(文)　锁~
曜 yào　(统读)
耀 yào　(统读)
椰 yē　(统读)
噎 yē　(统读)
叶 yè　~公好龙
曳 yè　弃甲~兵　摇~　~光弹
屹 yì　(统读)
轶 yì　(统读)
谊 yì　(统读)
懿 yì　(统读)
诣 yì　(统读)
艾 yì　自怨自~
荫 yìn　(统读)(“树~”“林~道”应作“树阴”“林阴道”)
应(一)yīng　~届　~名儿　~许　提出的条件他都~了　是我~下来的任务
(二)yìng　~承　~付　~声　~时　~验　~邀　~用　~运　~征　里~外合
萦 yíng　(统读)
映 yìng　(统读)
佣 yōng　~工
庸 yōng　(统读)
臃 yōng　(统读)
壅 yōng　(统读)
拥 yōng　(统读)
踊 yǒng　(统读)
咏 yǒng　(统读)
泳 yǒng　(统读)
莠 yǒu　(统读)
愚 yú　(统读)
娱 yú　(统读)
愉 yú　(统读)
伛 yǔ　(统读)
屿 yǔ　(统读)

吁 yù　呼~
跃 yuè　（统读）
晕(一)yūn　~倒　头~
　(二)yùn　月~　血~　~车
酝 yùn　（统读）

Z

匝 zā　（统读）
杂 zá　（统读）
载(一)zǎi　登~　记~
　(二)zài　搭~　怨声~道　重~
　　装~　~歌~舞
簪 zān　（统读）
咱(一)zán
　(二)zá
　(三)zan
暂 zàn　（统读）
凿 záo　（统读）
择(一)zé　选~
　(二)zhái　~不开　~菜　~席
贼 zéi　（统读）
憎 zēng　（统读）
甑 zèng　（统读）
喳 zhā　唧唧~~
轧(除“~钢”“~辊”念 zhá 外,其他都念
　yà)(gá 为方言,不审)
摘 zhāi　（统读）
粘 zhān　~贴
涨 zhǎng　~落　高~
着(一)zháo　~慌　~急　~家　~凉
　　~忙　~迷　~水　~雨
　(二)zhuó　~落　~手　~眼　~意
　　~重　不~边际
　(三)zhāo　失~
沼 zhǎo　（统读）
召 zhào　（统读）
遮 zhē　（统读）
蛰 zhé　（统读）
辙 zhé　（统读）
贞 zhēn　（统读）
侦 zhēn　（统读）
帧 zhēn　（统读）
胗 zhēn　（统读）
枕 zhěn　（统读）
诊 zhěn　（统读）
振 zhèn　（统读）
知 zhī　（统读）
织 zhī　（统读）
脂 zhī　（统读）
植 zhí　（统读）
殖(一)zhí　繁~　生~　~民
　(二)shi　骨~
指 zhǐ　（统读）
掷 zhì　（统读）
质 zhì　（统读）
蛭 zhì　（统读）
秩 zhì　（统读）
栉 zhì　（统读）
炙 zhì　（统读）
中 zhōng　人~(人口上唇当中处)
种 zhòng　点~(义同“点播”。动宾结构念
　diǎnzhǒng,义为点播种子)
诌 zhōu　（统读）
骤 zhòu　（统读）
轴 zhòu　大~子戏　压~子
碡 zhou　碌~
烛 zhú　（统读）
逐 zhú　（统读）
属 zhǔ　~望
筑 zhù　（统读）
著 zhù　土~
转 zhuǎn　运~
撞 zhuàng　（统读）
幢(一)zhuàng　一~楼房
　(二)chuáng　经~(佛教所设刻有经咒
　　的石柱)
拙 zhuō　（统读）
茁 zhuó　（统读）
灼 zhuó　（统读）
卓 zhuó　（统读）
综 zōng　~合
纵 zòng　（统读）
粽 zòng　（统读）
镞 zú　（统读）
组 zǔ　（统读）
钻(一)zuān　~探　~孔
　(二)zuàn　~床　~杆　~具

佐 zuǒ （统读）
唑 zuò （统读）
柞(一)zuò ~蚕 ~绸
(二)zhà ~水(在陕西)

做 zuò （统读）
作(除“~坊”读 zuō 外,其余都读 zuò)

后 记

我国的普通话水平测试工作自1994年全面启动以来，已经过了10个年头。10年来，测试工作机构逐步建立，测试员队伍已基本形成，测试规模不断壮大，测试工作规范日益完善。特别是《中华人民共和国国家通用语言文字法》的颁布和《普通话水平测试管理规定》的出台，标志着这项工作已走上了规范化、制度化、法制化、的轨道。

根据形势发展的需要，教育部、国家语委总结各地的测试经验，吸收近年来的科研成果，及时修订并印发新的《普通话水平测试大纲》。为认真实施新颁大纲，按国家语委普通话测试中心的要求，山西省于2004年10月即开始组织有关人员着手《普通话水平测试指导用书·山西版》的编写工作。

教材编写是一项非常重要的工作，教材的水平如何直接影响着测试工作的质量。为了加强领导，我们专门成立了编委会，全面统筹、指导此项工作的开展，并研究确定全书的编写人员。编委会主任由省教育厅厅长、省语委副主任李东福担任，副主任由教育厅副厅长、省语委副主任刘惠民担任，成员由编委会主任、副主任及省语委办和测试中心负责同志共同组成。具体的编务工作由省语言文字培训测试中心负责。

本书的编写着重突出地方特色，具有针对性和实用性。在严格遵循新大纲规定的前提下，内容力求简明扼要，切合实际；文字力求明白晓畅，通俗易懂。在编写体例上力求新颖独特，切合实用。主要以训练为主，辅以深入浅出的知识讲解，使其真正成为既适合教师、学生，又适用于公务员、公共服务行业从业人员及社会其他应试人员的测试指导用书。

本书编写人员由从事语言学教学和研究的专家及熟悉测试工作的管理人员担任。具体分工如下：乔全生编写第一章第一节；张福平编写第一章第二节及附录；吴建生编写第二章；白凡编写第三章及朗读作品提示；孙晋燕编写第四章；张仁、张益梅负责词表的整理。全书体例的拟定、统稿和初审由张仁同志和吴建生同志负责。

本书的编写一直受到省政府副秘书长、省语委副主任郭慧民同志的关心和支持，他在百忙之中为本书作了序，书稿蒙国家语委普通话培训测试中心组织审定，给予悉心指导。本书的出版得到山西人民出版社的大力支持，在此一并表示诚挚的谢意。

本书编委会

2010年12月